JOSÉ TRINIDAD REYES

LAS NUEVE PASTORELAS DEL PADRE TRINO

ERANDIQUE
LITERATURA

LAS NUEVE PASTORELAS DEL PADRE TRINO
©Colección Erandique
Supervisión Editorial: Óscar Flores López
Diseño de portada: Andrea Rodríguez-Lilyana Gálvez
Administración: Tesla Rodas y Jéssica Cordero
Director Ejecutivo: José Azcona Bocock

Segunda Edición
Tegucigalpa, Honduras—junio de 2024

LAS PASTORELAS DEL PADRE TRINO... ¡POR FIN!

Es uno de los hombres más brillantes de nuestra historia y, sin embargo, es poco lo que sabemos de la vida literaria del padre José Trinidad Reyes. Como a la mayoría de los hondureños, en mi paso por la escuela, el colegio y la universidad, me hablaron "por encimita" de él.

Fue solo un tiempo después que me enteré que el padre Trino, como se le llama popularmente, escribió nueve pastorelas.

Un día leí una de ellas (Floro o la pastorela del Diablo), y hasta allí.

Hasta hoy, que, gracias a esta edición de Colección Erandique, he podido leer las nueve pastorelas completas y descubrir, así, de un golpe, el ingenio del padre Trino, su humor, sus críticas a la corrupción y al machismo, dos temas que, 168 años después de su fallecimiento, siguen vigentes en un país que ha invertido mucho en armas... y poco en cultura.

> "Cuando lleguéis al tiro,
> Si tenéis cien ovejas, decid veinte;
> Y si cuarenta bueyes, decid cinco.
> En un padrón que hace nueve años hubo,
> Y aunque entonces era yo muy niño,
> Supe que en la ciudad así lo hicieron
> Los que se calculaban los más ricos,
> Mientras que los más pobres confesaron
> Todo su haber de pe a pa por sencillos".

Palabras de Sopiro, uno de los personajes de la pastorela Albano. Y allí mismo, en Albano, Ismael, señala que:

"Y en verdad que yo he visto hombre no pocos
Que muy pobres nacieron y se criaron
Que con solo haber ido a una campaña
Con solo haber tenido en el Erario
Algún manejo, arrastran ahora coches
Y servidos se ven de muchos criados".

Con razón se dice que así como el padre Reyes era ampliamente amado y respetado por los hondureños, había unos cuantos que lo adversaban y le "hacían las cruces".

El machismo, uno de los cánceres de la sociedad de aquella época —en realidad, todavía una enfermedad que perdura hasta nuestros días— también fue duramente criticado por el fundador de lo que hoy es la Universidad Nacional Autónoma de Honduras (UNAH).

Pero el padre Reyes lo pone en boca de Rebeca:

"Se nos dice que aprendamos
Nuestros deberes primeros
Que son servir a los hombres,
Tenerles pronto el almuerzo
Barrer la casa, limpiar
Los platos y candeleros
Y sufrir impertinencias
De los niños, mientras que ellos
Andan aplanando calles
En tertulias y paseos".

Desgraciadamente, las pastorelas originales del padre Reyes se perdieron. Sin embargo, gracias a la dedicación de Rómulo E. Durón, las nueve piezas fueron reconstruidas, luego de minuciosas comparaciones con copias que algunas personas guardaban como si se trataran de tesoros.

Sin la iniciativa de Rómulo E. Durón, las pastorelas posiblemente se hubieran perdido para siempre.

De las nueve pastorelas, es precisamente la última (la de Floro), de la que mayores dudas tienen los expertos. Incluso Rómulo E. Durón señaló:

—Floro, la cual casi no parece del Padre Reyes, tan defectuosa es la única copia que de ella se conserva.

Sin embargo, eminencias como Esteban Guardiola, primero, y muchos años después Helen Umaña, validan su autenticidad.

Después de muchísimo años, las nueve pastorelas del presbítero José Trinidad Reyes vuelven a ser publicadas en un solo tomo, con un precio, como todas las ediciones de **COLECCIÓN ERANDIQUE,** al alcance de los lectores hondureños.

Como siempre, nuestro deseos es que este libro sea leído por jóvenes y adultos. Estoy seguro que aquellos que decidan hacerlo se llevarán una bonita sorpresa.

Agradezco al personal del Archivo Nacional y de la Biblioteca de la Universidad Nacional Autónoma de Honduras, por su apoyo para que este libro se convirtiera en una realidad.

En estos tiempos tan dolorosos de país, es necesario, más que nunca, fortalecer nuestra identidad nacional y recuperar la memoria histórica. De lo contrario, seguiremos cometiendo los mismos errores del pasado. Que las ideas de nuestros grandes hombres, como el padre Trino, nos iluminen.

Óscar Flores López
EDITOR COLECCIÓN ERANDIQUE

LAS PASTORELAS DE JOSÉ TRINIDAD REYES

Por Rómulo E. Durón

En 1879 era yo alumno del Instituto Nacional que, en Tegucigalpa, dirigía el profesor norteamericano don Edmundo E. Riopel, a quien luego sustituyó en su puesto el apreciable caballero cubano don Manuel García Freire.

Un sábado, en la clase de recitación, nos dijo el dulce poeta bayamés, don José Joaquín Palma, a quien admirábamos entonces como lo admiramos ahora, éstas o parecidas palabras: "Ustedes tienen un gran poeta en el Padre Reyes, cuyos idilios admiraría Núñez de Arce. El Dr. don Ramón Rosa desea que se restauren sus preciosas Pastorelas, pero están las copias tan malas que la obra es casi imposible: para restaurarlas sería preciso, tal vez, hacerlas de nuevo".

No olvidé estas palabras, que tanto me halagaban por referirse a una gloria nacional, a un personaje cuyo nombre no oía pronunciar sino con cariño más intenso y la más ferviente veneración y a quien, desde edad muy temprana, empecé a amar; escuchando, al calor del hogar querido, las narraciones que mis buenos y adorados padres me hacían de lo que había sido y lo que había hecho aquel grande hombre y de todo lo que Honduras le debía como uno de los primeros factores de su progreso y de su cultura.

Desde entonces comencé a acariciar la idea de emprender la restauración, aunque, según supe luego, estaba empeñado ilustre Dr. Rosa. Reconociendo mi incompetencia y sin pretensiones de superar ni aun de igualar la obra que el gran literato y hombre de estado hondureño llevaría a cabo, consagrándola con el mérito de sus talentos, me di a recoger copias de las Pastorelas en diferentes poblaciones de la

República, y en el espacio de más de veinticinco años he podido obtener varias de cada una, comprando el mayor número a subidísimo precio, fuera de las dificultades que he tenido que vencer persuadiendo a los dueños a hacer la venta. Dos personas hubo que me obsequiaron con sus manuscritos: escribo aquí sus nombres como expresión de mi gratitud: Doña Camila Moncada de Gamero, en Danlí, y Doña Paula Irías de Bustillo, en Comayagüela.

Muchas otras personas tuvieron la bondad de favorecerme permitiéndose sacar copias de sus manuscritos o prestándomelas para cotejo o dándome datos respecto a la época en que se escribieron y representaron las Pastorelas y respecto a las varias circunstancias con que tales trabajos se relacionan; todas ellas deben estar seguras de mi agradecimiento.

Parece que el Dr. Rosa logró concluir su trabajo y tenía lista la edición de las Pastorelas, cuando, por desgracia, nos lo arrebató la muerte: falleció en Tegucigalpa la noche del 28 de mayo de 1893, y los manuscritos deben parar en manos de sus herederos. Será de desear que no se pierda su importante labor, y que esa edición se haga en honra de su memoria, en honra del Padre Reyes, en honra de Honduras.

Mientras tanto, y antes de que, con el curso del tiempo, sigan desfigurándose las Pastorelas, yo publico esta colección de ella con la que he cuidado de acercarme a los originales (que ya no hay esperanzas de encontrar), dando por verdadero aquello en que coincide el mayor número de copias o lo que aparece en las más antiguas.

Nueve Pastorelas escribió el Padre Reyes:

Noemí; que todas las personas de su tiempo, que le sobreviven, reconocen por las más antigua.

Micol, que según la copia de fecha más remota, que obra en mi poder, fué escrita el 15 de diciembre de 1838. Esta fué dedicada a las señoritas Rafaela y Juana Rovelo, y se estrenó,

10

a lo que recuerdan algunas personas, en 1841, aunque es de presumir que se haya estrenado antes, dada la fecha de su composición.

Neftalia, la que compuso para las señoritas María Antonia é Isidora Reyes, la segunda de las cuales fué escogida para el papel de Séfora.

Zelfa, dedicada a las señoritas Manuela Vega (después, de Ugarte); Juana Vásquez (después, de Bonilla); y Maclovia Bonilla (después de Dávila).

Rubenia, dedicada a las mismas personas a quienes dedicó Zelfa. En varias representaciones se ha suprimido el acto primero, o sea, las Posadas de José y María, que han creído algunos obra independiente; pero la intervención de estos personajes en el último acto, que también han acostumbrado suprimir, quita toda duda de que las Posadas forman parte de Rubenia. Por lo demás así consta en el manuscrito más antiguo que poseo.

Elisa, que compuso para las señoritas Juana y Jerónima Godoy, y se estrenó el 2 de febrero de 1851, día de Candelaria. La señorita Teodora González (después, de Vigil) y don Juan Ramón Jereda, primeros que la estrenaron, sacaron copia de ella por saberla de memoria: el original quedó en poder de la familia Godoy, y se perdió.

Albano, que dedicó a la señorita Raimunda Milla (después, de Moncada). Refiérese que se iba a estrenar en 1851, pero que se quedó ensayada y no se representó por haberse anunciado que apedrearían a los pastores por las alusiones a ciertos personajes políticos. Otros afirman que, no obstante la amenaza, se dió la representación.

Olimpia, la cual dedicó a la señorita Trinidad Borjas y se estrenó en 1855. Al representarse por segunda vez, se perdió el original.

Y finalmente Floro, o sea la Pastorela del Diablo, la cual casi no parece del Padre Reyes, tan defectuosa es la única copia que de ella se conserva. De ésta, don Miguel R. Ugarte me ha informado que se imprimió en vida del Padre Reyes: ¿se habrá salvado algún ejemplar impreso? ¡Dios lo quiera!

Van a leerse esas Pastorelas, salvo la última, cuya publicación reservaré para cuando tenga la fortuna de dar con la impresa o de cotejarla con otras copias, tal como he podido interpretar que fueron escritas.

De la dificultad de mi tarea puede juzgarse por este párrafo que escribió el Dr. Rosa en la Biografía del Padre Reyes (edición de 1891): "Todas están desfiguradas por los malos copistas, que dejan tan mal paradas las obras literarias como maltrechos quedaban los cuerpos de los infelices que cayeron en manos de los familiares y verdugos del Santo Oficio. De un endecasílabo han formado dos y hasta tres versos y de dos o tres heptasílabos han forjado versos de catorce y de veintiuna sílabas. Aparte de estas monstruosidades, han truncado escenas y alterado muchas consonancias y asonancias. En cuanto a la sintaxis y ortografía, puede decirse que, por lo común, corren parejas con las que lucen en las cartas amorosas de las muchachas de aldea y aun de algunas apuestas niñas de la ciudad. Y tanto mal no puede remediarse por completo: los originales de las pastorelas se han perdido; así es que, para formar concepto de su mérito y publicarlas, se requiere, en mucha parte, recomponerlas, descubriendo o interpretando el pensamiento del autor, arreglando y completando los versos y dándoles los acentos, consonancias y asonancias que debieran tener".

¿Qué hecho o circunstancia inspiró al Padre Reyes la idea de escribir Pastorelas? No he podido averiguarlo, a punto fijo. Algunos de sus contemporáneos refieren que, desde que el Padre Reyes se dedicó a la enseñanza, empezaron a llegar a Tegucigalpa, procedentes de todos los departamentos de la República, jóvenes ávidos de luz y de saber, muchos de ellos contando con todo género de apoyo de parte del ilustre sacerdote. Pero ocurrió que, al final de las tareas escolares, algunos volvían a su hogar y no regresaban, por falta de recursos u otros motivos, a continuar sus estudios, por lo que el Padre Reyes buscó el medio de retenerlos en Tegucigalpa, y éste fue el de componer Pastorelas para que se representaran en las Pascuas, debiendo tomar parte en la representación, como actores, los estudiantes. También dispuso que se representaran obras dramáticas españolas, y para dar a tales distracciones mayor atractivo, organizó las fiestas anuales del Paseo a la Laguna del Pedregal, en cuyas márgenes pintorescas se improvisaban teatros, en donde se repetían representaciones y se bailaba y se cantaba. El Padre Reyes, de este modo, logro darle vida y estabilidad al instituto en que fundaba tan legítimas y lisonjeras esperanzas.

Aunque esta tradición es digna de crédito, yo pienso que, para el propósito del Padre Reyes, no era indispensable el escribir Pastorelas que al haberlas escrito, debe haber obedecido a la necesidad imperiosa que su alma sentía de cantar el bien y la belleza, a la vez que al deseo de civilizar, deleitando, y por el medio pareció mejor a las diferentes esferas sociales de su patria. Yo creo que a esa obra alude y a su trabajo propio se refiere en los versos en que el pastor Samuel, dirigiéndose al pastor Apolo, le dice:

Qué has hecho de estos desiertos
Una morada de ninfas
Que cantan como un jilguero;
Que estás amansando fieras
Y convirtiendo en corderos
Leones y tigres de Hircania;
Y si ha de creerse, por cierto,
Las artes que enseñas tú Producen esos efectos.

Sea de ello lo que fuere, las Pastorelas son un tesoro de poesía, y al mismo tiempo que regocijan, unas con su dulzura y su gracia, otras con su sal y su pimienta, y todas con el encanto que sólo el verdadero arte sabe producir, tuvieron saludable y poderoso influjo en la vida hondureña y son una especie de fotografía moral de uno de los estados por los cuales ha pasado nuestra sociedad.

¿Qué clase de obras literarias son las Pastorelas? Yo diría que un género nuevo que no tiene reglamentación en preceptiva alguna: un género original que debe la vida a nuestro poeta insigne. De Teócrito se dice que escribió idilios pastoriles en los que siempre los pastores cambian entre ellos frases amistosas o saticas que vienen a terminarse por una lucha poética en la cual celebran cuanto hay de seductor en la vida campestre, con una verdad rústica que sólo en él se admira.

De Virgilio se dice que en sus Eglogas imitó a Teócrito, igualando casi la encantadora sencillez de su modelo, tanto en la elegancia de la forma, como en la exquisita pureza del estilo, y sus pastores, sus dioses y sus ninfas no son más que intérpretes de sus desgracias y de su reconocimiento.

Al Padre Reyes le eran familiares Teócrito y Virgilio; le eran familiares todos los grandes poetas hebreos y griegos, lo mismo que los poetas latinos, italianos, franceses e ingleses, lo mismo ¿y he de decirlo? que los grandes poetas españoles cuyas obras hay quienes pretenden oscurecer olvidando que las han saqueado literaturas extrañas en las que, por más que quieran, no podrán lograr los saqueadores que despidan el aroma y la frescura de la invención.

Pues bien: el Padre Reyes, que hablaba la lengua de Garcilaso, de Fr. Luis de León, de Cervantes, de Calderón, de Lope de Vega, de Meléndez Valdés y de Martínez de la Rosa; el Padre Reyes, cuya alma se extasiaba dilatándose en la luz que brota a raudales de ese maravilloso monumento que se llama la Sagrada Escritura; el Padre Reyes, enamorado más que un doncel de su novia, de Jesús el Redentor del Mundo; el Padre Reyes quiso cantar la gloria del nacimiento del amado entre los amados, y tomando por asuntos pasajes de los Libros Santos, y tomando de Teócrito la fina sátira y de Virgilio los acentos con que cantó los campos y los pastos, y de Garcilaso la armonía que robó éste a la lengua italiana, ruiseñor de Europa, como la llamó Byron, y de Cervantes la fluidez y donosura, y de Fr, Luis de León la unción suprema, y de Calderón y Lope la gracia escénica, y, de Meléndez Valdés la dulzura cristalina y límpida, y de Martínez de la Rosa los arrebatos y fulguraciones, creó un nuevo género literario llevando al teatro, al eco de la voz de los profetas, a los pastores, a celebrar, alternando en cánticos con los ángeles el advenimiento de Aquel que había de predicar: Amaos los unos a los otros, de Aquel que había de pedir perdón a Dios para los que, causando el mal, no saben lo que hacen.

¿Es objetable el nombre de Pastorelas que el Padre Reyes escogió para tal clase de composiciones?

El Dr. don Ramón Rosa, en la biografía citada dice: "El Padre Reyes dio impropiamente (creo que a sabiendas, pues era versado en latín, castellano, francés, inglés, e italiano)el nombre de Pastorelas a sus dramas bucólicos. En rigor, deben llamarse Pastorales (del latín Pastoralis) que es el nombre castizo que corresponde a las obras dramáticas cuyos interlocutores son pastores y pastoras. Cierto es que existe la palabra pastorela, derivada de la italiana pastorella; pero tal vocablo significa tañido y canto sencillo y alegre, a modo del que usan los pastores, y de ninguna manera un drama corto en que son actores individuos del campo. Expuesta esta advertencia, y reconocida la impropiedad de la palabra pastorela en el sentido en que la emplea el Padre Reyes, continuaré usándola, tanto porque la aplicó a sus composiciones bucólicas el poeta tegucigalpense, como porque su uso está universalmente aceptado en Honduras y en las demás Repúblicas de Centro América. Qué corra el vocablo como corren otros muchos, todavía más impropios.

Coincidiendo con este modo de pensar, en un bello discurso que pronunció en 1889 en Nueva York, en una velada, don Tomás Estrada Palma, hoy Presidente de la República de Cuba, dijo éste, refiriéndose al Padre Reyes: "Era él, quien en sus versos fáciles componía de asuntos tomados de la Biblia las pastorales que se representaban en las Pascuas y de su fecunda vena brotaban en las fiestas públicas y en las particulares, raudales de poesías improvisadas, muchas de las cuales corren aún de boca en boca como baladas inmortales que llevan consigo, a la vez, el espíritu del poeta y el sentimiento fervoroso de la Patria".

Pero el eminente literato salvadoreño, don Enrique Hoyos, había escrito estas líneas, con ocasión de la muerte del Padre Reyes. "Versificaba con admirable facilidad y con pureza. El carácter dominante de sus composiciones era el jocoso y se dedicaba mucho al género pastoril. Vivirán mucho tiempo en la memoria de los tegucigalpas las animadas pastorelas del Dr. Reyes y aquellos picantes y sabrosos villancicos en que, proporcionando diversiones entre el agradable concierto de una música armoniosa (regularmente de su propia composición), solía mojar su pluma en el satírico tintero de Juvenal para corregir las costumbres, poniendo en ridículo los vicios morales y sociales al son del tamboril y del rabel".

Como se ve, don Enrique Hoyos no discute la propiedad o impropiedad de la palabra Pastorela.

El Presbítero Dr. don Manuel Francisco Vélez, Obispo de Honduras, en una carta de 5 de noviembre de 1891 que dirigió de Comayagua al Dr. Rosa, la que se publicó en los números 10. y 20. de la revista literaria El Guacerique, dice:

"Mucho amo yo también al Padre Reyes, a quien no considero como un artista o poeta común, sino como un genio, al menos en la parte en que le cupo ser casi original. Me refiero a sus Pastorelas que, en las tradiciones religiosas populares de Centro América, tendrán siempre un lugar preferente.

No sé que antes del Padre Reyes alguno se haya ocupado en este género de literatura poético-dramática.

A propósito de esto me he fijado mucho en la nota 13 que Ud, puso en la página 29. No había creído tan neológico el vocablo Pastorela, de que usa el Padre Reyes. En nuestros diccionarios antiguos y modernos se da a esta palabra la significación que Ud. indica: pero, al poner su correspondencia latina, escriben *Bucoli cum* poema, que corresponde también, en gran parte a la idea del Padre Reyes, esto es, a la de poema de pastores o pastoril. Digo en gran parte y no en todo porque el señor Reyes llama Pastorela a un poema pastoril en forma de drama.

No se conoce en italiano la palabra Pastorela que es propiamente española, como Ud. dice. Hay, sí, la palabra Pastorella que significa Pastorcilla. Los diccionarios hispano-italianos hacen traducir nuestro vocablo Pastorela por la suya Pastorale; cosa que Ud, también indica. En español Pastoral, sólo es nombre sustantivo, según nuestro diccionario, cuando se refiere a las cartas de los Prelados de la Iglesia. En latín, Pastorelio, sólo es adjetivo y nunca sustantivo.

Por estas razones y dificultades pienso que el Padre Reyes se decidió por el nombre antiguo de Pastorela que significa drama pastoril, o bucólico, cantado, según él, o simplemente poema o poesía bucólica cantada, según los diccionarios. De todos modos resulta ser esta palabra impropia, o por lo menos nueva, pues que, según el uso que ha tenido, no expresa toda la idea.

De todos modos, creo que el Padre Reyes tenía buen derecho para buscar un nombre que le fuera simpático, porque fue el inventor de la cosa significada por ese nombre, Siempre se permite al genio separarse de las reglas comunes".

Yo me atrevo a opinar como el señor Vélez y el señor Cuéllar en cuanto al buen empleo de la palabra pastorela de parte del Padre Reyes, así porque se puede extender su significación, como porque siendo el género verdaderamente nuevo, necesitaba un nombre y no hay otro más a propósito que aquél. Pero no aceptaría la denominación de zarzuela, que el mismo señor Vélez indicó para los dramas pastoriles del P. Reyes, porque en manera alguna puede confundirse la naturaleza de un género con la del otro: para ello no bastan las semejanzas por el canto que alterna con la declamación.

Basta leer las Pastorelas para persuadirse de que no están subordinadas a la música sino que ésta es, más bien, un adorno de la composición literaria, necesario para el objeto: no van los pastores a discutir con el Niño Dios, sino a cantar sus gracias, a expresarle amor, a rendirle adoración y manifestar le su regocijo con sus alegres danzas. Fuera de esto, y aunque haya en otros pasajes canto y baile, la acción dramática se desarrolla con libertad sin perjudicarse.

El asunto de las Pastorelas es muy sencillo natural: una reunión de pastores en la que se recuerda que Isaías ha prometido que el Mesías vendrá y será adorado por los reyes del Orbe: una fiesta con motivo de haber soñado una pastora que el Salvador del Mundo ha venido: celebración de cumpleaños: un certamen en que dos pastoras rivalizan en el cultivo de la poesía: un festejo por la abundancia de la cosecha: y otro por el feliz regreso de una amiga, después de un viaje; todo interrumpido con la dichosa noticia de haber nacido en Belén el hijo de Dios, noticia dada a unos por los ángeles mismos y a otros por los pastores, de donde surge el viaje al Portal: he aquí los argumentos de las composiciones que figuran en esta colección; y aunque el objeto es siempre el mismo y son pastores y pastoras los personajes, y aunque en algunas pastorelas se repiten versos de otras, todas son distintas, todos los caracteres diferentes, todas las situaciones nuevas.

Mi modesto trabajo de coleccionador y restaurador de las Pastorelas, es una justificación de nuestro grande hombre, de nuestro padre intelectual ¡Quiera Dios que mi atrevimiento no empañe su radiosa figura, y afirme y acreciente el culto que le tributamos por sus obras en favor del bien humano y del progreso de Honduras!

RÓMULO E. DURON.
Comayagüela, 9 de octubre de 1905

NOEMÍ

PERSONAJES

Un Ángel
La pastora Noemí
La pastora Ester
La pastora Raquel
La pastora Lía
La pastora Rut
La pastora Abigaíl
El pastor Bato
El pastor Blas

ACTO PRIMERO

Decoración de bosque.— Sillas bajo los árboles.

ESCENA I

Salen Noemí, Raquel y Lía.
—Ester canta por dentro.

> Una pastora hermosa,
> Llena de gracias mil,
> Se lamenta diciendo:
> ¡Ay! ¡Infeliz de mí!

ESCENA II

DICHAS; SALE ESTER EN TRAJE DE CAMINO

Ester

> ¡Ay, Noemí! ¡Qué cansada
> Me ha dejado el trabajo!
> Todo el día por riscos.
> Por selvas y peñascos
> Anduve cuidadosa
> Buscando el mejor pasto
> Donde pacer pudiera
> Mi florido rebaño,
> Largo camino anduve
> Corriendo; pero en vano.
> Pues que de otras pastoras

Las cabras y ganados
Limpios tienen los cerros
Y sin yerbas los campos;
Hasta que por fortuna
A este sitio he llegado.
Donde con abundancia
He hallado el regalo
De mis tiernas ovejas
Y mis corderos mansos.
Aquí pasar la noche,
Noemí, he determinado,
Pues volver a mi casa
No me deja el cansancio.

Noemí   El parabién me doy
De tan feliz acaso,
Hermosa Ester, pues nunca
Nuestra cabaña ha estado
Con tan grande ventura
Ni con honores tantos
Como hoy que en su recinto
Ha logrado hospedaros.
Entrad, bella pastora,
Y dignaos sentaros;
Mientras que las ovejas
Retozan en el prado.
Con Lía y con Raquel,
Conversando y cantando,
Pasaremos la noche,
Libres de sobresaltos.
Y al saber que aquí estáis.
Tata Pascual y Bato
Vendrán a la cabaña
Sin duda a cortejaros;

24

Mas porque descuidada
Quedes de tus ganados,
Sabe que el otero
Dormirán encerrados.

Ester   Mucho agradezco, Noemí,
Tus sinceros cuidados

Noemí   Yo quisiera servirte,
Pastora amiga, tanto
Cuanto exige tu mérito
De mi amor, más no es dado
Mayor comodidad
Poder proporcionaros.
Entrad y mis hermanas
Tendrán contigo un rato
De los más placenteros
Que en su vida han pasado.

Ester   La paz sea con vosotros;
Dadme, amigas, los brazos.

(Entra y abraza a las demás).

Raquel   ¡Se bienvenida, prima!
¡Oh!. ¡Qué placer tan grato
Tenemos esta noche
Con nuestra prima al lado!

Lía   Ester, los regocijos
Que son inesperados
Son por eso más dulces
Y causan más agrado;
Así vuestra llegada

Cuando menos pensábamos,
Es para tus amigas,
Del placer el más raro.

Ester   Os agradezco, primas,
El efecto, y no extraño
Que os cause tanto gusto
Mi visita, pues es claro
Que con vuestra amistad
Siempre me habéis honrado.

Noemí   Basta de cumplimientos,
Y tomad el descanso
Que con razón te piden
Tus miembros fatigados;
Recompense la noche
El penoso trabajo.
Que has tenido en el día.
Toma, Raquel, el manto.
Y tú Lía da orden
Para que ahora temprano
Lleven los ganaderos
Al agua los ganados
De Ester, y que después
Los metan con cuidado
Al corral.

Lía   Voy volando,
Y yo les mandaré
Todo lo necesario. *(Vase.)*

ESCENA III
DICHAS; MENOS LIA

Ester   En verdad que no es poco
El cansancio que traigo,
Pues apenas salió
El matutino astro
Y antes que sobre el Líbano
Diesen del sol los rayos,
Cuando me levanté,
Dispuse mi rebaño,
Ordené las ovejas.
Puse a la leche el cuajo
Y todo lo dejé
En casa preparado.
Endilgué hacía el Jordán
Por dar agua de paso;
Luego me encaramé
Por sobre aquel collado
Donde está la cabaña
De Benjamín, mi hermano.
Desde allí registré
Con los ojos el llano,
Y ví que todo estaba
Árido y desecado
Al rigor de los hielos,
Y que era necesario
Girar hacia otra parte
Hasta dar con el pasto,
No es posible deciros,
Y Amigas el trabajo
Que hoy he sufrido yendo

27

Ya arriba, ya abajo;
Ya corro tras la oveja a
Que se me ha descarriado,
Ya cargo un corderillo
Que dar no puede un paso;
Ya me paro, ya sigo,
Ya tropiezo, ya caigo,
De modo que hoy ha sido
Tan penoso mi enfado,
Que la pastoril suerte
Que he estimado tanto
Me parecía que era
La sed me devoraba,
Y el sol había llegado al
A enviarme su calor,
Del cielo en lo más alto.
A estas horas llegué
Al lugar que es nombrado
La fuente de Eliseo,
A Donde descansé un rato
Tomé agua a mi deseo,
Y luego, paso a paso,
Proseguí mi camino
Con tan feliz acaso
Que la pena del día
En gusto se ha trocado

Raquel   No hay condición humana
Que no tenga quebranto,
El pastor se desvela
Cuidando su rebaño,
Trepa por las montañas
Y rueda por los peñascos;
Pero al fin no le agitan

Tan mortales cuidados
Como los que arrebatan
Y El sueño al cortesano;
Cuando dormir nos toca,
Tranquilas reposamos,
Que pasemos velando,
Pastoras y pastores
Alegres nos sentamos;
Se refieren sucesos
E historias de los campos;
Nadie se tiene envidia
Y todas nos amamos.
Y cuando entre los bosques
Las ovejas llevamos,
¡Con qué placer no vemos
Nuestros nombres grabados
En la ruda corteza
De la encina o del álamo!
No, amiga, yo prefiero
El pellico y cayado
La cabaña y la fuente
Al enfadoso trato
Que allá en Jerusalén
Usar he observado.

ESCENA IV
DICHAS: LÍA

Lía

Todo se halla dispuesto;
Seguro está el rebaño;
No hay que temer del lobo
El imprevisto asalto;
Tenemos buenos perros
Y fuertes los vallados.

Ester   Tantas finezas, Lía,
No sé cómo pagaros.

Noemí   Pues si gustas, amiga
De pastoriles cantos.
Mientras que la hora llega

De darnos al descanso,
Por divertir el sueño
Cantaremos un rato.

Ester   ¡Qué! ¿No te acuerdas, Noemí,
De los tiempos pasados,
Y que juntas vivimos
Nuestros primeros años?
Entonces, ¿Qué otra cosa
Hacía yo a tu lado
Sino hacer resonar
Con mis voces el campo?
Noemí, en ninguna cosa
Tengo yo tanto agrado
Ni nada me divierte
Ni me enajena tanto
Como el dulce cantar;
Y así verás que cuando
Voy sola por las selvas
Conduciendo el ganado,
Mientras él se detiene
Paciendo, yo descanso
Cantando mis coplillas
A la sombras de un árbol
O a la orilla de una fuente,

Sentada en un peñasco.

Noemí   ¿Y te acuerdas, Ester,
Que un día, cerca del lago,
Allá en Genezareth
Oímos estar cantando
A nuestra buena tía,
Y que deshecha en llanto,
Con sus voces enviaba
Los suspiros mezclados?

Ester   Muy bien me acuerdo, Noemí,
Y siempre me agradaron
Aquellas tristes coplas
Cuyo asunto es muy alto,
Pues no son otra cosa
Que un suspiro, un desahogo
De un corazón que anhela
Por ver cumplido el plazo
De que venga el Mesías,
Aquel cordero manso
Que Isaías nos promete
Y que será adorado
Por los reyes del orbe
Como Rey soberano.

Noemí   Yo también las conservo,
Y ningún otro canto
Vendrá mejor ahora,
Pues según lo que alcanzo,
Debe estar ya muy cerca
Este suceso raro.

Ester   Piensas muy bien, amiga;

Vámoslas, pues, cantando.

Raquel   Y no creas que Raquel
Ha de quedar callando,
Pues sabe bien las coplas
De que ahora habéis hablado.

Lía   Y Lía ¿Será muda,
Que no ha de acompañaros?
Yo sé cantar un dúo,
Un primero y un alto,
¡Gracias al alto cielo
Que tal gracia me ha dado!

Ester   Todas juntas cantemos,
Mis queridas, pues cuando
Se acordan muchas voces
Es el cantar más grato.

Raquel   Señora Ester, el alto,
Comience, pues, usted,
Que yo le seguiré,
Tres puntos más bajos.

Ester   A Noemí es a quien toca
Dar el compás del canto.

Noemí   Pastora, yo comienzo,
Porque tú lo has mandado.
(Cantan:)
Hasta cuándo, ¡oh Señor!
Serán cumplidas
Las dulces esperanzas,
De tu venida?

¿Hasta cuándo veremos
aquellos días
Tan felices que anuncian
Las profecías?
Tu pueblo triste arrastra
Duras cadenas
Y entre sombras de muerte
Llora sus penas.
¡Ábranse ya los cielos
Y al justo lluevan,
Y al Salvador del mundo
brote la tierra!
Entonces cesarán
Todas las tareas,
Y ya por los ganados
No estaré en vela,
¡Ya no habré de correr
Tras las ovejas,
Pues siendo tú el pastor,
Cuidarás de ellas!

ESCENA V
DICHAS; APARECE UN ÁNGEL

El Ángel   ¡Oh, venturosas pastoras
Que habitáis estos desiertos!
Suspended, para oír mi voz,
Esos métricos conciertos.
Cesen ya vuestros suspiros,
No se oigan ya estos lamentos
He bajado de los cielos;
A daros digo, una nueva.
La más feliz que en los tiempos
Pasados nunca se oyó

Ni se oirá en los venideros;
Una nueva que será
Para el escogido pueblo
Y para toda la tierra,
Del gozo más estupendo;
Nueva porque suspiraron
Vuestros padres y no vieron,
Nueva que hará resonar
En vivas el universo.
Y es que el Salvador del mundo
El Mesías verdadero
Que anunciaron los profetas,
Que existió desde el eterno,
Y que estaba prometido
Para el humano remedio,
¡De una virgen ha nacido,
Con pasmo de todo el cielo!
Id a Belén y veréis
Ese inaudito portento,
Allí, allí le hallaréis
En forma de infante tierno,
Reclinado en un pesebre,
Cubierto de pajas y heno,
Acompañado de brutos,
Según de Habacuc el texto;
Y su infantil cuerpecillo
En blanco lienzo envuelto
No temáis, pues soy enviado
A anunciaros el suceso
De que pende vuestra dicha
Y la de todos los pueblos;
Corred, corred al establo
De Belén mientras alterno
Con la multitud alada

En elogios al Eterno.
Goce ya de paz el hombre
Que abrigue un corazón recto,
Y dulces ecos repitan
¡Gloria in altísimas Deo! (Desaparece)

ESCENA VI
DICHAS; MENOS EL ÁNGEL.

Ester	¿Qué es lo que oímos, mis amigas?
Noemí	¿Qué escuchamos, santos cielos?
Raquel	¿Será ilusión lo que pasa?
Lía	¿Será cierto lo que veo?
Ester	¡Qué dicha tan soberana!
Noemí	¡Qué favor tan estupendo!
Lía	¡El corazón no me cabe Y quiere saltar del pecho! ¿Viste Raquel, la hermosura Del paraninfo supremo?
Raquel	Y tú ¿No oíste la armonía De su celestial concierto? A mí me ha dejado tal Que no sé qué es lo que siento; No sé si es gozo, si es susto,

Si es temor o si es respeto
Partamos, pues, ya, pastoras;
A informarnos del suceso.

Ester   En verdad, vamos al punto,
No hay que perder un momento,
Pues la nueva que se anuncia
Es de un interés sin precio.

Noemí   Vamos; pero es menester
Que a otras pastoras llamemos,
Para que también adoren
Y admiren aquel portento,
Al Dios, digo que humanado
Ha nacido en este suelo
Y a humildes pastoras llama,
Porque es de humildad modelo.
Vete, pues, Lía, al instante
A esas cabañas corriendo,
Y anuncia a las pastoras
Lo que sabes, y ven luego;
Y tú, Raquel, a un muchacho,
Al que fuere más ligero,
Manda a que a tata Pascual
Llame; que se venga presto
Para que alegres con él
Hacia Belén caminemos.

Raquel   ¡Con cuánto gusto esta vez
Tus mandatos obedezco!

Lía   Digo, ¿No será mejor
Que cenáramos primero;

Raquel	¡Lía, déjate de cena!
	Mira que no es tiempo de eso;
	Vamos a nuestro mandado,
	Y en la cena no pensemos.
Lía	Raquel, no te precipites,
	Porque para todo hay tiempo
	Con más valor, ya cenados,
	El camino emprenderemos;
	Pero si tú no lo quieres.
	En volviendo cenaremos. *(Vánse)*

Telón

ACTO SEGUNDO

La misma decoración, que irá cambiando según el diálogo.

ESCENA I
NOEMÍ Y ESTER

Ester	Noemí, ¡qué felicidad,
	Qué alborozo, qué consuelo
	Nos ha enviado en esta noche
	El gran Jehová! Ya su pueblo
	Saldrá de la esclavitud
	En que gimió tanto tiempo,
	Ya los patriarcas que yacen
	Sepultados en el seno
	De Abraham, donde detenidos
	Suspiraban sin remedio,
	¡Tendrán cercana esperanza
	De ver el Empíreo abierto!
	Ya el opresor, el tirano,

El príncipe del infierno,
El que sedujo en el Edén
A Eva con aquel veneno
¡Será arrojado del mundo,
Y aniquilado su imperio!
Ya esta ley tan trabajosa
Que se intimó a los hebreos
Será trocada en mandatos
Suaves, justos y ligeros,
Ya van a cesar las sombras
Y la realidad veremos;
No será derramada
La sangre de los becerros,
Pues una víctima pura
Aparecerá en el templo,
Cuya sangre lavará
Las manchas del universo.
¡ Venturosa yo mil veces,
Pues a tu cabaña llego
¡Cuando tan feliz noticia
Te preparaban los cielos!

Noemí   Ester, nuestra gran fortuna
Estimar bien no podemos.
No es a los grandes del mundo
Sino a rústicos plebeyos,
A los pobres pastorcillos
Que moran en estos cerros
A quienes se les revela
El temporal nacimiento
Del deseado de las gentes,
Del gran Pastor, del Eterno,
¡Del Dios fuerte que pendiente
Tiene el orbe de tres dedos!

¡Con cuánta razón, amiga,
En los santos libros leemos
Que a los sencillos y humildes
Revela Dios sus misterios!
¡Siglos, mi querida Ester,
Se me vuelven los momentos!
Y al paso que me dilato,
Más y más crece el deseo
De contemplar la esperanza
Del israelítico pueblo.

Ester   Ya las pastoras vendrán;
Por otro instante esperemos.

ESCENA II
DICHAS; LÍA, RUT Y ABIGAIL

Lía   Con gran diligencia, Noemí,
Corrí adelante y atrás
Informando a las pastoras
De la feliz novedad,
Y al punto se dispusieron
A veniros a buscar,
Para que juntas y alegres
Marcháramos al portal,

Rut   Luego que Lía nos dijo
La noticia singular,
Que habéis oído esta noche
Del querubín celestial,
Que al cielo aumenta la gloria
Y al mundo anuncia la paz,
De nuestra alma se apodera
Un gozo tan singular,

Que al momento las ovejas
Metimos en el corral;
Y como cabras ligeras
O cual gamo montaraz,
Sin reparar en peñascos,
Sin volver a ver atrás,
Corrimos con tanta prisa
Que más parecía volar;
De modo que a tu cabaña
Llegamos en un *tris-tras*

Abigail   Fue tan grande el alborozo,
Y tal mi velocidad,
Que hasta ahora, Noemí, conozco
Que me golpeé un calcañal,
Y esto ha sido me parece,
En una piedra, al pasar
La fuente; mas el dolor
Ahora no tiene lugar.

Noemí   Entrad, pues, amigas mías,
Y entre tanto descansad.
Que al pastor pascual espero
A quien Raquel fue a llamar

Abigail   ¡Buenas noches, compañeras!

Rut   ¡Hermosa Ester! Qué, ¿aquí estás?

Ester   ¡Amiga Rut, bienvenida!
¡Sé bienvenida, Abigail!
¡Cuánto de veros me alegro!
Por un acaso halláis
En está feliz cabaña

	La nunca esperada dicha
	Que ni podía desear.
Rut	Es en efecto, tan grande,
	Que creo nunca podrá
	Ser mayor, pues ni en el cielo
	Hay mayor felicidad.

ESCENA III
DICHAS; RAQUEL

Raquel	Digo que ha sido imposible
	Que venga tata Pascual;
	Mil excusas pretextó,
	Haciéndose de rogar;
	Es un pastor que no quiere
	Sino su comodidad,
	El dormir a pierna suelta,
	Comer mucho y cenar más.

Noemí	Pues ve con presteza, Lía,
	Y trae algo de cenar;
	Aunque a mí me ha enajenado
	Tanto la curiosidad
	Que no siento el apetito
	De las viandas, pero está
	Nuestra prima fatigada
	Todavía, y además,
	No ha tomado en todo el día
	El alimento.

Lía	Es verdad;
	Voy atraeros la cena,
	Acompáñame, Abigail.

Abigail   No sólo he de acompañarte
sino que te he de ayudar. *(Vánse)*

ESCENA IV
DICHAS; MENOS LÍA Y ABIGAIL
—ENTRAN BATO Y BLAS

Bato   Aunque a mí no me buscaron,
Mis pastoras aquí está
El pastor más agraciado,
El más sabio, el más galán,
El gran Bato que esta noche
A Belén ha de marchar;
Y para que del camino
Las fatigas no sintáis
Trae estudiados sus primores
Que bien os divertirán;
Dará brincos de contento;
Como gallo cantará,
Piará como pollito,
Como gato maullará,
Sabrá hacer un caraqueo
Mejor que un alcaraván,
Rebuznará como burro,
Y otras mil gracias hará;
Y cuando adore al infante,
Mil primores le dirá,
Y para quedar mejor,
Traigo un compañero más

Raquel   ¿Y quién es?

Bato   ¿Quién ha de ser
Sino nuestro amigo Blas?

Aquel que toca la flauta
Con tanto estilo y compás,
Que ni el tal mentado Apolo
Creo que lo deja atrás,
Pues cuando toca, tras él
Todas las ovejas se van
Y dicen tiene la gracia
De hacer las piedras llorar.

Todas   *¡Bienvenido! ¡Bienvenido!*

Raquel   Más a tiempo no estará.

Blas   Por contingencia llegaba
A casa del tío Tomás;
Hallé a Bato, y él me dijo
Que viniéramos acá
Pues había oído decir
De Belén, con las pastoras
Que habíais hecho llamar,
Porque tuvisteis de un ángel
Aviso muy especial,
De que el Cristo que esperamos
Había nacido allá;
Esto sólo me bastó,
Y no fue menester más;
Allá voy —dije —; yo quiero
Ver si la cosa es verdad.

Noemí   Muy cierto es, y disponemos
Ir cuánto antes.

Bato   Esperad;
Quiero hacer una pregunta:

¿Tenéis algo qué cenar?
Porque a la verdad, don Bato
Nada puede ejecutar
Sino es cuando está bien puesto
Y a punto de reventar;
A Y juzgo es del mismo genio
Nuestro camarada Blas.

Raquel   Ya tenemos otra Lía
Y otro segundo Pascual,
Señor Bato, las pastoras
Ahora para eso no están;
Sólo piensan en el Nifio
De Belén, y nada más.

Bato   ¡Qué chistosa estás, Raquel!
Pues dime, ¿No se podrá
Estar pensando en el Niño
Y con los dientes mascar,
Sin que se estorben los actos,
El de comer y pensar?
Respóndeme este argumento,
Suelta esta dificultad
    (Lía y Abigail cantan dentro)
Más feliz que los palacios
Es la humilde choza nuestra,
Pues un ángel la visita,
Y grandes cosas revela.
¡No trocara yo mi suerte
Con la más ilustre Reina,
Pues es mejor que reinar
Ver del Niño la belleza!

ESCENA V
DICHOS LIA Y ABIGAIL

Lía
Por no dilatarnos más,
Traemos pan, queso y la pierna
De un cabrito que compuse
Para Ester.

Bato
¿Sólo para ella?
Pues qué, ¿es de peor condición
Bato? Lía, no lo creas
Ya ve señora Raquel,
Cómo por fin hubo cena.

Raquel
Acérquese, pues, amigo,
Calle, y cene a la ligera,
Que no es muy doloroso
Que los instantes se pierdan.
(Se acercan a la mesa a cenar)

Noemí
Llega, prima, que aunque tiene
La hambre espiritual más fuerza
Que la corpórea, es preciso
Que al cuerpo se le conceda
El necesario alimento
Para que no desfallezca.

Ester
(Acercándose).
Ahora más que nunca siento,
Noemí, la humana miseria,
Pues cuando correr debía

45

A Belén donde me espera
La mayor felicidad,
El pan que el alma recrea,
Quiere el cuerpo que con él
Use de condescendencia.

Blas   Mis pastoras, yo discurro
(A medio cenar).

Que muy grata cosa fuera
Solemnizar el banquete
Con alguna cantinela,
Abigail puede cantar,
Que es como una Filomena,
Y nuestro Blas con la flauta
La acompañará.

Blas   ¡Qué prenda!
Que haya menos comelones
Es lo que Bato desea;
¿Te acomoda este argumento?

Abigal   Bato es una grande trompeta:
No lo apruebo.

Bato   Pues no cantes:
Más dame acá esa botella,
Que entre bocado y bocado
Bueno es que un trago se beba.

Noemí   Pasa, Raquel esa copa
A Rut y Abigail que beban,
Que el vino según David,
Nuestro corazón alegra.

Rut ¡Rico está el vino de
(Después de beber).

No hay en toda la Judea
Un licor tan generoso
Ni que en el gusto le exceda.

Abigail Parece que lo previno
(Id).

Para tan solemne fiesta.

Lía Pues ya que a mí me ha tocado
Beber a la vez postrera,
Voy hacer también un brindis
Para dar fin a la cena.

Bato Miren cuánta bridadora
Ha producido la tierra.
Y es que ya el vapor del vino
Ha subido a la cabeza.

Lía Brindo por las dos pastoras
Que dejando sus ovejas
Corren donde yo las llamo,
Y llegaron las primeras.

Bato Sin duda que ellas olían
Que estaba asada la pierna;
Pues por Bato nadie brinda,
Yo más les agradeciera
Que me dieran un buen trago,
Aunque fuera de cerveza.

Noemí ¡Ea! Levantad, pastoras,
Y que el camino se emprenda,

Que la noche se adelanta
Y mis deseos se aumentan,
Pero ved que no se olvide
El llevar alguna ofrenda,
Que yo pienso que será
Conocida la pobreza
De un portal donde no se halla
Sino pajas mal dispuestas. *(Levántanse)*

Lía   Ven, Raquel, para que ayudes
A buscar con más presteza
Los regalos.

Raquel   Ya te sigo;
Corramos, con diligencia. *(Vánse)*

ESCENA VI
DICHOS; MENOS LIA Y RAQUEL

Abigail   Ya nosotros hemos traído
Nuestras dádivas pequeñas.

Rut   Son pequeñas; pero indican
Lo que el corazón desea;
Un racimo, unas espigas.
Es todo lo que presentan
Las pastoras de Nataur,
Al criador del cielo y tierra.

Ester   El que pudo haber nacido
En la abundancia y riqueza
O en un palacio, y escoge
La desnudez, la miseria,
Un pesebre y unas pajas,

Muy claro se ve que aprecia
Mucho más el corazón
Que las grandiosas ofrendas;
Y así, mi Rut, es bastante
Lo que el afecto demuestra.

ESCENA VII
DICHOS: LÍA Y RAQUEL

Lía
Ved aquí lo que hemos traído:
Cabrito, tórtolas tiernas,
Un panal y un corderito:
Cada una vea lo que quiera.

Noemí
Que Ester se lleve el cordero,
A mí el cabrito me queda
A Raquel toca el panal,
Y tú las palomas llevas.

Bato
A Bato y Blas nada toca;
Pero esto no me da pena;
Menos cansados los brazos
Llegaremos sin la ofrenda,
Y en llegando la ocasión
Veremos quien mejor queda.

Blas
Dices muy bien. Yo ya tengo
Pensada la bagatela
Que he de ofrecer.

Bato
Yo también,
Y aun viene en la faltriquera.

Noemí
Pues marchemos, que ya es tarde

Y porque el sueño no venga,
Una canción entonemos
Que al objeto se refiera
De nuestro viaje.

Raquel   Está bueno;
La señora Ester y Noemí,
Que las trovadoras sean,
Y el coro de las pastoras,
De voces con diferencia
Cantarán un estribillo
Acomodado a la letra.

Blas   Yo tocaré una dulzaina,
Y Bato la pandereta.

Bato   ¡Que me place!

Abigail   Yo convengo.

Rut   Pues empiecen.

Noemí   Va primera.

ESCENA VIII

La decoración representa el camino de Belén.

DICHOS-LA PARTIDA.-CANTAN.

CORO

Hermosas pastorcillas,
Dejad vuestros apriscos
Y venid a adorar
¡A un Dios que se ha hecho niño!

DÚO

En Belén de Judá,
Según los vaticinios,
Le hallaremos desnudo,
¡Tiritando de frío!
Allí se obran portentos
Que jamás se han visto:
¡Una madre que es virgen
Y tierno al Infinito!

CORO

Hermosas pastorcillas, etc

DÚO

Veréis en esta noche
Al que por muchos siglos
De nuestros padres fuera
Pedido con suspiros;
En brazos de la aurora
Veréis al sol divino,
Que a disipar las sombras
De la muerte ha venido.

CORO

Hermosas pastorcillas,etc.

DÚO

¡Mirad qué resplandores
Despide el portalillo!
¡Parece que a la gruta
El cielo ha descendido!
Lleguemos, pues, pastoras
Y el corazón sumiso
Adore como a Dios

Al que sólo ve niño.

CORO
Hermosas pastorcillas, etc

ESCENA IX
Cambio de decoración
DICHOS; SE DESCUBRE EL PORTAL

Ester   ¿Qué es lo que miro?
¡Absorta me he quedado!
¿Mis ojos merecieron tal favor?
¡Nunca de tanta dicha me creí digna,
Que contemplar pudiera al Salvador!

Noemí   ¡Balbuciente mi lengua ya enmudece!
Y aunque en el Niño admiro tal pobreza
A través de lo humano se traslucen
Rasgos de su deidad y su grandeza.

Raquel   Si el nuncio celestial no me dijera
Que es el verbo de Dios el Tierno infante,
Un interior impulso me obligara
A adorarle por Dios en instante.

Lía   Ya mis sentidos resistir no pueden
A tanta gloria mi alma se pueden, enajena;
¡Su semblante risueño me enamora
Y de un secreto júbilo me llena!

Rut   ¡Gruta feliz! ¡Belén afortunada!
¡Ya entre las de Judá no habrá ninguna
Ciudad que te aventaje, pues ha sido

Del caudillo de Israel dichosa cuna!

Abigail   Todo respira paz, todo consuelo
En el recinto de este portalejo
Y por entre la arista se difunden
Del sol más peregrino los reflejos

Blas   Esta noche ha quedado
El Empíreo desierto;
Todos sus moradores
Bajan al portalejo,
Y rendidos adoran
Al encarnado Verbo.
De modo que la gloria
Se halla toda en el suelo.

Bato   Por mi vida, Raquel, ¡qué nunca he visto
Cosa más linda, niño más precioso!
¡Mira qué ojos tiene tan bizarros!
¡No hay duda que ha de ser muy cariñoso

(A la virgen)   Si me dieras, Señora, ese muchacho
Te lo habría de criar con mucho esmero
Le tejiera un vestido con mis manos
Hecho de blanca lana de un carnero
Y también le enseñara mil primores:
A domar los caballos más cerreros,
A ordeñar las ovejas y las cabras,
A formar canastillos y sombreros...
Pero miren, pastoras, cómo tiene
Señor José su buey y su borrico;
Ellos deben de ser mansos, pues al Niño
Besar quieren los pies con el hocico.

Lía	Al Niño considere atentamente
	Y no a los animales, señor Bato;
	Mire que esa Señora es muy prudente
	Y lo reputará como insensato.
Bato	El consejo agradezco. Ya despliego
	Hacia el Niño los ojos, de hito en hito;
	Mas después que me canse, nadie diga
	Que no eché una mirada al jumentito.
Rut	Por el placer, pastoras
	Que esta noche tenemos
	Antes de despedirnos
	Bueno será bailemos.
	¿Os parece?
Todos	¡Bueno, bueno! *(Bailan)*.

ESCENA XI
DICHOS: LA OFRENDA

Ester　　Cuando Abraham, la mano levantada,
(Arrodillándose) Sobre Isaac dirige el golpe fiero,
　　　　　El cielo le detiene, y a un carnero
　　　　　Ordena que le dé la cuchillada
　　　　　Como por Isaías vuestra criada
　　　　　Sabe que habéis de ser aquel cordero,
　　　　　Que será conducido al matadero
　　　　　Como víctima mansa y humillada,
　　　　　Siendo mi afecto grande y sin tamaño,
　　　　　Desearía ¡oh, lumbre de mis ojos!
　　　　　Que del celestial Padre los enojos

	Se vengaran sobre este corderillo
	Que con afecto tierno y muy sencillo
	Te ha traído Ester de allá, de su rebaño,
Noemí	Noemí, la más feliz y venturosa,
	Ante tus pies postrada, dulce dueño,
	Recién nacido, tierno y halagüeño,
	Te contempla esta noche tan dichosa.
	Mas al punto la imagen pavorosa
	De que este tu mirar dulce y risueño
	Cuando juzgues la tierra, en fiero
	Se ha de tornar, ¡me deja silenciosa
	Admíteme ahora ¡oh, tierno infante!
	El miserable don de este cabrito;
	Mas te exijo por él, bien infinito,
	Que de réprobos cabros segregada
	Y entre ovejas selectas numerada,
	¡Cómo ahora afable mire tu semblante!

Cantan Raquel y Lía

Allá los serafines
En amor encendidos,
¡"Santo" te aclaman y ahora
Admirante de brutos asistido!

Estribillo

¡Mi amor ¡oh, tierno niño! etc.

Raquel	En los cantares la esposa,
	De tus labios asegura
	Que destilan la dulzura
	De la miel más deliciosa.
	Que tu ley es más gustosa

Que un exquisito panal
Nos dice el profeta real,
Y aludiendo a esto Raquel
Te ofrece panal de miel
Postrada ante tu portal.

Lía Lía te ofrece, señor,
Cifrada en dos tortolillas,
Sufridas, mansas, sencillas,
El símbolo de su amor.
Ojalá sea el valor
Del rescate que ha de dar
Cuando llegue a presentar,
Según la ley, vuestra madre,
Cual primogénito al Padre,
Que pertenece a su altar.

Cantan Rut y Abigail

Tú de quien el sustento
Reclama el pajarillo,
Hasta hoy, del casto pecho
De una doncella descender te vimos.

Estribillo
Mi amor ¡oh tierno niño!, etc.

Rut Si tener parte logró
En vuestra genealogía
Otra Rut que no es judía,
Tamaño bien lo debió
A unas espigas. Pues yo,
Que de hebrea gozo fuero,
De dos espigas espero

	Merecer tu protección,
	Pues para la Rut son
	Las espigas buen agüero.
Abigail	Otra Abigail aplacó
	Los enojos de David;
	Con pan y jugo de vid
	A ser su esposa llegó;
	Y si te presento yo
	Este racimo grandioso
	Que de un sarmiento frondoso
	He cortado, es porque quiero
	Desenojaros, y espero
	¡Seas de mi alma el esposo!

(Cantan:)

¿Por qué las telas blancas
Con que se ornan lirios,
Tus delicados miembros,
De la escarcha no libran y del frío?

Estribillo

Blas	Mi amor ¡oh, tierno niño! etc,
	Por venir con ligereza,
	Tierno infante, a conocerte,
	Nada he podido traerte
	Digno de vuestra grandeza:
	Mas estando en gran pobreza
	Juzgo no despreciarás
	Mi manto, de que usarás
	Para defensa del frío;
	Acéptalo, niño mío
	Y quede desnudo Blas.

Bato	A usted, señora María,
	Entregar mi ofrenda quiero,
	No es cordero ni es cabrito.
	Pero es mejor que todo eso.
	Yo no le traigo palomas
	Ni panal, todo eso es juego;
	Pero le traigo un regalo
	Que es de lo mejor, lo bueno;
	Un regalo que a su niño
	Será tan útil que al verlo
	Sin duda me ha de rendir
	Muchos agradecimientos.
Blas	¿Pues que será ese regalo?
Bato	¡Adíviname, Marcelo!
Blas	¿Un toro será?
Bato	Abrenuncio.
Blas	¿Será un caballo?
Bato	Lo niego.
Blas	¡Si una bolsita será,
	Repletita de dinero!
Bato	Pero, ¿pisto el pobre Bato?
	¿De dónde para cogerlo?
	¡Si está escuchando do guisan
	Para pedir un almuerzo!

Blas   ¿Pues cuál este regalo?

Bato   A decirlo no me atrevo,
No piensen estas pastoras
Que yo a avergonzarlas vengo,
Regalando yo cositas.
Mejores que sus corderos;
Pero es fuerza que lo diga
Por no parecer molesto.
Pues, mi señora, el regalo
No es de cuajada ni queso,
Pues aunque yo soy pastor,
No regalo nada de ello.
No es de trigo, que mis siembras
Se helaron en este invierno,
Ni es de cebada de aquella
Que sirve para remedio,
Aunque soy bien conocido
Por insigne curandero,
Cuya gracia fue heredada
De mis tíos y mis abuelos,
 Que son en la curación
Más hábiles que Galeno,
Pues te serían inútiles
Si el infante no está enfermo;
Pues, mi señora, el regalo
(¡Qué Bato tan majadero!)
Ya te lo voy a entregar;
Allá va; no más cansemos;
Mas, antes quiero advertirte
Que guardes con mucho esmero
El regalo en un lugar
Donde el buey no pueda cogerlo.
Si lo coge, ¡adiós regalo!

Se lo tragó en el momento,
Y entonces te quedarás
Apretándote los dedos.
Toma, pues, este costal;
Este es mi regalo neto
Que ha de ser para tu niño
Más útil que dos mil pesos;
Y si no sabes, señora,
Su utilidad y provecho,
Yo con toda mi elocuencia
La referiré en un credo.
Mientras el niño está chico,
Ahora que hace tanto hielo,
Que duerma dentro del costal,
Metidito hasta el pescuezo.
Y si no sabes, señora,
Lo que de este niño he leído
Y es que ha de vivir de frío
Muriendo, desnudo, en cueros,
Y si no quieres pasar
Tal vergüenza te aconsejo
Desde ahora que le hagas
Del costal unos bragueros,
Y después que haya llegado
A ser hombre hecho y derecho,
Como cosa que te toca
Se lo entregarás diciendo
Que un pastor se lo dejó
Cuando al portal vino a verlo.
Si fuere rico el costal
Que le sirva de talego,
Y si pobre que le sirva,
Como matate de ciego,
De guardar sus panecillos,

Sus cebollas y sus huevos
Y todas las limosnitas pastora.
Que le dieren en el pueblo.
Todavía esto no es todo,
Aún más que decir de él tengo:
Si por caso los ladrones
Lo desnudan desde luego
Podrá hacer de su costal
Unos calzoncillos nuevos,
Pues mi señora, ¿regalo
Cómo éste habrá? ¡No lo creo!
Pues que no digan que Bato
Hace regalos de a medio.

Lía   ¡Qué costal tan celebrado!

Bato   Y deja de merecerlo
No hay quien a Bato le iguale
En agudeza de ingenio.
¿Qué os parece?

Todos   ¡Cierto Bato!
                    (Bailan una danza)
Noemí   Me parece que ya es tiempo
De volver a las cabañas.

Ester   Es verdad; pero antes quiero
Decir otras dos palabras
Que brotar del alma siento
Y signifiquen mi amor
Al Infante?

Rut   Vuestro ejemplo
Seguiremos las pastoras.

Abigail	¡Llega y habla sin recelo!

ESCENA XII
DICHAS: LA DESPEDIDA

Ester	Tierno Infante, bien sabes la violencia Con que de tu presencia, Que el corazón cautiva y enamora, A su cabaña vuelve esta pastora. En el pecho grabado el beneficio Por siempre llevaré, pues que propicio ¡A mí el misterio revelar quisiste Que a los grandes monarcas escondiste!
Noemí	Resplandor de la gloria, sol divino, Infante peregrino, A mi cabaña vuelvo; mas ¡ay! dejo las pajas de este portalejo ¡Cautivo el corazón! Adiós, mi amado, Ungido del Señor, Verbo encarnado.
Raquel	¡Adiós, perla preciosa, Que en la concha cordial y generosa De esa virgen cuajó sacro rocío! ¡Adiós dulce amor mío! ¡Grabado os llevo en lo íntimo del pecho, Y de ternura el corazón deshecho!
Lía	Si permitir quisieran mis hermanas Que estuviera contigo mil semanas, Gustosa había de estar, feliz María, Y alguna vez la dicha lograría De tomar en mis brazos a mi dueño,

Mientras en dulce sueño
Descansaran sus miembros delicados;
Pero quedaron solos los ganados
Y es forzoso volver a cuidar de ellos.
Yo he de volver a ver tus ojos bellos,
Y entre tanto, Señora,
Haz que tu niño quiera a esta pastora.

Rut   Si de Rut recibiste el presente,
Sencillo e inocente,
De granosas espigas,
Hoy que tus beneficios le prodigas
A pedirte el retorno ya se atreve,
Y es que consigo lleve
Una paja preciosa con que fuera
Más rica que si hubiera
Todo cuanto se encierra
En los bastos espacios de la tierra.

Abigail   Adiós, mi niño amado,
Claro sol que decora el firmamento;
El tiempo que he estado
Viendo tu rostro bello fue un momento
Para Abigail, pastora venturosa,
¡Que logró conocer tu faz hermosa!
Mas voy a cultivar con más cuidado
La vid frondosa que el racimo ha dado
Con que mi afecto te mostré rendido
Y aquel que más crecido
Brotaré del sarmiento,
Desde ahora lo destino al cumplimiento
Con que vuelva a tus plantas,
¡A gozar tu presencia, gloria mía!

63

Blas   Adiós, Señor José, Adiós María.

Bato   Adiós señores; buey y borriquillo;
                    Bato volverá a veros otro día.

ESCENA ÚLTIMA
DICHOS; EL REGRESO; CANTAN

CORO
Montañas de Judea,
En ecos repetid
Que en Belén ha nacido
El hijo de David.

DÚO
A todos los pastores
Decid que yo le vi
Reclinado entre pajas,
Más blanco que el jazmín.

Montañas de Judea, etc.
Decidles que es tan bello,
Que hace ventajas mil

A cuantas azucenas
Brota el florido abril.

Montañas de Judea etc.

Anunciadles que a Ester
Y a la Noemí feliz
Les ha manifestado
Su belleza gentil.

64

Montañas de Judea, etc.

Que Lía y que Raquel
Le vieron les decís,
Cual blanco corderillo
Que juega en el redil.

Montañas de Judea, etc.

Haced que los aldeanos
Vengan de mil en mil
A cantar sus estrofas
En tono pastoril,

Montañas de Judea, etc.

Resuenen vuestros ecos
Del Nadir al Cenit,

Diciendo que ha nacido
El hijo de David.
Montañas de Judea, etc.

Y que de Blas y Bato
Ha podido sufrir
Todas las necedades
Que han querido decir

Montañas de Judea, etc.

Y para los pastores
Indulgencia pedid
De las faltas y yerros.

MICOL

PERSONAJES:

La pastora Micol
La pastora Laura
La pastora Aminta
La pastora Silvania
El pastor Nabal
El pastor Zafiro

ACTO PRIMERO
Una pradera

ESCENA I
LAURA Y NABAL

Nabal
Dime, Laura, el lugar este
¿No es el que había escogido
Micol para que pasemos
La noche en unión de amigos,
Velando nuestros ganados,
Alegres y divertidos?

Laura
No te engañas; y muy luego
verás, Nabal, este sitio
Que ahora se ve solitario,
Lleno de ovejas, cabritos,
Corderos y de pastores
Y zagalas muy festivos,
Que al son de sonoras flautas
Y alegres panderetillos,
Bailando toda la noche
Lo pasarán sin sentirlo:
Uno hará la centinela
Sobre todos los apriscos,
Mientras que los otros bailan
Y echan sus tragos de vino.

Nabal
Pues desde ahora, Laura mía,
Yo renuncio a aquel oficio;
Y aunque por esta campaña
  Haya de pasar de un brinco
A capitán, centurión,

O a otro más alto destino,
No admitiré tal encargo,
¡Y lo juro por mí mismo!

Laura   Todos irán por su turno
A hacer su guardia, mi amigo.

Nabal   Si así ha de ser me conformo;
Y más que tengo entendido
que cuando mi vez me llegue,
Tú que me tienes cariño,
Irás a desempeñarme.

Laura   ¿Tienes cara de decirlo?
¿A una mujer le propones,
Nabal, este destino?

Nabal   Pues si no quieres ir sola,
Al menos irás conmigo;
Porque te aseguro, Laura,
Que, aunque soy tan atrevido
Si por desgracia me toca
Estar solo en algún sitio,
No dejan de acometerme
Unos ciertos temorcillos:
Si se mueve algún arbusto,
O sopla algún vientecillo,
Por la frente me comienza
A correr un sudor frío;
Si muge un buey o si bala
Al silencio un corderillo,
Me parece que de un tigre
Oigo el terrible bramido;
Un gusano me parece

Entonces un cocodrilo,
En cada árbol veo un monte
Y en cada zanja un abismo...
¡Los cabellos se me erizan
Y casi me falta el juicio!

Pero esto, Laura querida,
Sólo a ti te lo confío,
Pues que si has de ser mi esposa,
Sepas cómo es tu marido.

Laura ¡No hay duda que este es un loco!
¿Yo tu esposa? ¡Qué delirio!

Nabal Y ahora ¿de dónde te nace
Ese tono tan altivo?
¿Te olvidas que en otro tiempo
Cuando éramos los dos niños,
Me hacías mil agasajos,
Me prodigabas cariño?

Laura Pero esos tiempos pasaron
otros nuevos han venido.

Nabal ¡Y qué! ¿No tengo yo prendas
Que me hagan de tu amor digno?
¿Buscas talentos? Pues mira:
Aunque no leo ni escribo,
Tengo llena la cabeza
De sentencias y aforismos.
¿De la hermosura te pagas?
Mas ¿dónde hay un pastorcillo
De más gallarda figura
Que el que ahora habla contigo?

Repárame, y lo verás:
Desde el pelo hasta el tobillo,
En todo soy un Adonis,
Por no decir un Narciso.

Laura   Pero todo eso ¿qué importa,
Si no tienes el bolsillo,
Como quieren las mujeres,
De pesetas bien surtido?

Nabal   ¿Eso te aflige? Pues sabe
Que, aunque Dios no me hizo rico,
Me dio una gracia que vale
Más que haciendas de novillos.

Laura   ¿Y cuál es?

Nabal   La medicina.
Todos los días visito,
Ya en la ciudad, ya en la aldea,
Enfermos de reumatismo,
De gota, fiebre, viruelas...
Y aunque algunos por descuido
De los criados se me mueren,
A los más los resucito;
Y en retorno van regalos
De huevos, quesos, chorizos,
Pollos, gallinas, frijoles,
Carne de vaca y cochino;
Ya otro me manda camisas,
Y otro me manda un pellico
Y cuando sepan que tengo
Una mujer ¡esto es visto!
Vendrán túnicas, pañuelos,

Galas, sortijas y anillos;
Y en este caso ¿qué importa
Que mi cofre esté vacío
Si tengo lo necesario
En la bolsa del vecino?
¿Querrás mejor patrimonio
Que este que te he referido?

Laura   Muy buena es esa pitanza;
Pero sobre esto, mi amigo
Hablaremos otro día;
Y ahora sólo es preciso
Que todos nos preparemos
A velar con regocijo.
¿Trajiste la flauta?

Nabal   No.

Laura   Pues este ha sido un olvido
Que reparar es forzoso:
Vete a traerla, mi querido
Mientras voy a preparar
Lo que Micol me ha advertido.

(Vase)

ESCENA II
NABAL

¡Me voy con las esperanzas
De ser su novio! ¡Oh! qué lindo
Se me ha presentado el lance
De decirle sin testigos
Todo lo que ha tanto tiempo
Se me quedaba en designios.

Voy a traer la flauta, y pienso
Esforzar todo mi estilo
En tañer, porque la música
Es poderoso incentivo
Que vuelve como la cera
A los pechos diamantinos.
Esto es hecho: ya de Laura
Puedo llamarme marido,
Y ya desde hoy contar debo
Con un numeroso aprisco,
Pues ella tiene seis vacas,
Tres ovejas, dos cabritos,
Que con dos yeguas que tengo,
Dos caballos y un borrico,
Son considerable hacienda.
¡Ea, Nabal! ¡Al camino,
Que serás entre dos años
Un pastor de los más ricos!

ESCENA III
NABAL Y ZAFIRO

Zafiro   Nabal ¿a dónde caminas
Entre alegre y pensativo y
No te convidó Micol
A velar?

Nabal   ¡Cómo no, amigo!
Mas mientras llega la noche
Y van concurriendo al sitio
Destinado las pastoras
Que de esto tienen aviso,
Voy a mi cabaña y vuelvo
En lo que dura un suspiro.

Zafiro	Y de Laura ¿Qué me dices?
	Dime Nabal has podido
	Proponerle tus intentos
	Como antes me habías dicho?

Nabal	Le abrí ya mi corazón,
	Y me he declarado hoy mismo.

Zafiro	¿Y qué tal se mostró ella?
	¿El rostro se le ha encendido?
	No le viste una sonrisa
	¿Qué de quererte de indicio?
	Porque, amigo, de las hembras
	Con justa razón se dijo
	Que en hablándoles de bodas
	Querrían hasta un palito.

Nabal	No sé yo lo que te diga
	De Laura, amigo, Zafiro;
	Mas he advertido en ella
	Un no sé qué tan esquivo,
	Que me dejó en confusión
	Y el desengaño no atino...
	Y me temo que esta moza
	Que tantas veces ha ido
	A la ciudad en las Pascuas,
	Se haya pervertido el juicio.

Zafiro	Nabal, no sé en qué se fundan
	Tus temores.

Nabal	¡Ah, querido!
	¡Y qué! ¿Nunca has reparado
	Los melindres y caprichos.

De las mujeres que viven
En la ciudad? Los maridos
Allí no son otra cosa
Más que esclavos distinguidos;
Aunque su complexión sea
Más robusta que un encino,
Se fingen tan delicadas
Que las daña el vientecillo:
Si conciben no hay quien sufra
Sus antojos y es preciso
Asalariar otras criadas
Para dar leche al chiquillo:
Criada para la cocina, Jolie
Criada para los servicios
De allá adentro, otra criada
Para que entretenga al niño,
Y criada siempre ocupada
En aderezar vestidos;
Y si les fuera posible,
Aun a costa del bolsillo,
Que les dieran otra criada
Que les pariera los hijos,
Cierto estoy que no tendrían
Empacho para pedirlo.
Y esto es lo que yo recelo
Que mi Laura haya advertido.
Y que le disgusten ya
Ocupaciones y oficios
Del vivir de los pastores
Que es, en todo, tan distinto.
¡Quién sabe si ya no quiere
Caminar de risco en risco,
Sino estar repantingada
Poniéndose los anillos,

Rizándose los cabellos,
Halagando algún perrillo:
Y en vez de dejar la cama
Cuando se oye el primer grito
De los gallos, quiera estarse,
Temiendo el daño del frío,
Entre colchones y sábanas,
¡Hasta que esté el sol salido!
¡Quién sabe si ya no piensa
En curar los corderillos,
En ordeñar las ovejas
Ni en conducir los apriscos,
Sino que quiera llevar
En las orejas aritos,
Y soguilla en la garganta,
Y de seda los vestidos.
Y si así es ¡pobre de mí!
¡Que no hay que esperar asilo!

Zafiro   No te aflijas, buen Nabal:
La moza es de mucho juicio
Para no ver con desprecio
Esos locos artificios;
Y para que no prefiera
El traje humilde y sencillo,
El candor y la virtud
De una pastora, al bullicio,
Al doblez, al fingimiento
Al melindre, a los caprichos
Y ociosidad y pereza
Que en la ciudad son de estilo.
Yo que he tratado a Laura,
Te aseguro que la he visto
Siempre enemiga del fausto

Y siempre contraria al vicio:
Y en los quehaceres del campo
Siempre es su genio festivo.
Hoy mismo que ha convidarme
De parte de Micol vino,
Por los rústicos placeres
Me mostró un interés vivo.

Nabal
Zafiro, tú me consuelas,
Y mi esperanza reanimo
Voy a mi cabaña y luego
Vuelvo a reunirme contigo.

Zafiro
Y yo entre tanto que llega
El término de reunirnos,
Voy a dar agua a los bueyes
Que tengo en el bosquecillo;
Mas no bien en el oriente
La luna habrá aparecido,
Cuando yo con las pastoras
Estaré.

Nabal
Muy bien, Zafiro:
Y por mí, de hacer no dejes
De un amigo los oficios.

Zafiro
Excusado es que lo digas,
Pues este es un deber mío.

Telón

ACTO SEGUNDO
La misma decoración

ESCENA I
AMINTA Y LAURA (cantan)

Torna al nido la avecilla,
Y con cánticos alegres
Da la despedida al día
Que se oculta en occidente.
¡Oh! ¡Qué arreboles tan bellos!
¡Oh! ¡Cuán hermosa se duer
me
¡La animada luz dorando
De los montes la alta frente!

ESCENA II
LAS DICHAS Y SILVANIA

Silvania ¿Cantando estáis, mis amigas,
Al paso que yo en las breñas
Maldiciendo y renegando
de mi destino y estrella?

Aminta ¿Y por qué tantos enojos
Que acabaron tu paciencia?

Silvania ¿Eso preguntas, Aminta,
Cuando sabes por ti mesma
Que a las pastoras no faltan
Motivos para las quejas?
Pues ¿no ves que cuando quiero
Acabar con mis tareas

Para venirme temprano
A unirme a mis compañeras
Un lobo maldito vino
A querer hacer su presa
¿En uno de los corderos?
¡Ah! si no estoy tan alerta,
Gritando, echando los perros
Y haciendo mil diligencias
Para escaparlo, no hay duda,
¡El malvado se lo almuerza!
Y después que lo ahuyenté
Siguiéndolo hasta una legua,
Volví al redil y echo menos
A la más robusta oveja;
Búsquela, y la hallé por fin
Echada bajo una higuera;
La traje, mas luego veo
Que me falta una cordera;
Vuelvo a correr; mas tan brava,
Que por poco caigo muerta;
Pero también la encontré,
Y la traje a puras fuerzas.
Pero ¡qué rabia es la mía
Cuando hallo una pareja
¡De cabras se me ha escapado!
Aquí fueron las centellas,
Los rayos, las maldiciones,
El tirarme la melena,
El darme de mojicones,
¡Y querer morder la tierra!
Fuime en busca de las cabras,
Mas caminaba tan ciega
Que no podía encontrarlas
Aunque pasaba junto a ellas;

Hasta que por dicha encuentro
Una fuente de agua fresca,
Donde bebí, y me lavé
Las manos y las orejas,
Con lo que calmó el enojo;
Entonces vi que muy cerca
Del redil se entretenían
Paciendo la verde yerba.
"Hijas de un cabrón —las dije—
¿Qué borrachera es la vuestra,
Qué me habéis hecho correr
Hasta echar tamaña lengua?".
Pero ¡vaya! esto pasó,
Y ahora alegrarnos es fuerza.
¿Y Micol?

Laura   En este instante
A estar con nosotros llega.

ESCENA III
LAS DICHAS Y MICOL

Micol   ¿No veis qué sitio tan bello,
Qué pintoresca pradera,
En donde el monte nos sirve
De una impenetrable cerca
Contra el ímpetu del viento,
Sin impedir que se vea
La vasta extensión del cielo?
¿No veis qué alegre y serena
La noche su manto extiende?
¿No veis qué hermosa refleja
La luna los resplandores

¿Que el sol arroja sobre ella?
En verdad, no pudo hacerse
Mejor elección que ésta.
El murmullo de las fuentes
Que allí cerca serpentean,
Esos elevados álamos
Que se pierden en la esfera
De los aires, cuyas hojas
Semejantes a las cuerdas
De un instrumento sonoro
Forman armonías llenas
Cuando del céfiro heridas
Suavemente se menean...
Todo proporciona agrado;
¡Todo el ánimo recrea!
Allí vemos el sepulcro
Donde descansa la bella
Raquel, y de nuestro padre
David se ve la cisterna:
Cosas que a los israelitas
Recuerdan gratas ideas!
¡Oh! ¡Cuán feliz es la suerte
De los que habitan las selvas!

Silvania   Micol, de otro modo hablaras
Si tú, como yo, estuvieras.

Micol   ¿Y qué te pasa, mi amiga?

Silvania   Nada más que una friolera;
Que estoy toda recansada,
Adoloridas las piernas
de ir y venir por los cerros,
Lidiando con las ovejas.

Micol	Pero estos son trabajillos
	A que quedaron expuestas
	Todas las hijas de Adán
	Desde que fue madre Eva;
	Mas cuando pasan, y la hora
	De nuestro descanso llega,
	Se siente un placer tan puro
	¡Que no lo expresa la lengua!
Aminta	Todo eso es cierto, y a todos
	Nos lo enseña la experiencia:
	Silvania, ya se pasó
	El tiempo de las carreras,
	Y ahora es el de descansar
	Entre amables compañeras.
	Pero yo, amigas, deseo
	Saber qué motivo encuentra
	Micol para convocarnos
	A celebrar esta fiesta.
Laura	¿Eso preguntas, Aminta?
	¿Por qué extrañas tales fiestas,
	Cuando aquí en estos contornos
	Se ven con tanta frecuencia?
Aminta	Sí, más siempre hay una causa
	Que la alegría despierta;
	Unas veces el cumpleaños
	De algún pastor se celebra;
	Otras veces festejamos
	Las bodas de una doncella;
	Y siempre que algún suceso
	Memorable se recuerda

De aquellos que tanto honor
Dan a la nación hebrea,
Después que en los templos damos
Gracias a la Providencia,
Manifestamos el gozo
Que hoy bailemos?
Con recreaciones honestas.
Pues ¿por qué quiere Micol

Silvania   Yo dijera:
Que el casamiento de Laura,
Que ya es público en la aldea...

Laura   ¿Eso presumes, amiga?
No me juzgues por tan necia
Que quiera sacrificarme
Sólo por no ser soltera.
No creas, no, que yo soy
Del número de esas hembras
Qué, a trueque de casamientos,
A sí mismas se vendieran.

Silvania   ¿Y quieres tú persuadirnos
Que Nabal no te corteja?

Laura   No niego yo que me ha hecho
Requiebros y mil ofertas;
Pero de mí no ha tenido
Ninguna correspondencia.

Aminta   ¿Y qué le has dicho?;

Laura   A otro tiempo
le remití la respuesta.

Aminta	¿Y con qué objeto?
Laura	Porque él No venga triste a esta fiesta, Sino que las esperanzas Le den buen humor para ella; Que después yo me sabré Decirle doscientas frescas.
Silvania	Dime ¿qué hallas en Nabal, Puesto que así lo desprecias?
Laura	No es desprecio; pero a mí; ¿Quién me obliga a que lo quiera? Mas si tú te pagas tanto De sus bellísimas prendas; Sex Podemos hacer un cambio; Y dame algo en recompensa.
Silvania	¡Vaya, que eres jocosa! ¡Briboncilla! pero ésta Es muy larga digresión; Volvamos, pues, a la empresa.
Aminta	Sí; que Micol nos declare El motivo de esta huelga.
Micol	Aunque tal vez una cosa Impertinente os parezca, No puede ser, a mi juicio, Despreciable ni pequeña.
Aminta	¿Y cuál es?

Micol	¡Ha sido un sueño, Que de alegría me llena!
Silvania	¿Y qué sueño habrá sido ese Que tanto gozo merezca?
Micol	Puedo al punto referirlo; Un instante estadme atentas.

(Cantan dentro Nabal y Zafiro:)

Pastorcillas que habitáis
En los bosques de Belén,
Preparadnos la merienda
Que morimos por comer!

Gritan: ¡Pastoras!

Laura	¡Pastoras! Los pastores ya se acercan,
Aminta	Sí, los oigo reír a carcajadas; ¡Quién sabe si, al venir llenos de gozo, Se han tomado de vino algunas tazas!

(Cantan otra vez:)

Pastorcillas que vivís
En los montes de Judá,
Si queréis vernos alegres
Preparadnos qué, cenar!

Gritan: ¡Pastoras!

Laura	Son muy célebres los niños, Que ya quieren la cena sin ganarla.

ESCENA IV
LAS DICHAS; NABAL Y ZAFIRO

Nabal	A buena llegamos, pues ya juntas Estáis, y a punto de bailar, zagalas; No hay que perder el tiempo, que Zafiro Está dispuesto a sacudir las patas.
Zafiro	Henos aquí, Micol, y si lo quieres Comenzaremos ya la zarabanda
Micol	¡Bienvenidos! Tomad vuestros asientos, Y vamos comenzando.
Nabal	Hermosa Laura, Tú bailarás conmigo, y con Aminta A su vez bailará mi camarada
Aminta	Todo ha de ser así; mas esperaos.
Zafiro	¿Pero qué hay que esperar si ya se pasa Lo mejor de la noche?
Silvania	En un momento Dirá Micol su sueño.
Nabal	¡Qué cachaza! ¿Ahora andáis con sueños, y creyendo Cuentos de brujas y otros de esa traza? Pues si yo cuento todo lo que sueño, En ello me pasara una semana.

Una noche soñé que una pastora,
A quién yo quiero más que a mi propia alma,
Me daba en prueba de su amor constante
Un anillo de hermosa filigrana,
El que yo me probé en todos los dedos
A ver en cuál de todos me quedaba,
Alegre me despierto; pero ¿qué hallo?
Metido había el dedo más pequeño
En un lugar oculto, y bien untada
La mano de un ungüento que a los dioses,
Según yo sé, no es bálsamo que agrada.
Otra noche soñé que esta pastora
Mil caricias haciéndome, me daba
Con sus labios de rosa tiernos besos,
Sutilmente tomándome la cara;
Pero vi ¡que desgracia! La perrilla
Era que con la lengua me limpiaba
La boca de los restos de la cena
Que fueron de manteca y de cuajada.
Otra noche soñé que yo era el rey,
Y tenía un palacio......

Aminta   Amigo, aguarda,
Que no se trata aquí de cualquier sueño
Sino del que causa es de esta velada.

Nabal   Acabáramos ya; pues yo creía
Que cada uno a decir lo que soñaba
Se iba a obligar.

Micol   Voy a decir mi sueño.
Siguiendo de mi padre la enseñanza,
Después que mis oficios he concluido,
Me he acostumbrado a leer la Biblia Santa

Y antes de ayer, habiendo yo encerrado
De mis caras ovejas, la manada,
Después que di la cena a mis pastores,
Lavé los muebles y ordené la casa,
Tomé según costumbre entre las manos
El volumen divino en donde el alma
Halla el mejor recreo, y por acaso
Abrí de Isaías la primera página,
Donde el profeta dice que al Mesías,
Que adorarán las bestias prosternadas,
Sólo Israel no habrá de conocerle
Y le despreciará ¡nación ingrata!
Siéntome conmovida, el libro cierro,
Vuélvolo a abrir por donde me llevaba
El impulso casual, y del profeta
Leo con sensación estas palabras:
"Concebirá una virgen en su seno,
Y un hijo nos dará de sus entrañas,
Que ha de llamarse Enmanuel; y siguiendo
Del mismo Isaías la lección sagrada,
Leí el capítulo once, en donde dice:
"De la raíz de José saldrá la vara,
Y de ella pulcra flor saldrá y fecunda
Sobre quién el espíritu descansa
Del gran Jehová". Entonces de la mano
El libro dejo caer como abismada, Inda
Y alzándole otra vez, a Daniel abro,
En el propio lugar donde anunciaba
Que el invicto caudillo que aguardamos,
Y en quien se fijan nuestras esperanzas
En el fin nacerá de los sesenta
Semanas de años, que ya son pasadas.
Cierro y medito un poco; otra vez abro;
Mas entonces Miqueas es quien me habla;

"Belén —me dice—. No es ya despreciable,
Ni pequeña ciudad, pues que ella alcanza
El privilegio que otras envidiaron,
De que ahí sea do el caudillo nazca".
Una dulce y suavísima tristeza
Entonces por mis venas se derrama,
Y embebida la mente en mil ideas
Absorta el vaticinio contemplaba.
¿Quién —decía— será la venturosa,
En quién Dios ha fijado sus miradas,
Para que sea madre del Eterno,
Y al tierno hijo nos dé, de sus entrañas?
¡Si estará entre nosotras la escogida!...
¡Mas no! que yo no vi virtud tan rara
En ninguna mujer, cuál se requiere
Para llegar a dignidad tan alta.
¡Joven dichosa! El orbe en tu presencia
¡Se encorvará y besará tus plantas!
Mas según las proféticas sentencias
Del Señor, el Ungido ya no tarda;
¡Oh! mil veces feliz el que tuviere
La ventura de verle en su llegada;
Nuestros hijos serán, sí, nuestros hijos
Los que habrán de gozar dicha tamaña,
Pues los tiempos se cumplen, y es Belén
En donde brillará la luz increada
Mientras en estas dulces reflexiones
La mente estuvo como enajenada,
Vino a cerrar mis párpados el sueño.

Nabal   Micol, la relación está muy larga,
Y se pasa la noche.

Zafiro	No interrumpas, Que se explica Micol como una sabia. ¡Brava injusticia! A mí no me dejaste Acabar de decir una palabra.
Aminta	Pero esto es de importancia y nos recrea.
Nabal	A mi, bostezos son los que me causa; Pero que siga el sueño mientras duermo
Laura	Si te duermes, no cenas.
Nabal	¡Ah! ¡caramba! Que está esa penitencia muy severa, Y si así debe ser, aunque tomara Dos libras de opio, pelaría el ojo Mejor que un centinela en la campaña. Sigue Micol.
Micol	Decía, pues, pastores, Que cuando aquellas cosas meditaba, Dormida me quedé, y el sueño luego Mi mente llena de ilusiones gratas: Vi un jardín delicioso, y a un extremo Un templo hermoso que cual sol brillaba; Acerqueme temblando, me introduje Por una puerta de oro, a todos franca; Creí que estaba en el cielo, y que en espíritu De la visión divina ya gozaba; Una luz apacible que a los ojos No ofende ni molesta; una fragancia De perfumes celestes; una música De dulces y perfectas consonancias Mis sentidos perciben, y en el pecho

El corazón de gozo palpitaba.
Pero mi asombro crece cuando miro
En Una joven mujer, de quien el alba
Con todos sus colores y hermosura,
Débil imagen es que la retrata;
Traía en el regazo un bello niño
Blanco como un jazmín, en quien las gracias
Todas reunidas vi, y de su rostro
Un torrente salía de luz clara.
"Hija de Israel —me dijo— "este infantillo
Ha sido de tu pueblo la esperanza;
A este vaticinaron los profetas
Por éste suspiraron los patriarcas;
Ya el Verbo hecho hombre habita entre
nosotros;
Luego verás la gloria en sus hazañas".
Y vi entonces, en tropas numerosas,
Batir el aire con sus sendas alas,
Espíritus de todas jerarquías,
Los que al niño fervientes adoraban.
Postréme yo también a su presencia;
Y cuando iba a besar sus tiernas plantas,
Del sueño desperté; mas no sentía
El natural pesar de ser burlada;
Antes el corazón conserva el resto
¡De aquella sensación que fue tan grata!
Esto soñé, pastores; y en memoria
De tan grande fineza, aunque soñada
Al Dios que ha de nacer, reconocida,
Esta función mi gratitud consagra.

Silvania	¿Con que es cierto, Micol, que la venida De nuestro Salvador está cercana?
Micol	De esto no hay duda, pues así lo indican

De los divinos vates las palabras.
Mas la boca está seca, y es preciso
Con un trago de vino remojarla.

Laura   Pues por tantos motivos es muy justo
Darnos a la alegría; ya mi alma
De júbilo rebosa, y no es posible
Que al vino que lo aumenta despreciara.

Nabal   Dices bien; y del niño verdadero
En obsequio, yo haré sonar mi flauta!

(Beben).

Micol   Parte, Laura, al momento, y trae la cena;
Y de paso registra en la majada
Las ovejas.

Laura   A todo estoy dispuwsta:
En un instante he de volver.

(Sale).

ESCENA V
LOS DICHOS, MENOS LAURA

Zafiro   Silvania,
Mientras que Laura vuelve, yo quisiera
Que la fiesta bailando comenzara:
Y ha de ser con Nabal el bailecito
Que bailaste con él en la cabaña.
¿Ya sabes tú cuál es?

Nabal   ¿Cómo no? El Cuando:
Yo creo que a Micol también le agrada.

Micol   Ya conoces mi humor, que es muy
                 festivo.

Silvania   Yo bailaré con mucho más de gana
                 Si Aminta nos promete que en seguida
                 Ha de hacer con Zafiro su parada.

Aminta   Eso ya se supone, pues no otro
                 El objeto es con que salí de casa.

Cantan bailando:

¿Cuándo llegará este cuando
Que tanto mi amor desea,
De que a las mujeres vea
Con su malacate hilando?

Nabal   ¿Cuándo?
                 Todas las mujeres son
                 De calidad muy extraña:
                 Cada una tiene su maña,
                 Cada una su condición;
                 De todo pide razón;
                 Todo lo están atisbando;
                 Sin cesar están hablando
                 De diversiones y modas;
                 Para esto son buenas todas;
                 ¿Mas para trabajar? ¿Cuándo?

CORO
Cuándo llegará este cuándo, etc.

Silvania	No hay en el mundo un varón
	Que no sea falso, engañoso;
	En los juegos es tramposo,
	En el comercio ladrón;
	En una palabra son
	El vicio en pèrsona andando;
	Y si se fuera buscando
	Un hombre sin tacha alguna,
	Se le hallaría en la luna;
	¿Pero acá en la tierra? ¿Cuándo?

CORO

Cuándo llegará este cuándo, etc.

Zafiro	¿Qué defecto hay en la tierra
	Que no se halle en la mujer?
	¿Y qué criatura ha de haber
	A quien no le haga la guerra?
	Jamás su boca se cierra;
	Siempre se las ve peleando,
	De la una a la otra contando
	Lo que dijo Fulanita,
	Cómo vive sutanita;
	¿Habrá otra cosa peor? ¿Cuándo?

CORO

Cuándo llegará este cuándo, etc.

Aminta	Todos aquestos primores
	¿Dices tú de la mujer?
	Pero qué, ¿no echas de ver
	Siempre están fingiendo amores.
	Prometiendo y engañando
	A cuantas van encontrando;

¿Pero en sus defectos? ¿Cuándo?

CORO
Cuándo llegará este cuándo, etc.

ESCENA VI
LOS DICHOS Y LAURA

Aminta ¡Cómo! ¿Tan presto vienes con la cena?

Laura ¡Qué cena ni qué cuerno! Una noticia
Es la que vengo a daros

Aminta Dila luego.

Laura Aguarda, aguarda que respire, Aminta

Nabal ¿Qué novedad es esta, santos cielos,
Que de hambre va a matarnos? Por mi vida,
Que ha de ser algún sueño.

Micol Dinos, Laura,
Si la nueva es de llanto o de alegría.

Laura Es de un gozo sin par: que ya tu sueño
verificado está.

Nabal No dudaría
Que te hubieses dormido en el camino

Laura ¡No lo dudes, Micol, no! Ya el Mesías,
Así tan bello como tú lo viste,
Habita entre nosotros.

96

Zafiro   ¿Quién lo afirma?

Laura   Unas pastoras con sus propios ojos
               Lo vieron en Belén; de allá venían,
               Llenas de regocijo y publicando
               Del Salvador de Israel las maravillas

Zafiro   Todo anda entre mujeres, y quién sabe
               Si engañarnos querrán las señoritas

Micol   ¿Hablas de veras, Laura?
               ¡Oh! ¡Qué prodigio!
               ¡Toda yo estoy absorta y sorprendida!

Laura   Justo es Micol, dudar tan grandes cosas;
               Pero es tanta verdad como que oía,
               Cuando a ver el ganado me acercaba,
               En alegres cantares que decían:
               "¡Felices las pastoras que de Israel
               Han visto ya la redención cumplida!".
               Detuve el paso, y conocí al instante
               Las voces de Neftalia y de Mirtila;
               Hacia ellas corrí y a voz en grito
               Dije "¡Qué novedad, amigas mías?
               "Ah, Laura!", me responden nuestros
                                            labios.
               ¡No pueden expresarte nuestra dicha!
               Al Salvador han visto nuestros ojos,
               En brazos de una virgen pura y limpia;

               Recién nacido está en aquella gruta
               Que de Belén al muro está contigua;
               ¡Corre, corre al establo, si ver quieres
               La gloria del Señor! Ve, presto amiga.

"Ya no esperé a oír más; al punto corro;
Como fuera de mí, me dirigía
Hacía el portal; pero me acuerdo luego
De volverme a pediros las albricias.

Silvania   ¿Qué nos detiene, pues, en este sitio?
Mi corazón reboza de alegría;
Si el sueño me causó tanto alborozo,
¿Qué hará la realidad? ¡Vamos, Aminta!

Nabal   Ojalá que esta noche también tengas
El otro desengaño, Laura mía.

Micol   No hay por qué detenernos; caminemos;
A Belén caminemos, pastorcillas.

Zafiro   El suceso es extraño, y por lo mismo,
dudosa el alma en creerlo desconfía.

Nabal   Sí por mi ojo no adquiero el desengaño,
No lo he de creer por más que me lo digan.

Laura   En poco tiempo sabrás tú que Laura
No ha venido a fingir otra mentira.

Micol   Rompe el silencio, Aminta, que no es justo
Mostrar tristeza si nació la dicha.

Aminta   Cantemos todos, pues a todos toca
Indicios claros dar de la alegría.

Zafiro   Cantemos en buena hora, y os prometo
Ajustar con Nabal vuestra armonía.

ESCENA VII
LOS MISMOS; SE FORMAN EN PAREJAS, Y MARCHAN A BELEN CANTANDO

CORO
¡Ah! ¡Ah! ¡Ah! ¡Ah!
¡Qué dicha, qué bien!
Vamos, vamos, vamos
A verle en Belén!

DÚO
De Micol el sueño
Cumplido se ve,
Y ya es realidad
lo que sueño fue

CORO
¡Ah! ¡Ah! ¡Etc!
El Dios que se asienta
Sobre el escabel
De estrellas y soles,
Hoy un niño es.

CORO
¡Ah! ¡Ah! Etc.
Como flor que se abre
Al amanecer,
Así lo produjo
La raíz de José.

CORO
Ah! Ah! etc.
En virginal seno

Concebido fue;
Le anuncia Isaías
Divino Enmanuel.

CORO

¡Ah! ¡Ah! Etc.
De él es de quien dijo
El profeta fiel;
"El asno le adora,
Le conoce el buey".

CORO

¡Ah! ¡Ah! Etc.
Se cumplen los tiempos
Bala Que anunció Daniel,
Y nació el Ungido
Salvador de Israel.

CORO

¡Ah! Ah! Etc.
Vedlo allí, pastores;
Allí mismo es
Do, según Miqueas,
Debía nacer.

CORO

¡Ah! ¡Ah! Etc.
Vamos a adorarle
Puestos a sus pies,
Y a la madre virgen
Demos parabién.

ESCENA VIII
LOS MISMOS EN EL PORTAL DE BELÉN;
Y LOS PERSONAJES DEL NACIMIENTO.

Micol   Él es, él es el mismo; él es, pastores,
El que en mi sueño vi; sus resplandores
Mirad y su hermosura
¡Que lo muestran un Dios, no una criatura!

Silvania   ¡Justa razón tuviste
Si celebrar el sueño dispusiste!

Aminta   ¡Es una maravilla! ¡Es un portento!
¡Ved al buey y al jumento!
Cumplidas ya las santas profecías,
Que tantos siglos ha dijo Isaías.

Laura   ¿Y quién no queda atónito y pasmado
Viendo el Verbo de Dios, hoy encarnado?

Zafiro   Todo es aquí pasmoso y admirable;
¡Esa joven amable,
Tan bella y peregrina
Que al verla se creyera ser divina!
El hijo de Jehová fuerte y eterno
¡Que en forma nace de infantillo tierno!
Y ver acá en el suelo
¡Un porcentaje que se torna en cielo!

Nabal   Ya no puede ser más el pasmo mío;
Que ya no siento el frío,
Ni padezco la pena
De malograr la cena,

| | Ni viene al pensamiento |
| | Aquel mi proyectado casamiento. |

Micol   Este es, pastores, nuestro hermoso dueño;
Divirtamos su sueño.
Formando alguna danza,
Cantando alguna copla en su alabanza.

Zafiro   Si por el sueño hacías tanta fiesta,
Más grande causa es ésta
Para saltar de gozo y de contento,
Aplaudiendo tan fausto nacimiento.

Silvania ¡Bailemos, pues, bailemos!

Aminta   Y al mismo tiempo es justo que adoremos
Con respeto profundo
Al que ha venido a la salud del mundo!
                                        (Cantan bailando).

Todos   ¡Si al pastor has llamado
A tu pesebre,
El pastor te da cultos
Muy reverentes:
Duérmete, niño,
Al son de los cantares
Del pastorcillo!

ESCENA IX
LOS MISMOS: LA OFRENDA

Micol   Adorable dueño mío,
Ante tus pies ve postrada
A Micol, tu humilde criada,

Que te ve temblar de frío.
¿Qué puede pedir de mí
Quién los seres ha formado?
Mas, puesto que aniñado
Hoy te nos muestras aquí,
Recibe, gloria del cielo,
Este manto, pobre ofrenda,
Que deseo te defienda
De los rigores del hielo.

Laura (ofrece) Para un mullido colchón
En que duermas, tierno niño,
Vengo a ofrecer con cariño
Este cándido vellón.
No más sobre pajas duras
Te reclines, niño hermoso,
Pues esto no es decoroso
Al Señor de las criaturas.

(Cantan:)

Los presentes recibe
De los pastores,
Pues ellos te ofrecen
Sus corazones.
¡Duérmete, niño,
Al son de los cantares
Del pastorcillo!

Aminta Aunque por Dios te celebre
El arcángel que te adora,
Niño, te vemos ahora
Reclinado en un pesebre.
Como a Dios el corazón

Hoy te ofrezco por tributos.
Y como a niño estos frutos
Que de mis jardines son.

Silvania   Besando tu regia planta
Te ofrezco este juguetillo;
Niño mío, es el cintillo
Que quité de mi garganta!

(Cantan:)

Aunque dueño absoluto
Eres del orbe,
¡Recibe los obsequios
De los pastores!
Duérmete, niño,
Al son de los cantares
Del pastorcillo!

Zafiro   Yo soy un pobre pastor
Que siempre anda por los cerros
Tras de cabras y becerros,
Expuesto al frío y calor.
A donde quiera que voy
Llevo todo mi caudal,
Que consiste en el huacal
A Que ahora, Señor, te doy.
Me lleno de confusión
Dándote esta cortedad;
Mas quien un huacal te da,
Te diera hasta el corazón.

Nabal   Yo no soy tan atrasado
Como Zafiro se queja:

Que pude haber presentado
Un cordero o una oveja;
Pero estaba descuidado,
Pues debido al pensamiento
De un malvado casamiento,
Nada había preparado.
Ahora para el cumplimiento
Doy a José este cordel,
Que a tiempo servirá a él
Para amarrar su jumento.
Por cierto, es el instrumento
Más útil para un pastor;
Mas persuadíos, Señor,
Que es tan pródigo Nabal,
Que os da todo su caudal
Sin que le quede dolor.

(Cantan:)

Llenos de regocijo
Van los pastores
A contar los prodigios
Del Dios hecho hombre!
¡Duérmete, niño,
Que a sus cabañas vuelven
Los pastorcillos!

ESCENA X
LOS MISMOS; LA DESPEDIDA

Micol   ¡Adiós, hermoso infante!
En tu presencia un siglo es un instante.

Laura   ¡Adiós, gloria del cielo,

De paz va llena el alma y de consuelo!

Aminta   Adiós, niño deseado de las gentes;
¡Tu alta fama y tu gloria
Jamás se borrarán de mi memoria!

Silvania   ¡Adiós, mi niño amado,
Claro sol que decora el firmamento;
El tiempo que he estado
Viendo tu rostro bello fue un momento!

Zafiro   Hijo de Dios, a quien infante miro,
A su cabaña vuelve ya Zafiro;
¡Mas tan reconocido a tu fineza,
Que ni un árbol habrá en cuya corteza
No esté grabado el nombre
Del que ha venido a redimir al hombre!

Nabal   Adiós, Señor José, adiós María;
Por dichoso Nabal se contaría
Si os pudiera servir de alguna cosa;
Pero cercana está su humilde choza;
Si os ofrece, llamadle, y al momento
Más ligero vendrá que el pensamiento.

ESCENA ÚLTIMA
LOS DICHOS; MARCHAN EN PAREJAS PASTOR Y CANTAN PRESBITERO REYES
CORO
Venid, ved al Mesías,
Pastores de Judá,
Nacido en el pesebre
De un oscuro portal.

DÚO

Nosotros ya le vimos
y su belleza es tal,
Que en la naturaleza
Nada le igualará.
Venid, etc.

Delante de sus ojos
Es negra oscuridad
El sol que es de la lumbre
Fecundo manantial
Venid, etc.

Al rayo que despide
Su rostro celestial,
Se pierde en triste eclipse
La estrella matinal.

Venid, etc.
No tienen hermosura
Mayor, pero ni igual,
Ni la tierra en sus flores
Ni en sus aguas el mar
Venid, etc.
A través de los velos
Del traje corporal,
Trasluce el alma indicios
De su ser divinal.
Venid, etc.

Aunque es el rey del orbe
Y Dios de majestad,
De rústicos aldeanos
Se deja visitar.

Venid, etc.

El más humilde puede
Besar su planta real;
De pastores y reyes
Admite la igualdad.
Venid, etc.

Venid con los pastores
Los que nos escucháis;
Venid a ver las glorias
Del cielo en un portal.
Venid, etc.

Y a los que os convidamos
A tal felicidad,
Perdón de los defectos
Por recompensa dad.

Telón

NEFTALIA

PERSONAJES

Un Ángel
La pastora Mirtila
La pastora Neftalia
La pastora Rebeca
Las pastora Tamar
El pastor Sileno
La Pastora Sara
El pastor Coridon

ACTO PRIMERO

Decoración de campo

ESCENA I
CORIDON Y SILENO

Coridon　　Por más que digan los poetas
En sus pastoriles versos
Que la vida de los campos
Es la mejor, no lo creo.
Antes bien, si me preguntan
Qué es lo que yo de ella siento,
Diré que es vida muy triste,
Sin reposo y sin sosiego.
Para mejor explicarlo,
En nuestro lenguaje mero
Diré que vida campestre
Es una vida de perros.

Sileno　　¿Y por qué dime, Coridon,
Te formas tan mal concepto
De nuestra suerte?

Coridon　　¿Por qué?
¿No lo comprendes? ¡Qué bueno!
No hay duda que tú estarás
De tu estado muy contento!

Sileno　　Dices la verdad, Coridon.
Pues yo no lo estoy Sileno.

Y no sé qué motivos tengas

Porque yo no los encuentro.

Coridon

Muchos y tan poderosos,
Que aun explicarlo no puedo.
Mas dime ¿qué gusto tiene
Un pobre pastor hambriento,
Cuyo destino es velar
Entre ovejas y carneros?
¿Qué placer hay en correr
Por montes, valles y cerros.
En acostarse cansado.
En interrumpir el sueño
En levantarse al trabajo
Cuando aparece el lucero?
¿Qué delicia es sustentarse
Con mal pan y peor queso,
Con frutas legumbres, leche
Sin guiso ni condimento?
¿Hay contento en madrugar
A lidiar con los terneros,
A tropezar en las peñas
Y a traspasarse del hielo?
Y después de tantas penas
Y al cabo de mucho tiempo
Es tan poco el desayuno
Y tan escaso el almuerzo,
Que solo viene a servir
Para aumentar el deseo.

Sileno

Coridon, esos motivos
No son de un hombre discreto,
Y no pruebas otra cosa,
A decírtelo me atrevo,
Sino que eres perezoso,

Y que quieres que del cielo
Te venga muy a tu gusto
Y sin costo el alimento.
¿No sabes que, por sentencia,
Todos los hombres tenemos
¡Necesidad de sudar
Para alimentar el cuerpo!

Coridon ¡Oh! no ignoro ese deber;
Mas sábete que yo quiero
Una vida en que pudiera
Comer más y sudar menos.

Sileno ¿Y en dónde piensas hallarla?

Coridon ¿En dónde dices, Sileno?
En las ciudades, amigo
Pues allí según yo pienso,
Se pasa una vida buena
Sin sudores ni desvelos.
La mesa es muy abundante,
Y después se va al paseo,
Y por descansar un poco
Se entretienen en el juego.
Los festines y los bailes
Son muy frecuentes recreos
En que se pasa la noche
Alegremente bebiendo;
Y en lugar de ásperas pajas
Se duerme en muy blando lecho

Y lo que más me aficiona

113

A vivir en grandes pueblos,
Es que sin fatiga alguna,
Sin sufrir sol ni sereno
Ni cavar la dura tierra,
Se adquiere mucho dinero.

Sileno

¿Sabes Coridon amigo
Lo que infiero de todo eso?

Coridon

¿Qué infieres?

Sileno

Que eres un necio.

Coridon

¡Qué! ¿Se llama necedad
Aquel natural deseo
De llegar a ser dichoso?

Sileno

¡Vaya que has perdido el sentido
Porque solo así podrías
Decir tantos desaciertos.
No hay Coridon, otra dicha
Acá, digo en nuestro suelo,
Sino una conciencia pura
Bajo un exterior honesto.
Mas en la vida holgazana
A que muestras tanto afecto
No es posible conservar
Este don de tanto precio.
¿Cómo, dime, sin trabajo.
Sino es por injustos medios,
Por violencias, por rapiñas,
Por intrigas, por enredos,
Se harán tantas profesiones
¿Y esos gastos tan inmensos?

En la vida del pastor
Hay trabajo lo confieso;
Pero la virtud se abriga
Allá en lo interior del pecho,
Nuestras sencillas comidas
A nadie se las debemos,
Al paso que los banquetes
Tan suntuosos y opulentos
De los grandes son la sangre,
Las más veces, de los pueblos.
Pero dejemos aparte
Este asunto, que es muy serio,
Y dime te has figurado
Que tan sólo con quererlo,
Marchádote a la ciudad
¿Vas a ser rico al momento?
Por ventura, ¿no reparas
Que allá en tus deseados pueblos
Unos pasan de abundancia
Y otros viven pereciendo;
¿Unos descansan cuando otros
Llevan del trabajo el peso?

Coridon   En todo eso he reparado,
Pero no me desaliento,
Pues cuando amo ser no pueda,
Seré criado por lo menos,
Y criado de casa rica;
Y allí con el cocinero
Trabaremos amistad,
Y esto me basta pues creo
Que donde hay barriga llena
Está el corazón contento;
Y no aquí que por andar

Con los malditos corderos
Y esas infernales cabras
Que corren de cerro en cerro,
Hoy no he probado bocado
Y estoy de hambre que me muero.
Mas... allá Mirtila viene,
Y este es don que me ha hecho el cielo;
Pues si el ojo no me engaña
Trae en las manos un cesto.
Bien por grado, bien por fuerza,
He de ver lo que va dentro.

Sileno   Parece que hacia nosotros
Viene con paso ligero.

ESCENA II
DICHOS; MIRTILA

Mirtila   ¡Seais bien hallados, pastores!
Por Jehová que ha mucho tiempo
Que os busco por las cabañas,
Por los campos...

Coridon   Más deseos
Tenía de que llegaras,
Que tú de hallarnos. Sileno,
¿Cuántas veces no te he dicho
Que Mirtila es un lucero.
La más gallarda pastora
Que estos campos conocieron,
Tan buena y tan comedida
Que adivina el pensamiento?

Mirtila   ¿Por qué lo dices?

116

¿Por qué?

Coridon   Porque dispuesta te veo
A curar la enfermedad
De que ahora estoy padeciendo;
Que es un furioso apetito
De comer… mal tan violento
Que si tú tan compasiva
No vinieras de tan lejos
A darme la medicina
Que me traes en ese cesto,
Juzgo que el pobre Coridon
Muriera en pocos momentos,
Y quedaran estos campos
Sin mí… tristes y desiertos,
Y los alegres cantares
De los pastores muy luego
Se trocaran en suspiros
Y las risas en lamentos...
Las flautas...

Mirtila   Déjate de eso,
Y escúchame los motivos
Porque ahora a buscaros vengo.

Coridon   Dame acá la canastilla,
Y luego de eso hablaremos

Mirtila   ¡Suelta Coridon la cesta!

Coridon   No soltaré ¡vive el cielo!¡
Pues fuera yo un mentecato
Que de hambre fuera muriendo,
Dejando que se me escape

117

¡De las manos el remedio!

Sileno   Aguarda un poco, Coridon;
Deja que diga el objeto
Con que nos busca Mirtila,
Y luego después veremos
Si es posible que te de
Para el hambre algún consuelo.

Coridon   Vaya que por darte gusto,
Sileno, la cesta dejo.

Sileno   Dinos, pues, ¿por qué motivo
O por qué acontecimiento
Nos solicitas, Mirtila?
¿Es acaso algún suceso
Desagradable o que puede
Darnos pesar?

Mirtila   No, por cierto;
Antes bien, según yo juzgo,
Os será muy placentero.

Sileno   ¡Vaya! Que ya te adivino!
Ese es sin duda el festejo
De la boda que se anuncia
De Sara con Melibeo,
Pues, si es cierto lo que he oído,
Uno y otro están de acuerdo
En unirse muy en breve
Con los lazos de Himeneo.

Mirtila   No es por eso mi venida;

Te has engañado, Sileno;
Y menos que Sara piense
En contraer tan mal empeño:
¿Cómo puedes persuadirte
Que ella dé su mano a un viejo
Que si no cuenta ochenta años,
Casi, casi toca en ellos?
¡Cuándo ella apenas tendrá
Diez y ocho, si no son menos!
¡Cuándo a ninguna pastora
Cede en gracias ni en talento!
¡Cuándo a Tamar ella tiene
Tal cariño y tal respeto
Que a trueque de no causarle
Ningún disgusto, yo creo
Que aun el más brillante enlace
Renunciará sin recelo!

Coridon   ¡Qué mal conoces, Mirtila,
De las mujeres el genio! ¡Qué!
¿No has reparado, boba,
Que en diciendo casamiento
Se olvida la reflexión,
No consideran si es bueno,
Si es joven, si ya es anciano,
Si es calvo, si tiene pelo, ..
...............................(*)
Si es borrico, si es discreto?

(*) Falta un verso en el original.

¡Con tal que sea marido
Todo lo demás es juego!
¿De dónde sino de aquí

Nacen tantos desaciertos?
¿De dónde en el matrimonio
Tantas riñas tantos celos, no
Sino de no conocer
Al esposo hasta que es hecho
El enlace, a cuyo mal
Sólo la muerte es remedio?

Sileno   Acaba con tus discursos;
Mira que se pasa el tiempo;
Deja que diga Mirtila
La noticia. ¿Qué hay de nuevo?

Mirtila   La diré en una palabra
Por quitarme de este necio.

Sileno   ¿Y cuál es?

Mirtila   ¿Cuál ha de ser,
Sino que fiesta tenemos?

Sileno   ¿En dónde? ¿Y por qué motivo?

Mirtila   En la fuente de Eliseo,
En donde tiene Neftalia
Su cabaña: y el objeto
Es que, según su costumbre,
Tamar quiere hacerle obsequio
Por su cumpleaños; y os llama
Para que con instrumentos
De músicas pastoriles
En que sabe sois muy diestros,
La acompañéis

Coridon   Desde luego,

Pues la señora Neftalia
Merece que la obsequiemos,
Y más cuando yo no dudo
Que el banquete estará puesto,
Porque en eso de portarse...
Tiene ella gusto y esmero.
Nunca con más gusto que ahora.
Por mi vida lo prometo.
He de tocar la dulzaina.

Sileno   ¿Y en dónde nos reuniremos?

Mirtila   En la casa de Tamar,
Que de aquí no está muy lejos.

Sileno   ¿Y quienes otros concurren?

Mirtila   Rebeca y Sara.

Coridon   ¡Muy bueno!
¡Delicioso será el rato,
Pues son pastoras de genio!
Si cantan, dejan atrás
La dulzura de un jilguero;
Si bailan, no las iguala
Saltando por esos cerros
Una cabra, y son tan ágiles
Que apenas tocan el suelo.
Y si toman una lira
Entre sus manos, yo apuesto
Que ni los ojos más linces
Podrán mirarles los dedos.

Sileno   Voy, pues Mirtila, a encerrar

Mi ganado en los potreros;
Y antes que en el horizonte
El toro asome los cuernos,
Y las estrellas del carro
Se dejen ver en el cielo,
Reunidos con las pastoras,

Coridon y yo estaremos.
Ven Coridon...
..............................(*)
(*) Falta el verso original

Coridon   ¡Lindo va eso!
Pues qué, ¿he de irme sin probar
Lo que el cesto lleva adentro?

Mirtila   Vete cuanto antes, y deja
De ser porfiado y molesto.

Coridon   ¿Y no me darás siquiera
Un bocado?

Mirtila   Ni aún a olerlo.

Coridon   ¿Por qué?

Mirtila   Porque es el presente
Con que hacer mi cumplimiento
Voy esta noche a Neftalia.

Coridon   Siendo así, yo te dispenso;
Pero voy con la esperanza
De que esta noche en descuento
Del mal día que he tenido,

He de comer más que un perro.

Sileno   Ve, Mirtila, y día Tamar
        Que a obedecerla me apresto.

Mirtila   No os tardéis, pues ya la noche
        Va extendiendo el negro velo.

Coridon   Ya verá, cómo volamos
        En las alas de los vientos.

(Vanse)

Telón

ACTO SEGUNDO
La cabaña de Neftalia

ESCENA I
NEFTALIA Y SÉFORA

Neftalia   Séfora, ya del sol
        Los ardorosos rayos
        Apenas iluminan
        Los montes encumbrados.
        Ya la noche sombría
        Encamina su carro
        Sobre nuestro horizonte
        Con majestuoso paso.
        Ya las aves hicieron
        Con su melifluo canto
        Sus últimos saludos
        A la luz, y han buscado

Sus nidos, y el pastor
Con su corvo cayado
Retira sus ovejas
De los floridos prados.
No tardarán, pues, mucho,
Según me han indicado
Tamar con las pastoras
De los vecinos campos
A venir a obsequiarme
Por mi nuevo cumpleaños.
¿Está todo dispuesto,
Séfora? ¿Y has cuidado
De qué el mayor aseo,
Limpieza y aparato
Reinen en la cabaña?

Séfora   Neftalia, aún es temprano;
Pero mi diligencia
De nada se ha olvidado.
Desde que al levantarte,
"Al llevar el rebaño
A pacer, —me dijiste—
Séfora es necesario
Que algo al sueño cercenes,
Y a ordeñar el ganado
Te levantes, pues hoy
Es el aniversario
De aquel felice día
En que mi padre Eleázaro
Por la primera vez
Me tomó entre sus brazos
Y la hermosa Tamar,
La de los ojos garzos,
Con las bellas pastoras

Que habitan estos campos
Han de venir;" —al punto,
De la cama saltando,
Al corral me dirijo,
Las ovejas regaño,
Doy a puño cerrado,
Porque se me resiste
Mil golpes a un ternero
Al rejo, pero al cabo
Concluí mis oficios,
Y después que he cuajado,
Con agua de la fuente
Me lavé bien las manos;
Marcheme al huertecillo
En donde fui cortando
Las flores más hermosas,
Sin herirles los vástagos:
He tejido guirnaldas
De lirios, los más blancos,
De rosas encendidas
Y de clavel morado,
Porque este es el adorno,
Si es que yo no me engaño,
Que hace a las pastorcillas
Más lindas que los astros.

Neftalia   Dime ¿Y para la cena
Has preparado algo?

Séfora   ¡Qué buena eres, Neftalia!
Pues ¿cuándo, dime, cuándo,
Lo que es para la boca
Se me pasó por alto?

Neftalia   ¿Y qué tienes?

Séfora   ¿Qué cosa?
Mil diferentes platos,
Que aunque Coridon venga,
Que es como un perro galgo,
Más de hambre, yo creo que
Que ha de morir de harto.

Neftalia   ¿Hay vino?

Séfora   Y generoso:
Creo que el mismo Baco
Si se apura una taza
Ha de quedar borracho;
Mas, querida Neftalia,
Una cosa reparo.

Neftalia   ¿Y qué es?

Séfora   Nada me dices
De mi traje gallardo.

Neftalia   ¿Y qué tienes de nuevo ?
Yo en verdad nada te hallo.

Séfora   Sin duda traes del sol
Los ojos deslumbrados;
¿No miras mis vestidos
Más que la nieve blancos?
¿No miras qué en los pies
Traigo el mejor zapato?
¿No miras mis cabellos
Tersos y bien rizados?
¿No miras estos ojos,
Qué están tirando dardos?

¿No miras estas perlas
Más gruesas que garbanzos,
Que cuelgan sobre el pecho,
Del cuello de alabastro?
¿No miras?... Pero aguarda
Que allá oigo estar balando
Mi pobre corderillo,
Y es que un maldito cabro
Lo acribilla a cornadas,
Porque es de genio malo,
Y si es así, yo juro
Que ha de morir a palos.
Toda Me voy a socorrerlo;
¡Ya vuelvo... voy volando!

(Vase)

ESCENA II
NEFTALIA (sola)

Neftalia   ¡Huyen como las sombras
Los días y los años!
¡Desde mi nacimiento
Cuatro lustros completos se pasaron!
Y apenas me parecen
Un momento. ¡Qué engaño
Es la vida del hombre,
Aun de aquel que a ser llegue el más
                              anciano!

No parece fue ayer
Cuando mi padre caro
Saltó de regocijo
Al oír de su Neftalia el primer llanto

No me condujo ayer
Mi madre entre sus brazos
Al templo del Señor
Y Dónde ofreció un cordero en holocausto

Y un pollo de paloma
Le dio por el pecado,
Así como Moisés
En la ley del Levítico ha ordenado

Sí; parece; mas media
Larguísimo intervalo
Entre aquellos sucesos
De mi niñez, al día en que ahora me hallo.

Los que en mi infancia fueron
El apoyo y amparo,
Con sus padres, ya duermen,
Y en el seno de Abraham tienen descanso

Pues si la humana vida
Tiene tan corto plazo,
¿Por qué se regocija
El hombre cuando cumple nuevos años?

¿Por qué mejor no llora
Con suspiros amargos,
Viendo que del sepulcro
El término fatal está cercano?

¿Y por qué sus amigos
Van a felicitarlo,
Cuando el pésame dieran,
Al ver que su existencia va menguando?

¡Qué bien en otro tiempo
Jacob ya centenario
Reputaba sus días
Solamente por cortos y por malos!

¡Qué bien dijo Ezequías
En su mortal desmayo,
Que el hilo de la vida
Apenas era urdido era cortado!

Y qué bien el sufrido
Rey de Ur en el establo,
Que nada era su vida
¡Lamentaba en acentos desolados!

ESCENA III
DICHOS; SÉFORA

Séfora   ¡Qué diablo!. Ya mi pobre
corderillo ha acabado;
Por más que me apresuro
A correr y de un salto
Me puse en el corral,
Ya aquel maldito cabro
Se llevaba una tripa
De cordero en los cachos,
Dejándolo expirante;
Quise salvarlo en vano;
Llena de furia quise
Castigar al malvado;
Pero ya él malicioso,
De mi intento y acaso
Porque ya su conciencia

De un delito tamaño
Le remordió, de un brinco
Se saltó los vallados,
Y por el llano corre...
Mas ¿Qué es lo que reparo?
Tu semblante, Neftalia,
Parece haber llorado.
Dime ¿qué te molesta?
¿Has recibido daño?

Neftalia No, Séfora, ninguno;
Sino que contemplando
Sólo es un sueño vano,
Que la vida del hombre
En tristes reflexiones
Yo me había engolfado.

Séfora ¿Qué la vida es muy breve?
¿Y quién podrá negarlo?
Y todos sus placeres
Se acaban muy temprano;
Pero mientras nos dure,
Comamos y bebamos.
Ya puedes alegrarte,
Te encontraran llorando.
Que sería mal chasco
Que las buenas pastoras
Yo tengo más motivos
Para llorar, por cuanto
Perdiendo mi cordero
Perdí todo mi hato,
Pero para otro tiempo

El sentir he dejado.

Mas ya de las pastoras
Oigo, si no me engaño,
Las voces e instrumentos
Que resuenan eh lo alto.

> *(Cantan dentro).*

De la bella Neftalia
Los años nuevos,
Celebren las pastoras
Con mil festejos.
¡Viva Neftalia
La más bella pastora
De estas cabañas!

Séfora Ellas son, que no hay duda;
Y aquel que hace el contralto
Es el pastor Sileno
Que siempre fue alabado
Por su voz desde que era
Tamañito muchacho.

Neftalia Calla, que ya repiten
Sus cantares. Oigamos.

> *(Cantan aproximándose).*

A la que es de estos bosques
El ornamento,
Cada año nuevas gracias
Añada el cielo;
¡Neftalia viva,
Que es entre las zagalas
Graciosa y linda!

Neftalia De la hermosa Tamar

A mis oídos llegaron
Los alegres acentos
Más suaves y trinados
Que los del ruiseñor
Cuando de ramo en ramo
Sus amores gorgea,
O cuando en tonos varios
Dirige su saludo
A los primeros rayos
De la aurora naciente.

Séfora   Ya viénense acercando,
Pues no me cabe duda
Que a Neftalia nombraron.

(Cantan acercándose)

Entre las moradoras
De estas cabañas.
Neftalia en hermosura
Lleva la palma.
¡Neftalia viva,
Que es entre las zagalas
Discreta ninfa!
Ya llegan pues los ecos,
Muy distintos y claros
De Sara y de Rebeca
Percibí, y sin pecado,
A jurar me atreviera
Que aquel acento ingrato
Y ronco es de Coridon;
¡Qué contraste tan raro
Con la voz de Mirtila!
Me parece que un asno

No haría tan buen concierto
Con el melifluo canto
De un alado jilguero.

Neftalia   Séfora murmurando
Estás cuando debías
Mucho más alabarlo;
Su voz desapacible,

Su tono grave y bajo
Realzan más la dulzura
Del eco más que humano
De estas bellas sirenas; Mas ellas han llegado.

(Cantan afuera).

¡Neftalia viva!
Siendo de las zagalas
La más querida!

ESCENA IV
DICHAS; TAMAR, REBECA, SARA,
MIRTILA, SILENO Y CORIDON

Tamar   Neftalia, la más bella
Y discreta pastora de estos montes,
¡La más brillante estrella
Que alumbra de Judá los horizontes!
Hoy renovarse miro
De vuestro nacimiento el feliz día,
Y con sorpresa admiro
Que al paso que la edad robar podía
Las gracias que os donó Naturaleza,

Antes más gentileza,
¡Garbo, donaire y juventud prodiga
¡El tiempo a tu semblante, oh tierna amiga!
Vive, pues, muchos años
Siempre de dicha y de virtud colmada;
Tus lucidos rebaños
Cual la arena dorada
Del rápido Jordán se multipliquen;
Y doquiera publiquen
Tu nombre las pastoras
Con sus voces melifluas y sonoras;
Dadme, amiga los brazos,
¡Que son de la amistad los dulces lazos!

(Cantan).

¡Neftalia viva! etc.

Neftalia   Tamar, mi dulce amiga,
Tus favores son tantos,
Que muda quedaré por más que diga;
Mas si la vida llena de quebrantos
Me puede merecer algún aprecio,
Confieso con verdad
Que sólo es por gozar vuestra amistad.

Rebeca   Neftalia, mas hermosa
Que la brillante y perfumada rosa
Que ha dado tanto nombre a Jericó,
Ahora que en tus años vengo yo
A darte enhorabuenas tan festivas,
Permitidme esparcir alegres vivas
A los trémulos vientos que, en sus alas,
Llevarán vuestro nombre a las zagalas
Que la dicha tamaña
No tuvieron de estar en tu cabaña.

134

Digamos, pues, pastores;
¡Viva Neftalia, rosa entre las flores!

(Cantan)

¡Viva, Neftalia,
La pastora más linda
De estas cabañas!

Neftalia   Ningún merecimiento
Me hace, Rebeca, digna de tus loores;
Mas mi agradecimiento
No será desigual a tus favores.

Sara   Neftalia, mi querida,
Si los tesoros de la humana vida
El dueño soberano
De los hombres en mí depositara,

Con liberal y no abreviada mano
¡Mil siglos a la tuya diera Sara!

(Cantan).
¡Neftalia viva! etc.

Neftalia   Tu fineza agradezco,
Y faltando a mis labios la expresión
Para corresponderos, enmudezco
Dejando que responda el corazón
Con gratitud tan grande que igualara
A tus votos sinceros, ¡bella Sara!

Sileno   La bendición copiosa y abundante

Que por herencia en su postrer instante
El buen Isaac dejó
A Jacob su hijo, te apetezco yo,
En tu cumpleaños, mi Neftalia bella,
Porque no hay bien que no se encierre en ella.

Neftalia   De vuestro pecho generoso y bueno
No esperaba otra cosa, buen Sileno.

Coridon   Qué nunca el pan te falte yo deseo,
Porque no hay mayor mal, según yo creo,
Que el morir de hambre como a mí me pasa,
Ni hay mayor bien como el que esté la casa
De todas provisiones bien surtida:
De este modo se pasa alegre la vida;
Mas eso de desearte muchos años
Son embustes y engaños,
Pues es fuerza morir cuando Dios quiera;

Y así mejor dijera
Que Neftalia, cual Marta,
Muera en buena hora si se muere de harta.

Séfora   Como un sabio Coridon discurrió,
Y a su buena opinión me adhiero yo;
Y tú Mirtila ¿te has quedado muda?
Déjate de vergüenzas y saluda,
Como lo han hecho los demás pastores,
Pues quiero oírte decir dos mil primores.

Mirtila   Séfora, no es vergüenza; mas espero
Que todas hablen porque cantar quiero

Sileno   Muy bueno me parece,

Mirtila, porque crece
La expresión del afecto si al sonido
Celestial de la música va unido.

Mirtila   *(Canta).*
Descifradme, pastorcillas,
Un misterioso secreto:
¿Por qué el cielo hoy se despoja
Y en hermosa primavera
Se ve tornado el invierno?

Todos   Por celebrar de Neftalia
Los felices años nuevos.

Mirtila   ¿Por qué más juguetoncillos,
Están hoy nuestros corderos,
Y por qué las avecillas
Con sus requebrados ecos
Hacen resonar el bosque,
Multiplicando gorjeos?

Todos   Por celebrar de Neftalia
Los felices años nuevos.

Mirtila   ¿Por qué se ve tan vistosa
La noche con tanta estrella,
Que forman grata armonía
Y los sentidos deleita?
¿Por qué se ve matizada
Con tanta flor la pradera?

Todos   Es para darle a Neftalia
La feliz enhorabuena.

Tamar   Basta de canto, Mirtila,

Y con el baile empecemos
Porque con la variedad
De los alegres objetos
No se da entrada al enfado
Y se prolonga el contento.

Rebeca   En uno y otro, Tamar,
Ejercitarnos podremos
Todo el tiempo que durare
De nuestra amiga el festejo,
Porque si al baile se junta
El canto, es un embeleso
Que arrebata.

Sara   Muy bien dices;
Yo tu parecer apruebo.

Mirtila   Estas manzanas, Neftalia,
Por primicias de mi huerto
Y porque es raro encontrarlas
Tan frescas en el invierno,
Es el tributo que ofrecen
Mi corazón y mi afecto.

Neftalia   Tanto más, bella Mirtila,
Tus favores agradezco.

Coridon   Esto sí que es quedar bien;
Mirtila nos dejó yertos,
Pues las obras son amores
Y no palabras en seco.

Séfora   Venga acá la canastilla,

Que en días de cumplimiento
A la Seforilla toca
El honor de repostero.

Tamar   Vamos al baile, Coridon

Rebeca   No estés tan frío, Sileno.

Coridon   ¿Cómo, sin echar un trago,
A dar saltos nos pondremos?

Séfora   Tienes razón, pues el vino
Es quien comunica aliento.

Coridon   Y el que causa la alegría
Y aquel enajenamiento
Que da sazón a los bailes
Y es el alma del recreo.

Sara   Y el único que es capaz
De volver locos los cuerdos.

Neftalia   Séfora ¡qué te dilatas!
Brinda de aquel vino añejo
De Engadí a los pastores,
Que es muy rico en mi concepto.

Séfora   ¡Cómo si te adivinara,
Es el que tenía dispuesto
A la mano en el más grande
Y más limpio de los cuernos!
¿Gustarás, bella Tamar,
De esta copa?
Tamar   Sí; la acepto,

Y en obsequio de Neftalia Brindo!

Neftalia   Y yo os lo agradezco.

Séfora   Tú no me harás el desaire,
Mi Rebeca.

Rebeca   No, por cierto,
Pues en siendo de Neftalia
Para honor, yo no me niego.

Séfora   ¿Ves aquí la copa, Sara ?
Tómala sin cumplimiento.

Sara   De tus manos, mi querida,
Y de Neftalia en obsequio,
El vino nuevo atractivo
Tiene, y provoca a beberlo.

Séfora   Y tú Mirtila, ¿quisieras
Darme el placer?

Mirtila   ¿Qué pretexto
tendría para excusarme?

Coridon   Libre va de que haga un gesto;
Si le dieras el lagar,
O la cuba o el pellejo,
Todavía fuera poco.

Mirtila   ¡Calla, no seas tan necio!

Séfora   La dosis de los varones
Ha de ser mayor. Sileno,

Toma en honor de Neftalia.

Sileno Lo haré así; pero deseo
Que admitas que por el tuyo
Brinde yo el trago postrero.

Coridon Deja por allá esa copa,
Que ya acabó con su empleo,
Y dame acá, que yo gusto
Beber a boca de cuerno.
Bendito Noé, que nos hizo
Tan loable descubrimiento!
Ahora sí. ¡Viva Neftalia!
Digamos a voz en cuello;
Ea, zagalas! Al baile!
¡ y cantemos y gritemos!
¡Afuera toda vergüenza!
¡Afuera mi encogimiento!

Tamar Su compañera de baile
Cada uno vaya eligiendo.

Sileno Si Neftalia no se excusa,
Con ella a bailar empiezo.

Coridon Si con las dueñas de casa
Ha de empezar el festejo,
No me queda qué escoger
Y con Séfora me entiendo.
Pero ¡voto a los bigotes
De mi padre! Ahora me acuerdo
Que dejé un grave negocio
Entre manos. Un momento
Me esperad, que mi palabra

141

Está empeñada. Ya vuelvo.

Tamar ¿Cómo nos dejas, Coridon?
¿Cuál puede ser ese empeño?

Coridon ¡Qué! ¿No sabes que en la aldea
Yo soy el principal médico
Y que puede ser de este arte
Mi discípulo Galeno,
Que he hecho en él más milagros
Que aquellos que hizo Eliseo?
¿No ha llegado a vuestros oídos
La fama de mis remedios?
Me espanto, pues soy nombrado
Desde Sión hasta el Carmelo
A mí no se me resiste
Ni la fiebre ni el veneno;
Yo curo la hidropesía
Y los dolores de huesos;
Y el gálico confirmado
Yo lo curo con el dedo,
De modo que en pocos años
Resucitaré a los muertos.

Rebeca Muy buena es esta noticia;
Pero que digas queremos
¿A dónde vas?

Coridon A visita
De un adolorido enfermo,
Que, si no voy esta noche,
Puede correr algún riesgo;
Y antes de que me trastorne
El vino el entendimiento,

	Pues según he calculado
	Hemos de seguir bebiendo,
	Voy a darle la receta (molto)
	De algunos medicamentos.

Sara   ¿Tardarás mucho en volver?

Coridon   Ni el venado más ligero,
              Ni el caballo más veloz
              Me alcanzarían; ya vuelvo.   *(Vase)*

ESCENA V
DICHOS, MENOS CORIDON

Tamar   Pues que tú solo has quedado,
              Sileno, suple el defecto
              De Coridon.

Sileno   Ya me miras
              Que no he dejado mi puesto;
              Alternaré con cada una,
              Que de cansarme no hay miedo.
              Vamos, Neftalia; resuenen
              Los músicos instrumentos.

                                    (Bailan).

Séfora   ¿Miras, amiga Mirtila,
              Que buen bailarín tenemos?

Mirtila   La atención me ha arrebatado,
              Neftalia, con su despejo,
              Con su medido compás
              Y sus diestros movimientos.

Rebeca   Tú, Séfora, seguirás,

Pues Coridon te había electo.

Séfora   No sé hacerme de rogar;
Vedme aquí de pie derecho.

(Bailan).

ESCENA VI
DICHOS, APARECE UN ÁNGEL

El Ángel   Escuchadme pastores que habitáis
La región más feliz que hubo en la tierra;
¡Suspended el humano regocijo
Para llenarnos de alegría nueva!

Neftalia   ¡Santos cielos! ¿Qué miro? ¿Es esto sueño?

Sileno   ¿He perdido el sentido?

Tamar   Qué tremenda,
Qué terrible visión mis ojos hiere?

Rebeca   ¡Resplandor celestial!

Sara   ¡Huye, Rebeca!

El Ángel   ¡Deponed los temores, pastorcillas!
Yo soy nuncio de paz, y mi presencia
Inefables consuelos os promete,
Muy lejos de poder seros funesta,
¡Gozo os anuncio, gozo sempiterno,
y gozo que jamás decir pudiérais!
Los cielos se despliegan y su gloria
En copiosos torrentes se despeña.
Aquel Señor, a cuya vos fecunda

144

Los átomos se tornan en estrellas,
Y que sacó con solo una palabra
La luz brillante de la sombra negra,
Hoy aparece con la voz del llanto
Y se deja adorar de zagalejas;
Ya no es aquel que con semblante airado
Al desgraciado Adán e infeliz Eva
Hizo sentir de su delito el peso,
Cubriéndolos de horror y de vergüenza:
¡Ni el que en Sinaí, entre terribles truenos,
A todo Israel sorprende y amedrenta!
Sino que oculta con la humana carne
Su inaccesible majestad excelsa,
Y en la amable figura de un infante
Cuyos labios destilan la clemencia,
Cuyos ojos lucientes cual luceros
Vierten de puro amor copiosas perlas,
Para salud del mundo hoy ha nacido
Del seno virginal de una doncella.

Tamar   ¿En dónde le hallaremos?

Neftalia   Paraninfo
Divino, ¿qué señal das a tus siervas?

El Ángel   Le encontrareis en una oscura gruta,
Sufriendo del invierno la inclemencia,
Sobre las duras pajas de un establo,
Acariciado de una madre tierna.
Dos mansos brutos le hacen el cortejo,
Y con su suave aliento le calientan;
Y los pobres pañales que le cubren
¡Son del Señor del orbe las riquezas!
¡Venturosas pastoras! Vuestra dicha

145

Es inefable, grande y estupenda.
Arda en llama de amor agradecido

Vuestro sencillo pecho al conocerla.
Reúnanse vuestras voces al sublime
Y festivo himno de la turba excelsa
Que la bondad del Dios de las alturas
Publica a los pastores de Judea. *(Canta).*

"¡Gloria el Empíreo cante
Al Señor soberano,
Y sus glorias alternen
Las órbitas celestes y los astros!

¡Gloria le cante el Eter
Y el Líbano encumbrado,
Y paz reciba el hombre
Que abriga un corazón sencillo y manso!".

(Desaparece).

ESCENA VII
DICHOS; MENOS EL ÁNGEL

Neftalia   ¿Me engañan los sentidos?
¡Oh, cielos! ¿Dónde me hallo?

Tamar   ¡Oh, Dios! A unas pastoras
Reveláis un arcano,
¿Tan sublime, tan grande,
Tan profundo, tan alto?

Séfora   ¡En albricias, Mirtila,
Dame un estrecho abrazo!

Mirtila   Tómalo, pues de júbilo

Estoy que me deshago.

Sileno   Sin detención, zagalas,
Hacia Belén partamos.

Sara   Sí, que en cada momento
Veo correr un año.

Mirtila   Y qué, ¿no tendrá parte
En tan feliz hallazgo
El pobre de Coridon?

Neftalia   Muy justo es esperarlo.

Séfora   Pues entre tanto viene,
Buscar quiero un regalo
Para hacer al chiquillo.

Rebeca   Séfora, ¡cuánto alabo
Tu cariñoso afecto!
¡Ah! Si nos fuera dado
Aliviar su pobreza,
Enjuagarle su llanto!

Neftalia   ¿Qué don podrá ofrecerle
La miserable mano
De un mortal que sea digno
Del que se ha despojado
De la magnificencia
Y gloria del paraíso?
Y pues pobre ha nacido
Nos da indicios muy claros
De aceptar de nosotras
Un pequeño agasajo.

147

Ve, pues, Séfora, y busca
Qué llevarle podamos.

Séfora   ¡Oh! Si fuera posible
Cargar con el rebaño! *(Vánse)*

ESCENA VIII
DICHOS; MENOS SÉFORA

Mirtila   La cabaña de Tamar
No dista ni cien pasos,
Y el grande regocijo
Que me anima, de un salto
Me hará ponerme allá.
Con Sara, pues, me aparto
A traer alguna ofrenda.

Sara   ¡Vamos, Mirtila, vamos!
Y aunque me desbarate
Los pies en los guijarros,
Por volver con presteza
Correré como un gamo. *(Vánse)*

ESCENA IX
DICHOS; MENOS MIRTILA Y SARA.

Sileno   ¡Ah! ¡Felices pastoras escogidas
Para mirar con regocijo y pasmo
Cumplidas las promesas del Eterno!
Ahora me acuerdo que ha treinta y tres años
Que lloraba mi padre porque veía
Al trono de Judea, sublimado,

A Herodes, idumeo incircunciso,
Y que al pueblo oprimía cual tirano
Después de haber saciado sus crueldades
En sus víctimas Antígono e Hircano,
Últimos restos de los valerosos
Esforzados varones que pelearon
por las sagradas leyes y la patria,
Y que el viejo Isacar, que es muy versado
En las sagradas letras le decía:
No te espantes Samuel, pues no es acaso
Que el Señor nos permita tantos males
Y el imperio traslade a los extraños.
Este suceso que parece adverso
Cumple la predicción y abrevia el plazo
Que Jacob, nuestro padre, dio a sus hijos
Para que venga el que ha de ser enviado.
De Daniel ya se cumplen las semanas,
Se dice que enmudecen los oráculos
En que las gentes ponen su confianza;
Luego en vez de suspiros y de llantos
Sólo has de respirar paz y consuelo
Al contemplar, tan próximo y cercano,
Que a Israel ha de regirle su caudillo
Y de su cautiverio ha de sacarlo;
Y ahora veo que bien fundadas fueron
Las esperanzas del ilustre anciano.

Rebeca   Bien percibo las sólidas razones
Que Sileno, tan cuerdo, nos ha dado,
Pues mientras el ganado se detiene
Sobre los verdes céspedes rumiando,
A la sombra de un árbol me reclino
Y me entretengo en ver los libros sacros
Mas decidme, pastoras, ¿es posible

Que se digne nacer en un establo
El que viene a ser Rey de los judíos,
Terror y admiración de los romanos?
¿Es posible se mire en una gruta
El que ha de ser de Reyes adorado?

Tamar

No queramos, Rebeca, penetrar
Del altísimo Dios el alto arcano,
Mas te puedo decir que Zacarías
Como pobre nos lo ha representado,
Y viniendo a destruir nuestra soberbia,
Viniendo a condenar del mundo el fausto,
Viniendo a establecer un nuevo imperio
En sólidas virtudes cimentado,
No desdicen las pajas ni el pesebre
Al nuevo Rey del mundo, suspirado.

Neftalia

¡Ay!, ¡Rebeca! Si el Dios de nuestros padres
Que escoger quiso nuestro traje humano,
Nacer quisiera en el soberbio alcázar
Donde reinaron sus antepasados,
No alcanzaran la dicha los pastores
De tener preferencia en adorarlo.
Con desdén repelidos nos veríamos
Por el orgullo de los cortesanos
Sara o Que se creen ofendidos si el humilde
Llega a tocar los quicios del palacio.
Pero él naciendo triste y abatido
En el lugar más vil y despreciado
Y llamando a su cuna a unos pastores
Vestidos de pellicos y de andrajos,
Dejando a los que cubren su miseria
Con las suntuosas telas de Damasco,
Ya da muestra que mira con desprecio

150

De los grandes del siglo el humo vano.

ESCENA X
DICHOS; CORIDON

Coridon   ¿No os dije, camaradas,
Que iba a volver temprano?
Luego que tomé el pulso
Y que apliqué un emplasto
De cebolla albarrana,
Cominos y culantro,
Devoré con presteza
Los tres o cuatro platos
Que para el señor doctor
Estaban preparados.
Casi sin despedirme.
Volví a tomar el rastro
No vuela con más furia
De esas nubes un rayo,
Como yo discurría
Trepando esos peñascos...
Pero... ¿qué mutación
Es la que yo reparo?
¿Por qué tanta tristeza?
Séfora se ha enfermado?
Siendo así no temáis,
Pues aquí está Esculapio.

Neftalia   Un nuevo regocijo,
El gozo más extraño,
Coridon, se ha añadido
Al de mis nuevos años.
El Señor de los mundos,
El gran Dios de Sabaot,

Conforme a las promesas
Que hizo por sus oráculos
A Abraham, Issac, Jacob,
Nuestros padres amados,
¡Ya existe entre nosotros!

Coridon   Mira, ¡qué lindo caso!
Neftalia, ¿Cómo puedes
Creer tan grosero engaño?
Yo fui a Jerusalén
Al sacrificio el sábado,
Y nada se decía
De semejante acaso.

Tamar   Qué ¿no has leído en Miqueas
Aquel texto tan claro,
Donde a Belén se da
El privilegio raro
De ser la ilustre cuna
Del caudillo esperado?

Coridon   Mi señora Tamar,
Aunque yo soy un sabio,
En eso de escrituras
No entiendo ni un vocablo;
Pero dejemos de eso
Y vamos pronto al grano:
¿Quién nos trajo esa nueva?
¿Fue por ventura un criado?

Rebeca   Un ángel más vistoso
Que el reluciente arco
Que se forma en las nubes
De colores tan varios,

Más brillantes que el sol
Cuando aparece guiado
Del lucero del alba
Mirando con sus rayos
Del monte de Telboe
Los riscos y los prados.

Coridon   Rebeca, no es Coridon
Crédulo visionario,
Ni en dicho de mujeres
Ha sido muy confiado;
Si mis ojos no vieran
Lo que me estáis contando,
Por más que lo juréis
Lo he de tener por falso;
Marchemos a Belén
A ver el desengaño.

Neftalia   Ya vuelven las pastoras;
Partamos, pues, partamos.

ESCENA XI
DICHOS; SÉFORA, MIRTILA SARA

Séfora   Orden al mayoral,
Neftalia, le he dejado
Para que a la cabaña
Atienda y al rebaño
Mientras tanto volvemos;
Y no tengas cuidado
Por tu ofrenda, que va
Con la mía en el saco.

Mirtila   Nunca me pareció

El camino tan largo;
Pero ya estamos juntas,
Pastoras; ¿qué aguardamos?
Esta noche no siento
Ni pena ni cansancio,
Y si en el fin del mundo
Estuviera el amado
De nuestro corazón,
Allá iría a buscarlo.
Toma, Tamar, tu ofrenda.

Sara
Alarga tú la mano
Pues ya traigo, Rebeca,
Bien rendidos los brazos.

Neftalla
De Belén la jornada
Mil veces he andado,
Y os serviré de guía.

Sileno
Pero ¿hemos de ir callados?
No es mejor que evitemos
¿El sueño y el enfado
Con una cancioncilla?

Séfora
Sileno dio en el clavo

Sara
Pues Neftalia y Tamar
Comenzarán el canto.

Rebeca
Con Mirtila y con Séfora
Iremos alternando.

ESCENA XII

DICHOS; LA PARTIDA HACIA EL PORTAL
(contando).

DÚO
De la diestra suprema del Padre
Salió el verbo increado de Dios,
Y ha escogido en la tierra por madre
A una joven más pura que el sol.
De su vientre virgíneo y sagrado
Cual lucero del alba nació,
Y a adorarle a su cuna ha llamado
Al humilde y sencillo pastor.

CORO
Pastorcillos, del sueño profundo
¡Despertad, despertad, despertad!
¡y venid a adorar al Dios Niño
Que ha nacido en Belén de Judá!

DÚO
Con zampoñías y con panderillos,
Con dulzainas, con lira y rabel,
Con tambores y con caramillos,
Zagalejos, venid a Belén.
Y vosotras, pastoras hermosas,
A la Madre del niño traed
Canastillos de lirios y rosas
Y guirnaldas de mirto y laurel.

CORO
Pastorcillos, etc.

El más blanco y mejor corderillo
Del rebaño en tributo le dad

Al que pobre nació pastorcillo
Y de Israel es el Rey inmortal.
Ya veréis a su cuna rendidos
A los reyes de Arabia y Sabá,
A ofrecerle presentes crecidos
Y a adorar su escondida deidad.

CORO
Pastorcillos, etc.

DÚO

No temáis en su tierno semblante
Ver airado el Dios de Sinaí,
Pues en traje de gracioso infante
Aparece el León de Judá.
Todo gracia es en este chiquillo:
Su sonrisa, su suave llorar;
Semejantes son sus pucherillos
Al brillar de la luz matinal.

CORO
Pastorcillos, etc.

DÚO

Ya Neftalia, Mirtila y Sileno.
Ya Coridon, Rebeca y Tamar
¡Ven la gloria de Dios en el heno,
Transformado en empíreo el portal!
Descended de los montes, zagalas,
Y venid a Belén de Judá,
¡Y veréis entre blancos pañales
La alegría del cielo llorar!

CORO

Pastorcillos, etc.

ESCENA XIII
DICHOS; DESCUBRESE EL PORTAL

Tamar   ¿Este humilde pesebre
Con tanto desabrigo,
Es la cuna que escoge
El Hijo de Dios vivo?

Neftalia   ¿En este albergue pobre
Posible es que ha nacido
El que ha de ser de Israel
La gloria y el caudillo?
¡Oh, misterio profundo!
¡Oh, incomprensible abismo
De los grandes secretos,
Del poder infinito!

Rebeca   Me parece que sueño,
Y a explicarme no atino...
El pasmo se apodera
De todos mis sentidos,
Y mientras más contemplo
Humillada, al Altísimo,
¡Más increíble se me hace
Lo que yo misma miro!

Sara   ¿Tan humillado un Dios?
Misterio es escondido
Que la razón confunde
¡Y roba el albedrío!

Séfora	¿Ves, Mirtila, esa gloria? ¿Ves, qué raro prodigio?
Mirtila	Si; lo miro y contemplo El dichoso destino De esa hermosa Señora A quien he conocido: La he visto en Nazareth, Y en el templo la he visto.
Coridon	Y yo también conozco Al viejo, su marido; Es muy buen carpintero, Y por esto vacilo En creer lo que estoy viendo; Pero ¡qué bello chico! No me parece menos Que ser un Diosecillo.
Sileno	Al ver esa doncella, Hermosa como un lirio, Que presumo es la madre De ese gracioso niño, Adivino la causa Del misterio que admiro. Con ese venerable Varón la vi ayer mismo En Belén, donde supe Que allí habían venido A empadronar sus nombres En virtud del edicto Del César, pues proceden De tronco esclarecido, Siendo por línea recta

Del gran David hijos.
No teniendo en Belén
Protectores ni amigos,
Fueron a las posadas
A buscar un asilo;
Pero ¡ah!¡con qué dureza
No fueron despedidos!
Ni el modesto semblante,
Ni el hablar comedido
De ese feliz varón
Ni los ojos divinos
De esa humilde mujer,
Ni los dulces suspiros
Pudieron ablandar
El pecho endurecido
De aquellos posaderos;
Y no habiendo otro arbitrio.
Sin duda, se acogieron
En este lugarcillo,
¡No veo que los brutos
Fueron más compasivos!

Neftalia   No prosigas, Sileno,
Que el pecho enternecido
Siento, y a prosternarme
A sus plantas acudo al portalillo.

(De rodillas)   ¡Gracioso y tierno infante,
Astro de la mañana el más brillante, nos
¿Por qué esta inculta gruta has elegido
Para ser de los hombres conocido?
Si con tanto desdén
Te desecha Belén
Y todos sus ingratos moradores,

¿Quién duda que os mostraran los
                                                    pastores
Compasivas entrañas,
Y alegres te ofrecieran tus cabañas?

Tamar   A tus plantas postrada, bello niño,
Te ofrece su cariño
Esta pobre pastora
Que, aunque mortal te ve, por Dios te adora.
¿Por qué tanto te abajas
Hasta nacer en despreciables pajas?
¡Ah!; Cómo se contara por dichosa
La miserable choza
De tu Tamar, si se hospedara en ella
Para daros a la luz tu madre bella!

Rebeca   Tú, que al ardiente estío
Comunicas calor, ¿padeces frío?
Y admites ¿que te abriguen con su aliento
Un despreciable buey y un vil jumento?
¿No hallarás más descanso que en el heno
De Rebeca en el seno,
Que pediría albricias
Por arrullar del cielo las delicias?

Mirtila   ¡Amable y dulce dueño,
Tu rostro es tan risueño
Como la aurora al despuntar el día!
¡Cuál fuera de Mirtila la alegría
Si ese establo dejando, duro lecho,
Quisieras reposar sobre este pecho!

Sara   Si en los brazos de Sara
Dormir quisiera tu hermosura rara,

Más que el labio te hablara el corazón.
¡Y con dulce canción
Mi amor te arrullaría
Por conciliarte el sueño, vida mía!

Séfora   Majestad soberana,
¡Séfora quedaría muy ufana
Si en sus brazos te viera!
En tus blancas y bellas manecillas!
¡Y sobre tus mejillas,
Lindas como una flor,
Derramara mil lágrimas de amor!

Sileno   Hijo del Padre Eterno,
Rey de los siglos, infantillo tierno,
Un pastor que te adora
Y que de amor y regocijo llora,
Por su nación y por el mundo todo.
Aunque en rústico modo,
¡Gracias te da infinitas,
Pues con tanta piedad
Nos has traído la paz, la libertad!

Coridon   Coridon por no ser tan zalamero
Se ha quedado el postrero;
Pero su ofrecimiento
Ha de ser el mejor; y voy al cuento
Pues mortal has nacido
Y a las nuestras dolencias sometido,
Coridon es un médico famoso,
Galante y generoso,
Que de Judea en todas las cabañas
Ha hecho curas extrañas,
Y contará por su mayor ventura

161

Que si, de estar expuesto a la intemperie,
Enfermas de catarro o calentura,
Haya de emplear su ciencia
En curarte de gratis, pues te quiero
Porque tus ojos son como un lucero.

ESCENA XIV
DICHOS; LA OFRENDA

Tamar

Pues la inefable dicha hemos tenido
De ver recién nacido
Al deseado de todas las naciones,
Lleguemos a ofrecerle nuestros dones,
Porque a nuestras cabañas nos volvamos
Y a otros pastores anunciar podamos
¡El misterio asombroso
Que llena nuestras almas de alborozo!

Neftalia

Lleguemos, si, lleguemos, pues es justo
Que ese varón augusto
Y esa humilde mujer que fatigados
Estarán del cansancio y los cuidados,
Se entreguen del descanso a las delicias,
Y hacer puedan a solas mil caricias
Al infante divino,
A ese sol refulgente y peregrino.

Tamar
(ofrece)

Al ver, amable Infantillo
Que por tu extraña pobreza,
De un pajar en la aspereza
Duerme vuestro cuerpecillo,
Para un blando colchoncillo
Cándida lana os presento;
Admítela, pues intento,

162

Con primicias de mi grey,
Reconoceros por Rey,
Con humilde sentimiento.

Neftalia Aunque confusa y corrida,
Viene a ofrecerte Neftalia,
Para una sutil sandalia
Esta piel blanca y curtida,
Pues sé muy bien, dulce vida,
Que vienes con el destino
De andar áspero camino
Evangelizando a Sión,
Puesto que esta es la misión
De vuestro padre divino.

(Cantan las dos:)
¡No llores, dulce dueño,
Pues no debe llorar el inocente;
Llorar es propio empeño
De mí que soy culpado y delincuente!

CORO
¡Llora, bien mío,
Llora mi dueño
Que es música tu llanto
Que ablanda el pecho!

Rebeca Aunque entiendo y está escrito
Que vino no has de probar,
Vino os vengo a presentar,
Generoso y exquisito;
Pues, quiero ¡oh bien infinito!
Con esta demostración,

Decir con muda expresión
Que eres, según Zacarías,
Sacro vino, y que darías
Amor casto al corazón.

Mirtila   Esta guirnalda preciósa,
Que es de Mirtila el presente,
Sobre esa nevada frente
Parecerá más graciosa.
Sus mejillas a la rosa
Darán purpúreo color,
A la azucena candor,
Más perfumes al jazmín,
Y parecerá un jardín
Tu frente con tanta flor.

                (Cantan las dos:)
El ángel sin cesar canta tus loores
Allá en tu patria; más acá en la mía
Sólo oirás a pastores
De pandero y zampoña la armonía.

            CORO
Llora, bien mío, etc.

Sara   Casa de pan es Bethleem
Según su interpretación,
Y Sara, no sin razón,
Cordiales panes os trae.
Si como a Melquisedec
Que pan os dio en sacrificio
Los aceptareis propicio,
Venturosa fuera Sara,
Y tu dignación contara
Por el mayor beneficio.

Séfora	Madre del sol, bella aurora, Para tu gracioso niño Os ofrece con cariño Una faja esta pastora. Séfora os la da, Señora, Y, aunque el don es pequeñito, El afecto es infinito, Y me atrevo a prometer Que mañana he de volver Trayéndoos un corderito.
Sileno	Del terebinto famoso De Abraham es bello renuevo Este cayado que llevo, Aunque tan corvo y nudoso. Como un presente precioso Mi padre me lo legó; Ahora os lo regalo yo, Pues aunque os miro Infantillo, Eres pastor y caudillo De la casa de Jacob.
Coridon	Que naces para pastor Oigo decir a las viejas, Que andarás tras las ovejas Sufriendo frío y calor. Toma pues, mi dulce amor, Este armonioso instrumento, Que según mi sentimiento A un pastor no ha de faltar, Pues sirve para endulzar El trabajo y el tormento. Mi flauta es, con que divierto

Del hambre la pena fiera,
Que si tocar no supiera
Tiempo ha que me hubiera muerto.
Mas una cosa te advierto,
Y es que cuando os inclinéis
A la música, me habléis
Para daros la lección,
Pues con mi sabia instrucción
Flautista insigne saldréis.
Ea, pastoras, al punto
Desocupemos la cueva,
Pues ya la curiosidad
Ha quedado satisfecha.
Se acerca la madrugada,
Y será grave imprudencia
Que tengamos desvelados
Al niño y su madre bella.
Afuera Sara, Sileno,
Tamar y Neftalia, afuera
Y dejaos de melindres.
Mas ahora se me acuerda
Que en el baile de Neftalia
Teníamos una pareja
Con Séfora, y es preciso

Que el infante se entretenga
Viendo que en la danza soy
Ágil como una icotea.

Todos   ¡Todos te acompañaremos,
Pues esta es la noche buena!

ESCENA XV
DICHOS; BAILAN Y SE DESPIDEN.

Neftalia ¡De nuevo a vuestras plantas ve postrada
A la humilde Neftalia, prenda amada,
Que para retirarse a su cabaña
Con lágrimas de amor otra vez baña
El pesebre dichoso
Que ha sido vuestro oriente, sol hermoso!

Tamar ¡Tamar reconocida
De ver vuestra deidad recién nacida,
Por siempre ha de cantar,
Gran Jehová, tus bondades
En los desiertos y en las soledades
Donde a pacer llevare a sus ganados,
Para que así los montes,
Montañas y collados,
Las peñas, los arbustos y las flores
Repitan a su modo vuestros loores!

Rebeca ¡Ay! Con dolor Rebeca se retira
Del portal donde admira
Al Dios de Israel, terrible y formidable,
En la forma de Niño el más amable!
Me voy, sí, dulce Infante,
Pero siempre constante
He de volver a verte,
Pues mi amor será estable hasta la muerte!

Sara ¡Adiós, perla preciosa,
Que en esa concha virgen,
Cándida y generosa,
¡Adiós, dulce amor mío!

Grabado os llevo en lo íntimo del pecho
Y de ternura el corazón deshecho.

Séfora   ¡Adiós, castos esposos!
El mundo todo os llamará dichosos
¡Cuando llegue a saber la tierna historia
Del Dios que nace pobre entre zagales.
Permitidme besar esos pañales
De la augusta deidad!

Mirtila   Feliz señora,
De ese sol encarnado madre aurora,
Goza por largo tiempo tu ventura;
Toma el chiquillo Dios en tu regazo,
Y con estrecho abrazo
Bésale con delicia y con ternura,
Y a su labio amoroso y celestial
¡Que la gracia destila,
A nombre de Mirtila
Aplica el casto pecho maternal!

Sileno   ¡Cantando en alta voz
Las alabanzas del supremo Dios
Pastores, retornemos
Y gozar del reposo lo dejemos!

Coridon   ¡Ese es todo mi empeño,
Pues ya no puedo resistir el sueño!

ESCENA ÚLTIMA
DICHOS, RETIRANSE CANTANDO

CORO

Al nuevo Rey del orbe
Que nace en un portal,
Obras de Dios pasmosas
Bendecid y alabad.

Inteligencias, puras,
Ardiente serafín,
Al encarnado Verbo
¡Cantad gloria sin fin!

Al nuevo Rey del orbe, etc.

Al nuevo Rey del cielo,
Al hijo de David,
Obras de Dios grandiosas
Alabad, bendecid!

Al nuevo Rey, etc.

¡Cielos que sois el trono
De la increada Deidad,
Con voces de alabanza
Y de loor resonad!

Al nuevo Rey, etc.

Estrellas, revestíos
Del más bello lucir
Para anunciar que nace
El Pastor más gentil.

169

Al nuevo Rey, etc.

¡Sol que eres del Eterno
Imágen celestial,
En obsequio del Niño
El orbe iluminad!

Al nuevo Rey, etc.

¡Lirios, claveles, rosas,
Violetas y jazmín,
Vuestros suaves aromas
Al portal esparcid!

Al nuevo Rey, etc.

Fuentes que en las praderas
Risueñas murmuráis,
Bendecid al Dios Niño
Con voces de cristal!

Al nuevo Rey, etc.
Y vos, noble auditorio,
Que atención nos prestais,
Al nuevo Rey del orbe
Bendecid y alabad.

Coridon   Y siendo ya llegada
La hora de retirar,
Idos y a los pastores
Las faltas perdonad.   *(1840)*.

ELISA

PERSONAJES

La pastora Elisa
La pastora Lucila
La pastora Rebeca
La pastora Medea
El pastor Arnaldo
El pastor Batilo
El pastor Labán

ACTO PRIMERO
Un bosque

ESCENA I
ARNALDO (solo)

Arnaldo   Ahora que por mi fortuna
Estoy ya desocupado,
Después que lo más del día
He pasado en el trabajo,
Quiero descansar leyendo,
Ya que tal gracia me ha dado
El cielo, y así tal vez
Lograré el hacerme un sabio,
Como tantos que yo he visto
Pasar sus primeros años
En las calles y las plazas,
Sin chaqueta y sin zapatos,
Yendo a la carnicería
O llevando al río el cántaro,
Y que ahora hablan en latín,
Aunque un poco champurrado;
O como otros, que aunque apenas
Un libro viejo han hojeado,
Se baten en las cocinas.
Y en las casas de los barrios
Hablando de religión,
Que es un asunto intrincado,
Y hacen que las cocineras

Queden de todo dudando.
Quien quita que yo también,
Sin colegios y sin maestros,

173

Llegue a ser un Bachiller
Y tal vez un Licenciado.
Muy poco se necesita,
Según lo que estoy mirando:
Un librejo mal sabido
Basta para ser graduado.
Algo sé de astrología
A fuerza de leer lunarios;
Voy ahora a la Medicina,
Y aquí, á la sombra de este árbol,
Comenzaré mis estudios.
Ojalá que ningún diablo
Venga á servirme de estorbo;
Mis intentos son muy sanos,
Para curar por principios
Quiero instruirme en esta ciencia
En ratos desocupados,
A mis rústicos hermanos,
Y evitar que curanderos
Y empíricos desalmados,
Que abundan entre nosotros,
Prosigan haciendo estragos
El capítulo comienzo
Que trata del cuerpo humano.

(Hojea el libro).

ESCENA II
ARNALDO, LUCILA

Lucila   ¡Qué demonio de animal!
¿En dónde se me ha ocultado?
Aquí pensaba encontrarla,
Pero no veo ni el rastro;
Cuando más la necesito

174

Se me esconde; ¡ estoy que rabio!
Más allá, según advierto,
Está un pastor, y es Arnaldo
Puede ser que la haya visto;
Acércome a interrogarlo.

(Va acercándose).

Arnaldo   ¿Habráse visto desgracia,
Que no bien estoy sentado
Cuando a interrumpirme viene
Una mujer? ¿Quién la trajo
A este lugar? Mas, es fuerza
Ocultar mi desagrado
Y aparentarla que tengo
Por el más feliz acaso
El encontrarme con ella:
El fingirlo es necesario;
Así lo haré. ¡Oh, mi Lucila!
¿Por aquí tú? Qué milagro!

Lucila   Vengo en busca de una vaca,
Que... tan tarde y no ha llegado,
En la ocasión más urgente,
Pues de su leche un regalo
Pienso hacer para Melania,
Que está de novia este sábado.

Arnaldo   ¡Oh! ¿Con que tenemos boda?

Lucila   Y no faltará el sarao.
En grandes preparativos
Está la casa.....

Arnaldo   Eso es claro:
Pues los padres de Melania
Saben gastar sin reparo;
¿Y se casa con Batilo?

Lucila   Él es el novio, y le ha dado
Cosas muy buenas por donas.

Arnaldo   Cierto que es afortunado.

Lucila   ¿Y por qué?

Arnaldo   Porque es hermosa,
Y muchacha de trabajo.

Lucila   Así parece; más digo
Que si se la ve despacio,
Nada se le halla de hermosa;
Repárala con cuidado;
Tiene el ojo un poco triste,
Poca nariz, grueso el labio
Y es de un genio que ¡quién sabe
Si estará en paz medio año!
Mas, en fin, Dios les ayude
Y a mí téngame a su lado;
Yo sólo hablo de lo cierto,
Y en murmuración no caigo;
Pero no hablemos más de esto.
¿Viste mi vaca? Es aquella
Que tiene torcido un cacho.

Arnaldo   No, Lucila; mas si gustas,
Contigo a buscarla parto.

Lucila	Arnaldo, te lo agradezco;
	No te tomes tal trabajo;
	Pero dime ¿tú estarás
	Esta noche que velamos
	Con Elisa y las pastoras
	¿Custodiando los rebaños?
Arnaldo	¿Pues qué, no sabes, Lucila,
	¿Que en esa reunión no falto?
Lucila	Vuelo, pues, a la cabaña,
	Que tal vez ya habrá llegado
	La vaca cuando yo vuelva.
	¡Temprano, temprano, ¡Arnaldo! *(Váse)*.

ESCENA III
ARNALDO

Arnaldo	No puede negar que es hembra,
	Que por estarse charlando
	No se acordó de la vaca,
	Que se habrá desbarrancado,
	Y el elogio de Melania
	No ha sido muy de su agrado;
	Ella le halla mil defectos,
	Aunque yo ninguno le hallo;
	Pero este es mal general
	De las que llevan refajos.
	¿Quién sabe si ella quería
	Ser la novia? Pero, ¿qué hago?
	Ya que me ha dejado solo
	Voy abrir el libro un rato. *(Lee)*
	Esto es una cosa grande;
	Ya sé lo que es metacarpo;

Al instante conocí
La estructura de las manos.
Tengo talento, no hay duda;
Mas ¡caramba! Que ahora acato
Que el tener un esqueleto
Me es del todo necesario.
¿En dónde hallaré unos huesos?
Los traeré del camposanto;
Mas temo que me acometan
Calenturas y catarros;
No faltarán quienes digan
Que yo la peste les causo,
Porque son medio salvajes
Todos estos mis hermanos,
Y me matarán las viejas
A maldiciones y rayos;
Pero, ¿qué es lo que yo tengo?
¿Estaré yo excomulgado?
Allá viene otra mujer
A causarme nuevo atraso.

ESCENA IV
ARNALDO y REBECA

Rebeca   ¿Eres Arnaldo?

Arnaldo   ¿Y quién otro?

Rebeca   Es muy feliz este encuentro.

Arnaldo   Vienes alegre, Rebeca;
               ¿Me tienes algo de bueno?

Rebeca	Y muy bueno para ti,
	Que eres un pastor discreto,
	Y que en cuanto a las mujeres
	Tienes buenos sentimientos.
Arnaldo	Eso no puede dudarse,
	Y yo siempre las defiendo.
Rebeca	Pues amigo, ya se trata
	De proteger nuestro sexo;
	Y a la vuelta de diez años
	Nos verán tomar asiento
	En todos los tribunales,
	Tener voto en los congresos,
	Gobernar a las naciones
	Y dar leyes a los pueblos.
Arnaldo	¡Oh, sí! Que esa es gran noticia;
	¿Y lo sabes tú de cierto?
Rebeca	Ayer que fui a la ciudad
	Lo supe; y más me dijeron;
	Que a petición de una joven
	Ha dado orden el Gobierno
	Que en toda ciudad ó aldea
	Fúndense establecimientos
	Para instruir a las mujeres
	En ciencias de todo género,
	Pues ellas, más que los hombres,
	Son dotadas de talento,
	Y que con la educación
	Pueden obtener empleos.

Arnaldo   Pero aquí no hay que esperar
Que se dé un paso sobre esto;
Ya verás que carpetazo
¡Se ha de dar a tal decreto!
Y allá en la ciudad ¿qué dicen?
¿Se establecerá un colegio?

Rebeca   Las mujeres, como es visto,
Están locas de contento;
Pero me creerás, Arnaldo,
Que hay varones tan malévolos
Que lejos de contribuir,
Teniendo mucho dinero,
Queriendo ser ellos solos,
¿Desaprueban el intento?
Se nos dice que aprendamos
Nuestros deberes primeros
Que son servir a los hombres,
Tenerles pronto el almuerzo,
Barrer la casa, limpiar
Los platos y candeleros
Y sufrir impertinencias
De los niños, mientras que ellos
Andan aplanando calles,
En tertulias y paseos.

Arnaldo   Es injusticia notoria,
Rebeca, y yo te confieso
Que estoy por la educación
De las mujeres…

Rebeca   Me alegro;
Y ya cuento con que tú
Te empeñarás...

Arnaldo	Por supuesto;
	La cosa es muy importante
	A todo el humano género;
	Entonces sí que me caso,
	Pues si hasta ahora no lo he hecho
	Es por no vivir unido
	A una estatua ó estafermo,
	A una mujer que no piense
	Más que en rizarse el cabello,
	Que sólo hable de vestidos
	Y nada que indique genio,
	Y cuya conversación
	Lejos de agradar, da sueño;
	A una mujer que a los hijos
	No pueda enseñar ni el credo,
	Que les hace creer en brujas
	Y en que aparecen los muertos,
	Que, no sabiendo su idioma,
	Se los enseña incorrecto,
	Y que no puede inspirarles
	Ningún moral sentimiento;
	Pero una mujer que sea
	De grandes conocimientos,
	De conversación amena,
	Sin resabios de su sexo,
	Y que encarne las virtudes
	En los corazones tiernos
	De sus hijos, es la fuente
	De los más dulces consuelos;
	Es la que a los matrimonios
	Puede hacerlos llevaderos.
Rebeca	Ciertamente que discurres
	Con mucho discernimiento;

Y yo, Arnaldo, desearía
Escucharte por más tiempo;
Mas con Elisa esta noche
Estaremos, según pienso;
Allí, pues, de esta materia
Más despacio trataremos;
Voy a llevar mis ovejas,
Y allá sin falta te espero (Váse).

ESCENA V
Arnaldo

Arnaldo   Esto sí que está gracioso;
Las mujeres con empleos
Y graduadas de Doctoras,
Extraño será por cierto!
Entonces sí que no habría
Ni quien friera un par de huevos;
Todas ellas se ocuparan
En disputas y argumentos,
Y los maridos tendrían
Que meterse a cocineros;
Y si en cosas de política
Tuvieran algún derecho,
En revolución continua
Nos veríamos envueltos;
Pero nada hay que temer,
Esos no son más que sueños;
Vuelvo a seguir en mi estudio;
Mas ¿dónde huesos encuentro?
He de ir a una sepultura
A sacarlos, no hay remedio:
Y digan lo que dijeren,
El caso es que me hago médico,

Ea, pues, manos a la obra;
Pero ¿qué demonios tengo,
Que apenas voy a estudiar
Y ya encuentro un estropiezo?
Allá se acerca Batilo
Y viene a quitarme el tiempo;
Adiós estudio, acabóse;
El libro por ahora cierro.

ESCENA VI
ARNALDO Y BATILO

Batilo Hola, Arnaldo, ¿estás aquí?
Ya es tiempo de que marchemos;
Están todos los rebaños
Reunidos en aquel puerto
Que señalamos, y Elisa
Nos espera a que bailemos
Pero tú estás muy despacio;
Parece que estás leyendo;
Tú la picas de estudiante,
Dime: ¿qué estás aprendiendo?

Arnaldo Ya es fuerza que te lo diga,
Batilo, hoy mismo comienzo
A estudiar de Medicina
Los primeros rudimentos,
Porque aquí en estas cabañas
De médicos carecemos,

Aunque esto muy poco importa,
Como tú y yo creemos,
Porque lo mismo se mueren
Con médicos que sin ellos.

Batilo   Poco aprenderás sin maestros;
Mas apruebo tu proyecto.

Arnaldo   Ahora hay la dificultad
De no tener esqueleto,
Y temo desenterrar
Un muerto del cementerio,
Pues no faltarán chismosos
Que se alboroten por esto.

Batilo   Sobre esa dificultad,
Oye, Arnaldo, lo que pienso;
Como sólo has de curar
A pastores y plebeyos,
Puedes hacer tus estudios
En calavera de perros
En canillas de caballos
De mico y de jumentos;
Pues conforme se nos trata
Por los señores, yo pienso
Que con estos animales
Tenemos gran parentesco;
Pero si piensas curar
A ricos y caballeros,
Empleados de toda especie
Y gente que no es de pueblo,

Entonces es necesario
Que desentierres los muertos,
Porque son muy diferentes
Nuestros huesos a los de ellos.

Arnaldo   Vaya, querido Batilo,
Que eres un joven de ingenio.

Tú me has dado un expediente
Para salir de este aprieto;
Ya para la Anatomía
No encontraré impedimento.

Batilo   Dejemos para mañana
La recogida, y te ofrezco
Ayudarte en esta empresa
Y darte fama de médico;
Ahora, vamos a bailar
Antes que se pase el tiempo.

Arnaldo   Vamos, no tengo embarazo
Y pienso estar de buen genio;
Pero quiero que me digas,
¿Te vas a casar, es cierto?

Batilo   Ya caí en la tentación,
Arnaldo, no te lo niego,
Por eso quiero bailar
Mientras que libertad tengo;
¿Has visto qué disparate?
Yo no sé cómo se ha hecho.

Arnaldo   Mas te llevas una joven
Que es la flor de estos desiertos.

Batilo   Pero es mujer, y esto basta
Para tenérsele miedo;
Lo que sí está en mi favor
Es que no hay suegras ni suegros
Ni cuñados, ni cuñadas,
¡Ni tíos ¡gracias al cielo!

Arnaldo	No hay duda que vas muy bien
	Y apruebo tu casamiento
	Porque libre de esa plaga,
	Te has librado del infierno.
Batilo	Ahora dime, mi querido,
	¿cuándo seguirás mi ejemplo?
Arnaldo	No sé, pues Dios me ha librado
	De tan fatal pensamiento;
	Pero tal vez me haré loco,
	Y seré tu compañero;
	Cuanto a novia no hay cuidado;
	Diez se hallan en un momento,
	Y no es preciso buscarlas,
	Ellas salen al encuentro;
	Mas partamos a bailar.
Batilo	Vamos, solo a ti te espero.

ACTO SEGUNDO
La cabaña de Elisa

ESCENA I
ELISA, REBECA y LUCILA

Elisa	La noche está muy serena,
	Y aunque nos aprieta el frío,
	La luna está muy brillante
	Y convida a divertirnos;
	Mas ya tardan los pastores.
Rebeca	Empeñado con un libro

Acabo de ver a Arnaldo,
En la lectura embebido;
Le ha dado por estudiante,
Y según lo que yo he visto,
De Medicina comprendo
Que estudia los aforismos.

Elisa   Eso menos viviremos.

Lucila   Tendremos otro enemigo
Que nos matará con dietas
O a fuerza de vomitivos.

Elisa   ¡Quiera Dios que nunca, nunca
Necesite sus servicios!

Lucila   Si no quieres que te toque,
Elisa, el mejor partido
Es no tener aneurismas
Ni afecciones en el hígado,
No decir que eres nerviosa
Ni que te falta apetito,
Pues si das en estos temas
Ya la ruina te predigo;
No olvides este consejo.

Rebeca   Por lo que toca a Batilo,
Habrá ido a que Melania
De venir le dé el permiso.

Elisa   ¿Por fin se casa?

Lucila   Y muy luego;
Ya están los preparativos.

Elisa	Quién sabe cuál de los dos Irá en esto más perdido.
Rebeca	Por cierto que yo la suerte A Melania no le envidio.
Elisa	¿Y por qué?
Rebeca	Porque en los campos Venir a tener marido Es para tener un amo, Que a veces es comedido; En las ciudades es ganga Casarse, que allí es preciso Que haga el ánimo el varón Y que prepare el bolsillo; Antojos a cada paso, A la moda los vestidos, Y tres ó cuatro nodrizas A un tiempo, si tienen hijos; Mas callemos, que ya llegan; Su voz muy cerca percibo.

ESCENA II
LOS DICHOS, ARNALDO Y BATILO

Arnaldo	Pastoras, aquí está Arnaldo.
Batilo	Aquí tenéis a Batilo.
Elisa	Aquí halláis a las pastoras, Que alegres os recibimos.
Batilo	¿Los rebaños están juntos?

Elisa	Aquí los tenéis reunidos.
Lucila	No nos falta ni una oveja; Están todos lo cabritos.
Batilo	Sois las mejores pastoras Que nunca, jamás se han visto. ¿Y en qué nos entretendremos? Decid, ¿qué habéis discurrido?
Elisa	Que bailemos y cantemos Y echemos tragos de vino.
Batilo	Pues, cuanto antes, comencemos.
Elisa	Aguarda un poco, Batilo; Se me ha contado que Arnaldo Es astrólogo perito. Y deseo que me diga Mi horóscopo, mi destino.
Arnaldo	Eso es la cosa más fácil, Y lo entiendo por principios. Oye, pues, tu predicción; Mas ¿en qué mes has nacido?
Elisa	Mañana cumplo mis quince, Y por eso es que quería Saber lo que se me espera En mi corta ó larga vida.
Arnaldo	Naciste en el Capricornio, O de otra suerte lo diga; Cuando la cabra Amaltea

Nuestro horizonte domina.
Pues ahora, oyendo al oráculo
De la blanca Astrología,
Dice: que la que naciere
En este mes, será rica,
Y que en sus primeros años
Será maliciosa y tímida;
Mas cuando crezca en la edad,
Será firme y atrevida;
Y, aunque de muchos novios
Habrá de ser pretendida,
Conociéndose celosa
Se quedará en soltería;
No te hablo de hermosura
Porque tu rostro lo indica.

Batilo   Muy bien se explica el oráculo.

Todos   ¡Felicidades a Elisa!

Elisa   Hay puntos que no me agradan;
Pero vamos a Lucila.

Lucila   Yo nací al final de septiembre
Al mismo rayar del día.

Arnaldo   En la balanza de Temis
Es lo mismo que en la Libra;
Pues consúltese el horóscopo
Y atendamos lo que diga;
Dice: que la que naciese
Cuando esta estrella ilumina,
Será burlona y afable,
Pero grata y muy festiva.
Que será fina en modales

Y de las flores amiga;
Que si como un varejón
En el talle no se estira,
Tendrá muy corta estatura,
Que las gracias no le quita;
Que nunca se casará,
Aunque bien lo desearía;
Mas si por casualidad
Hay alguno que la pida,
En tres años será viuda,
Con cruz de dos ó tres hijas.

Lucila   Eso no me toca a mí;
Son mentiras, son mentiras.

Batilo   Todo esto es juego, Lucila;
Ya verás como celebro
Lo que de mi se prediga;
Yo nací en el mes de mayo,
En primavera florida.

Arnaldo   Presiden Cástor y Pólux,
Que Géminis se nominan;
La que bajo estas estrellas
Ha nacido, por su dicha,
Será, según el oráculo,
Dulce, amable y comedida,
Aficionada a saber
Y por lo mismo hablantina;
Si se casa con un viejo,
Considérese perdida,
Pues a título de abuelo
Le andará por las costillas.
Si con más joven que ella,

Su desgracia es positiva;
Mas si con igual se casa
Será dichosa su vida;
Partos tendrá de gemelos,
Ocasiones repetidas,
Y en pocos años creará
Más hijos que una gallina.

Rebeca   Mejor es en este caso
Que de cotorrona viva,
Aunque los novios me manden
En cajones perlas finas,
Los aritos de esmeraldas
Y a manojos las sortijas.

Elisa   Muy bien, Rebeca, discurres.

Batilo   El oráculo la pinta;
Ahora, que comience el baile
Y que algo cante Lucila.

Lucila   Aguarda, que es necesario
Que Arnaldo también prosiga
Diciendo lo que el oráculo
De Batilo nos prediga.

Elisa   Dices muy bien, y yo espero
Sea bueno su destino.

Arnaldo   Pues que nos diga en que mes
Dio en la tierra el primer grito.

Batilo   Nací al comenzar febrero
Según mi madre me dijo;

Y si fuere necesario
Diré quién fue mi padrino;
En mi nacimiento no hubo
Repiques, cohetes ni ruido,
Sin duda porque nací
De un matrimonio legítimo;
Pues sólo con los bastardos
*
Se hacen estas zarabandas
Contra morales principios.

*Falta un verso

Arnaldo   No es necesario otra cosa,
Si no saber que has nacido
En febrero, en que el acuario
Preside, o que es lo mismo,
Ganímedes, que a los Dioses
La copa les ha servido;
Pues el oráculo dice;
Que el que nace en este signo
Ha de ser con preferencia
De las mujeres querido;
Que será discreto, amable,
Y de placeres amigo,
Y tan loco, que en hablando
Nadie le cortará el hilo;
Si se casa, hará feliz
A su esposa tal marido.
Aunque por celos habrá
A veces sus pleitecitos
¿Qué os parece del oráculo?
¿Habrá acertado en Batilo?

Lucila	Del amor, de preferencia, Melania podrá decirlo.
Elisa	De que es amable, no hay duda, Y lo demás que se ha dicho; Y del don de la palabra Ya se advierten los indicios.
Arnaldo	Si lo eligen diputado, Hará un papel muy lucido; Hablará dos ó tres horas, Citando autores y libros.... No hay duda que es envidiable De este pastor el destino.
Batilo	Tanto mejor si es verdad Todo lo que Arnaldo dijo, Y mucho más lo primero Me ha dejado envanecido; Mas reviento por bailar Y por dar besos al vino; No nos dilatemos más, Pastores ¡a divertirnos!

ESCENA III
LOS DICHOS Y MEDEA

Medea	¿Qué es tanta bulla, pastores? Muy alegre estás, Elisa; Pues qué, ¿ya no me esperabais, ¿Qué comenzasteis la tinga? Fui a Belén, y en un momento Me he soplado las dos millas.

Elisa	A tiempo llegas, Medea Aún no ha sonado la lira; ¿Quieres tú bailar?
Medea	Sin duda; No me duelen las rodillas.
Lucila	Cierto que eres muy valiente.
Medea	Poco he andado, Lucila.
Arnoldo	Una copa a la salud De nuestra recién venida.
Rebeca	Y a mí que la honra me toque De brindársela a mi amiga.
Batilo	Todos hemos de beber Por Medea y por Elisa.
Elisa	Allí está el cuerno y las copas; Quien quiera beber, no pida.
Arnaldo	Esa franqueza me gusta; Dejemos de cortesías.

Medea (bebe) ¿Y así quien no ha de bailar?

Batilo (bebe) Este vino es cosa rica.

Lucila (bebe) En efecto, está sabroso.

Rebeca (bebe) Es legítima ambrosía.

Elisa (bebe)   Yo bebo sin alabarlo.

Arnaldo (bebe) ¡Buena dosis de alegría!
　　　　　　　　Ahora cada uno a su puesto
　　　　　　　　Y empiece la danza, Elisa.
　　　　　　　　　　　　(Bailan y cantan).

　　　　　　　　Puesto que cumple Elisa
　　　　　　　　Felices años,
　　　　　　　　Todos la enhorabuena
　　　　　　　　Hoy le cantamos;
　　　　　　　　Así es honrada,
　　　　　　　　Pues es mejor pastora
　　　　　　　　Que las de Arcadia.
　　　　　　　　Mil venturas anuncian
　　　　　　　　De ella los astros,
　　　　　　　　Y todos los pastores
　　　　　　　　Se las deseamos,
　　　　　　　　Y que sobre ella
　　　　　　　　Bendiciones y dichas
　　　　　　　　Del cielo lluevan.

ESCENA IV
LOS MISMOS

Medea　　　Mientras tanto descansamos,
　　　　　　　Permitidme que os refiera
　　　　　　　Una cosa que en Belén
　　　　　　　He visto, y me tiene inquieta.

Lucila　　　Mira no eches un barajo,
　　　　　　　Que ha empezado bien la fiesta.

Batilo　　　Déjala que hable, es mujer,

196

Elisa	Y le picará la lengua.
	Sentémonos por un rato
	Y que nos cuente Medea......
Medea	Están llegando a Belén
	Muchas gentes, de manera
	Que está alegre la ciudad
	Como si hubiera una fiesta.
Elisa	¿Con qué objeto se reúnen?
Medea	Por un mandato del César,
	Que a empadronarse ha llamado
	Pueblos, ciudades y aldeas.
Batilo	¿Ya anda el padrón?
	Esperemos Que luego, luego a la vuelta,
	"Venga dinero" —nos digan—
	"Porque está pobre la hacienda".
Arnaldo	Esto será el resultado;
	Ya no cuento con ovejas;
	A los pobres campesinos
	Las cargas echan a cuestas.
Medea	A un mismo tiempo conmigo
	Llegaba una joven bella,
	Y tan bella que no he visto
	Hermosura más perfecta;
	La acompañaba un anciano
	De venerable presencia,
	Que con respeto de esposo
	Le daba la mano diestra;
	Los pies iban sin sandalias,

197

Al hombro una alforja lleva,
Trasluciéndose en el rostro
Una admirable paciencia;
Conocí por las señales
Que la joven está cerca
De dar a luz un muchacho,
Que será lindo como ella;
Yo, que jamás en mi vida
Viera tamaña belleza,
Ni modales tan graciosos,
Ni tan profunda modestia,
Y olvidando que a Belén
Había ido de carrera,
Sin pensarlo fui siguiendo
Los pasos de la doncella.

Rebeca   Eso mismo hiciera yo.

Elisa   Y lo hubiera hecho cualquiera.

Batilo   La relación va a lo largo;
Danos un trago, Rebeca.

Rebeca   Con sólo alargar el brazo
Puedes beber cuanto quieras. (Bebe Batilo).

Medea   En la primera posada
Tocan, llaman a la puerta,
Y un hombre de ronca voz
Y de mirada siniestra,
Advirtiendo que eran pobres,
Les dice con aspereza;
"A otra parte los mendigos,
Que aquí solo el oro reina;

Para gente de esa traza
En este mesón no hay pieza".
Al punto echa los cerrojos
Y otras súplicas no espera.

Lucila Mas dime: ¿no reparó
De la joven la belleza?

Arnaldo Ignoras que la codicia,
Que tamaños ojos pela
A las onzas y las bambas,
¿Para lo demás es ciega?

Elisa ¿Por ventura no hay castigos
Para tan grande dureza?.

Rebeca Tú que has visto bien la
Sabes cuánto se le espera.

Medea El anciano se afligía,
Mas la joven le consuela
Con palabras que mostraban
Su inalterable paciencia:
"Es preciso resignarnos,
Le dice, a lo que decreta
Sobre todos nuestros pasos
La Divina Providencia;
En cuanto a mí, caro esposo,
Sabe que nada me inquieta;
Si nos desprecian los hombres
Porque ven nuestra pobreza,
Al pensar que Dios recibe
Mi trabajo, estoy contenta".
Y pasando a otra posada

Llaman como en la primera;
Abre el portero y al ver
Que no era gente de cuenta,
Que no los acompañaban
Criados con rica librea,
Que iban a pie, y no sentados
Sobre magníficas ruedas,
Y que al exterior mostraban
Su cuna humilde y modesta,
"Esta posada, les dice,
Sólo es para la nobleza;
Ni el umbral puede pisar
Aquí la gente plebeya".
Yo conocí que quería
Decir algo la doncella...
Mas aquel, desapiadado,
Cerró con furor la puerta.
Presenciaron este ultraje,
Este desprecio, esta afrenta,
Algunos que, por sus aires
Y por su frente altanera,
Pertenecer indicaban
A la soberbia grandeza;
Mas, de compasión, no dieron
Ni la más ligera seña,
Y, lejos de esto, aplaudieron
Del portero la respuesta.

Elisa   ¿Cómo Jehová, siendo justo,
Tan grande orgullo tolera?
¿Por qué secreto misterio
Permite su Providencia
Que el vicio a la virtud huelle,
Y a la humildad la soberbia?

Lucila   La joven debe tener
             Muy crecida recompensa;
             Si ahora la humilla el orgullo

             De los grandes de la tierra,
             Vendrá un día en que la ensalce
             De Jehová la mano diestra,
             Sobre esos hombres altivos
             Que tan crueles la desprecian.

Medea   Con resignación pasmosa,
             Y sin mostrar impaciencia,
             Uno al otro consolándose,
             Partieron a la tercera;
             Llegan, y con timidez
             En la puerta hacen la seña.
             "¿Qué buscáis aquí? les dicen;
             Esta posada no alberga
             Más que a la gente de lujo,
             De gran tono y etiqueta;
             Personas de vuestro traje
             A este hospicio no penetran;
             Un arrabal os conviene;
             Dejad cuanto antes la puerta;
             Mirad que estáis estorbando
             A las damas que se acercan".
             Y sin mirar del esposo
             La humildad ni la modestia,
             A cuyo favor a todos
             Inspiraba reverencia,
             De un empujón los arroja
             De los umbrales afuera;
             Y las damas que llegaban,

Vestidas de oro y de perlas
Y apoyadas en los brazos
Que los mancebos les prestan,
Del inhumano portero
La brutal acción celebran,
Y con aire desdeñoso
Pasan junto a la doncella,
Dirigiéndole cada una
Palabras que la ofendieran.

Elisa ¡Inhumanos, algún día
Les pesará tal dureza!

Batilo Mira si lo que te dije,
Arnaldo, no es cosa cierta:
A los plebeyos y pobres
Se nos trata como a bestias.

Medea Entonces el santo esposo,
Con voz apagada y trémula,
Habla a su esposa y le dice;
"No hay que esperar, niña bella,
Todos crueles nos arrojan.
Todo Belén nos desprecia;
Voy á llevaros, señora,
A mi pesar, a una cueva
Que está allá próxima al muro,
Habitación de las bestias:
Que si duros son los hombres,
Serán compasivas ellas".
De mi corazón entonces
Tan gran dolor se apodera,
Que sentándome a llorar,
Apoyada la cabeza

En mis rodillas, no supe
Por qué calle ó por qué senda
Los dos tristes peregrinos
Emprendieron su carrera.

Lucila   ¿Por qué no les ofreciste
Nuestra cabaña y aldea?

Rebeca   En verdad, que de los rústicos
Mejor recibidos fueran.

Batilio   Eso no tiene remedio;
fue un olvido de Medea;
Yo aseguro que otra vez
Verá cómo lo remienda;
Ahora, no tenemos más
Que proseguir nuestra fiesta.

Arnaldo   Sí, sí, que suene de nuevo
Nuestra pastoril orquesta.

ESCENA V
LOS DICHOS, LABÁN

Labán   No prosigáis, pastores, vuestros bailes;
Suspended esos cantos y escuchad;
Nació ya el Salvador, y con él viene
De Israel la redención y libertad.

Batilo   ¿Qué? ¿Sueña este muchacho?

Labán   Estoy despierto más que tú lo estás;
Oye mi relación, y de ella advierte
Que esto no es sueño, que es la realidad;

203

Estábamos reunidos los pastores
En alegre y humilde sociedad,
 Cuando de un ángel, más que el iris bello,
Y rubio cual la lumbre matinal,
Se oyó la voz y nos dejó aterrados
Como si el cielo oyésemos tronar;
Mas él nos alentó de nuestro susto
Diciéndonos: "Pastores, no temáis;
Gozo os anuncio, gozo sempiterno,
Que para todo el mundo lo será:
Y es que ha nacido el Salvador del hombre,
Dejando intacto el seno maternal;
Envuelto le hallaréis en pobres lienzos,
Siendo su habitación un muladar,
Su trono es un pesebre vil e inmundo;
Allí reposa el hijo de Jehová;
En Belén ha nacido; id al instante,
Y verán vuestros ojos su deidad".
Bate las alas y los aires hiende,
Esparciendo inefable claridad
Y cantando con voz sonora y dulce,
Y seguido de turba angelical;
"Gloria por siempre á Dios en las alturas,
y al hombre recto, acá en la tierra, paz".
Los pastores volaron al momento
Cual si los impeliese el huracán,
Y yo he corrido á daros la noticia;
Mirad, pues, si conmigo vais allá;
Pero si os detenéis, yo no os espero;
Mucho ha sido veniros á avisar.

Elisa   Espéranos Labán, ya te seguimos;
No hay que deliberar, corramos ya.

Batilo	Vamos, pues, pastorcillas; mas yo temo Que un chasco á darnos venga el tal Labán.
Amaldo	Yo camino confiado...
Lucila	Y yo lo mismo; El corazón me dice: esto es verdad.
Medea	Duda no tengo yo de que la joven Cuya pobreza ayer me hizo llorar Es la madre dichosa; todo en ella Era digno de tal maternidad.
Rebeca	Y yo, Labán, te seguiré primero; A Belén caminemos sin tardar.
Elisa	Tome cada uno lo que llevar pueda Para ofrecer al Niño.
Todos	Estamos ya *(Parten, cantando)*.

Coro

A Belén, a Belén caminemos,
A Belén sin perder un instante;
A Belén, que allí está el tierno infante
Que su pueblo ha venido a salvar.

Dúo

¿Quién no anhela por ver la hermosura
Del eterno, de carne vestido,
A infantil condición sometido

Por salvar el linaje de Adán?
¿Quién no viene á admirar que el Dios niño
Ha escogido un pesebre por cuna,
Cuando tiene por peana la luna
Y por manto la aurora boreal?

A Belén, etc.

¿Quién no corre al saber que otra Aurora
 Nuevo sol en sus brazos arrulla;
Y no iguala otras luz a la suya,
Que ha vencido hasta al sol material?
¿Quién no viene a mirar una gruta
Negra y triste, que aloja al Dios niño;
Que blancura a la nieve y armiño
Y verdor a los bosques les da?

A Belén, etc.

¿Quién no vuela al saber que la gloria
Del empíreo está ya en este suelo,
Y que el gozo inefable del cielo
Todo se halla en humilde pajar?
(se descubre el portal)
De Jacob ya miramos la estrella
Y del sol los divinos fulgores;
¡Adoradle, adoradle, pastores,
Y sus pies reverentes besad!

Coro

¡Oh! Qué hermosa y que tierna es la madre!
¡Oh! Qué bello y divino el infante!
No se debe perder un instante

Sin mirar de los dos la beldad!

ESCENA VI
LOS DICHOS; LA OFRENDA

Medea
Esta es, pastoras, esta la doncella
Que tanto despreciaron en Belén.

Lucila
Para no merecer tanto desdén
Bastaba solamente ser tan bella.

Elisa
¿Pudo haber un mortal tan inhumano
Que la mirase y no se enterneciera?

Rebeca
Su pecho abriga un corazón de fiera;
¿Llamarlo a compasión? Intento vano!

Arnaldo
Su proceder tan vil esto pregona;
Mas por tanta impiedad, tanta dureza,
Al lujo, a la fortuna, a la grandeza,
Irritado Jehová los abandona.

Batilo
Tales son del orgullo los castigos;
Siempre embriagado en mundanal locura
Nunca verá la luz ni la hermosura
De que humildes pastores son testigos.

Elisa
Yo me arrojo a tus plantas reverente,
Para ofrecerte humilde mi presente,
(Ofrece) ¿Qué puede ofrecer, señora,
Digno de la alta grandeza
De vuestro hijo, la pobreza
De esta rústica pastora?
Mas ya que se ve que llora,

De duras pajas punzado,
De un cordero muy aseado.
La piel le presenta Elisa,
Por qué torne el llanto en risa
Siendo en ella reclinado.

Lucila   La fresca y blanca cuajada
Que destinaba a una boda,
Señora, os la traigo toda
Para el niño dedicada;
No será ella despreciada;
Os dignaréis aceptarla
Y para a su vez guardarla,
Que a todo llega su día:
Vuestra alforja está vacía
Y es necesario llenarla.

(Cantan y bailan).

Ante el rústico pesebre
Donde reclinado está
El Salvador de los hombres,
Himnos, pastores, cantad.

Todos   Allí postrados todos
Ante sus pies,
Ofrezcamos tributos
A nuestro rey.

Rebeca   Este perrillo faldero,
Que yo he criado en mi cabaña
Y que doquier me acompaña,
Os doy con amor sincero;
En jugar es zalamero,

Halagando se hace miel;
Le puse por nombre,
Fiel, Porque lo es en realidad;
Yo, pues, de fidelidad
Un emblema os doy en él.

Medea   Señora, a vuestro hijo, un loro
Es lo que ofrece Medea,
Porque en él su afecto vea,
Siendo todo su tesoro;
Su pluma es de verde y oro,
Y es un hablador sin tasa;
Pues cuando salga de casa,
En creciendo el bello nito,
Le oirás decir con cariño,
¿Quién pasa, loro?
Quién pasa?

(Canton y bailan).

Ante el triste portalejo
Donde expuesto al hielo está
El que da vida a la tierra,
Bailad, zagales, bailad

Todos   Allí postrados todos
Ofrezcamos tributos
A nuestro Rey.
Antes sus pies,

Batilo   Hijo del Padre Divino
Y de esta hermosa Azucena,
Yo os ofrezco, aunque con pena,
Un cuernecillo de vino;
El presente es bien mezquino,

Mas sale de un corazón
Que os ama con intención
Y con afecto el más tierno;
Tomadle con todo y cuerno
Y dadme la bendición.

Arnaldo   En los presentes que os dan.
Mi Dios, rústicos pastores,
Mas atendéis los amores
Que en ellos cifrados van;
En esto confiado, un pan
Doy al Benéfico Sér,
Cuya bondad y poder
La vida nos da en los frutos,
Y para fieras y brutos
Hace la yerba crecer.

Labán   Soy un pobre pastorcillo,
Niño, y no traigo otro don
Que afectos de un corazón
Sufrido, manso y sencillo;
Mas también un manojillo
De rica paja os presento,
Que es para el buey y el jumento
Que están ante vos postrados,
Y vuestros miembros helados
Calientan con suave aliento.
                              (Cantan y bailan).

Del establo donde duerme
Nuestro amante Salvador,
Despidámonos, pastores,
Diciéndole tierno adiós.

Todos	Y sus bondades Y beneficios, En alta voz cantemos Reconocidos.

ESCENA VII
LOS DICHOS; LA DESPEDIDA

Elisa	¡Me voy! ¡Adiós, del alma el embeleso! Mas, ante de partir, os doy un beso!
Lucila	Con pesar me despido; ¡adiós, lucero! Mas antes que me vaya, un beso quiero!
Rebeca	Despedirme de vos es duro caso; Mas concededme al menos este abrazo!.
Medea	Yo me despido; ¡adiós! Mas en tu manto Una lágrima dejo de mi llanto.
Arnaldo	Al despedirme, infante soberano, Quiero poner mi frente en vuestra mano, Con los buenos intentos De que me inspire santos pensamientos.
Batilo	Y yo quiero aplicarla al corazón, Para que en él no entre la ambición Ni la negra codicia, Y le inspire deseos de justicia.
Labán	Yo me llamo feliz besando el sueldo En que ha nacido el Dios de tierra y cielo.

ESCENA ÚLTIMA
LOS DICHOS; SE RETIRAN CANTANDO

Por montes y por valles,
Dios niño, tu bondad
Al son de los panderos
Vamos a publicar.

Contaremos que no eres
El Dios que hizo temblar
Con su voz majestuosa
Al desgraciado Adán;
Sino que eres un niño
Que con risa de paz,
Animas al culpado
El perdón a esperar.

Por montes y por valles, etc

Contaremos que no eres
El Dios que hizo abrasar
En fuego de sus iras
La nefanda ciudad;
Sino que aun de Belén,
Que te arroja desleal,
La ingratitud perdonas
Naciendo en un portal.
Por montes y por valles, etc.

Contaremos que no eres
Bravo león de Judá,
De rugir espantoso
Y fiero en el mirar;
Sino que eres cordero

De mansedumbre tal,
Que lágrimas vertiendo
Caminas al altar.

Por montes y por valles, etc.

Contaremos que no eres
El Dios cuya beldad
Ni el serafín ni el ángel
Se atreven a mirar;
Sino que aun de pastores
Escuchas el cantar,
Aceptas los presentes
Y te dejas tocar.

Por montes y por valles, etc.

Contaremos que eres
Acabada beldad,
Purpurino cual rosa,
Blanco como azahar;
Que dormido enamoras,
Despierto mucho más;
Que riendo, todos ríen,
Llorando haces llorar;
Y este noble auditorio,
Al oír noticia tal,
Perdón de nuestros yerros.
En albricias dará.

ZELFA

Personajes

Un ángel
La pastora Zelfa
La pastora Agar
La pastora Olfania
La pastora Bersabé
El pastor Zabulón
El pastor Mateo

ACTO PRIMERO
CLARO DE BOSQUE

ESCENA ÚNICA
AGAR Y OLFANIA

Agar

¡Qué diablo de mujer! ¿Dónde has estado
Que me has hecho correr y echar el alma?
Te busqué en la cabaña, fui a la fuente,
Subí por el collado a la montaña,
Y de allí descendí dando más saltos
Que cuando perseguida va una cabra
Del fiero cazador; y ya de enojo
Mil veces tropecé sobre las rocas
Y estoy toda arañada por las zarzas.
¿En dónde te metiste? Mas espera
Que quiero resollar aquí, sentada.
El volverme sin ti determinaba.

Olfania

¡Calla! No me preguntes, pues yo vengo
Dada a la peste, de furor y rabia!
¿No miras que ya el rostro vierte sangre
Con el ardor del sol, y que enlodada
Toda yo estoy? ¡Maldita sea la cabra!
Traigo un pie dislocado y demolido,
Y una espina en un dedo, que me mata!
Una cabra malvada y resabida
Anoche se me huyó de la majada;
Pensando en ella el sueño se me ahuyenta,
Y a buscarla salí muy de mañana.
Halléla á mucho andar en un otero,
Paciendo a su placer, muy descuidada;

217

Yo me acerqué muy lenta, y como pude
La agarré de una oreja y de un pata.
Mas ella se sacude con tal brío,
Y me da con tal fuerza una patada,
Que cuando volví en mí, sobre una peña,
Me hallé, toda molida y desquebrada,
Y de la cabra sólo hallé las huellas
Que, al correr, en el lodo se estamparan.
No quise más seguirla, pues el sol
Ya casi se ocultaba en la montaña.
En la fuente de Ismael estuve un rato,
Refiriendo mis penas a las aguas,
De allí ahora vengo, dolorida toda,
Y con el sentimiento de mi cabra!

Agar
Tienes razón; pero ocasión no es esta
De pesares y enfados, cara Olfania;
Zelfa hoy a su cabaña te convida
A darte una noticia, la más grata;
Noticia, a la verdad, que hará olvidarte
De las penas presentes y pasadas.

Olfania
¿Y qué noticia es esta, Agar querida?
Vaya, que ya presumo adivinarla,
Zelfa es una pastora cuyas prendas
La hacen la adoración de estas cabañas.
Su corazón sensible se interesa
Por todo cuando toca a sus hermanas.
Si alguno llora por el mal que siente,
Zelfa le hace la corte con sus lágrimas;
Llora con ellos, busca lenitivos
Para hacer su aflicción menos amarga;
Y, no menos sensible a la alegría,
A los gozos ajenos acompaña

Quizás, pues, ha sabido que mi padre,
Que hace días partió a Mesopotamia,
Está ya de regreso, y que muy luego
Ha de ver sus hogares y su patria
Y quiere que pague las albricias
De nueva para mí tan suspirada.

Agar
No es esto, Olfania, lo que va a decirte
Zelfa en esta ocasión; es más.....

Olfania
Aguarda;
Quizás, pues, ha sabido que a la postre
Dio su consentimiento el viejo
Alcana Para que pueda unirse en himeneo
Mi hermano Neftalí con su hija Arcadia,
De cuyo enlace ha calculado ella
Que va a hacer rica y muy feliz mi casa.

Agar
En efecto; Alcana ha convenido,
Y tú ya eres de Arcadia la cuñada;
Cien ovejas, cien toros, cien cabrillos,
Cien hermosos caballos y cien vacas
Son la dote crecida que a su hija
El buen anciano tiene destinada;
Mas la nueva que Zelfa te previene,
Es más que todo, mi querida Olfania.

Olfania
¿Y qué noticia es esta, amiga? ¡Dime!
¡Dime, por Dios, que estoy desesperada!

Agar
Queriendo ganar Zelfa las albricias
Y darte una sorpresa inesperada,
Me ha encargado el secreto hasta que llegues
De su boca a saberlo allá en su casa.

Olfania	No me hagas padecer ¡ah, mi querida! Decir a una mujer una palabra Que contenga misterio es darla muerte, Pues la curiosidad puede matarla.
Agar	No sé cuál de las dos más se atormenta: Si yo en querer ser fiel y reservada, O tú en querer saber; mas no gastemos El tiempo tan precioso que se pasa; El secreto quebranto; que a mujeres Encargarles secreto es cosa vana. Zelfa, pues, ha sido que el Mesías Ha nacido en Belén.
Olfania	Deja de chanzas.
Agar	Te digo la verdad y Zelfa quiere Partir contigo de ventura tanta. Intenta ir a Belén en esta noche A adorar al Dios-Niño, acompañada De ti y otras pastoras; y al efecto Me ordenó que partiera á convidarlas.
Olfania	¡Qué increíble se me hace lo que escucho! ¡La admiración me ocupa toda el alma! ¿Y quién a Zelfa ha dado esta noticia? ¿Se habrá atrevido alguien a engañarla?
Agar	¡Oh! No pongas en duda lo que digo; Dirígete de Zelfa a la cabaña, Y allí se te dirán punto por punto Del suceso las varias circunstancias.

Olfania	A mudar mis vestidos voy corriendo,
	Y quédese en el bosque enmarañada
	La cabra fugitiva; mis dolores
	Y mi enojo se acaba; y cual águila
	Que hiende el aire con su raudo vuelo,
	Voy a volar en alas de mis ansias.
Agar	Y de paso te advierto que el infante,
	Aunque es dueño del mundo, en su jornada
	A la tierra ha venido desvalido,
	Y es preciso llevarle alguna dádiva.
Olfania	Todo cuanto poseo ojalá fuera
	El tributo que Olfania le pagara!
	Corre veloz, Agar, da a las pastoras
	Tan feliz nueva, y vuelve apresurada
	Que casi a un mismo tiempo llegaremos
	A juntarnos con Zelfa en la cabaña.

ACTO SEGUNDO
Exterior de una Cabaña

ESCENA I

Bersabé	Ya de la tarde el lucero
(cantando)	
	Entre nubes agradables,
	Cual precursor de la noche
	Por el Occidente sale.
	Las nubes que le acompañan
	Se apoderan de los valles,
	Y sobre la mustia yerba
	Su fresco rocío esparcen.
	Su corola alzan las flores,

221

Y con un aroma suave,
Despidiéndose del día
Embalsaman todo el aire.

ESCENA II
BERSABÉ Y ZABULÓN

Zabulón Vaya, que tienes cachaza,
Bersabé, pues que cantando
Estás cuando yo reviento
Bajo el peso del trabajo.
Cuando yo creí que habías
Toda la leña juntado,
Tú te estás muy descansada
Y divertida en el canto.
En sudor estoy deshecho,
Y por mal de mis pecados,
En el tronco de una encina
Del hacha se rompió el cabo.
En la faena todo el día,
Sin descansar, trabajando,
Me prometía en desquite
Cenar hasta quedar harto.
Mas.... Ni fuego en la cocina
Hay ahora ¡voto al diablo!
No sé cómo puede haber
Cerebro tan mal formado
Que envidiar quiera la suerte
Del habitador del campo.
Una piel es su vestido,
Su patrimonio el trabajo,
Sus placeres son mezquinos,
Su comer muy poco y malo!
Mas en fin ¿qué hacer hermana?

Por ventura te has pensado
Que haya de cenar canciones
¿Como necio enamorado?

Bersabé   Ciertamente, Zabulón,
Que eres desconsiderado;
¡Qué! ¿no quieres que descanse
Ni que me divierta un rato?
¿Es poco haber todo el día
Corrido tras el ganado,
Sacándolo del corral,
Conduciéndolo hacia el pasto,
Y estando tan vigilante
¿Contra el lobo como un Argos?
¿Es poco el desempeñar
Los oficios más pesados,
Casi sin tomar aliento
Y con dormir tan escaso?
Y después que hoy has comido
Más que un músico de barrio,
Por no estar pronta la cena
¿Te manifiestas tan bravo?

Zabulón   ¿Y qué he comido?

Bersabé   ¿Hay tal cosa?
Nada; sólo un lomo asado,
Una tinaja de leche,
Cinco panes y un pescado;
Un jarro de vino tinto,
Y de arroz en leche un plato;
Y por sobremesa, queso,
Uvas, frutas y melados.

Zabulón   Esa es una bagatela
                   Para un pastor trabajado;
                   Pero ¡vaya! Bersabé,
                   Sigue si gustas tu canto;
                   Tendré un poco de paciencia,
                   Y para no sentir tanto
                   El hambre, yo te haré dúo
                   Si es que no cantas muy alto.
                   ¿Qué cantabas?

Bersabé   Unas coplas
                   De un poeta expresivo y sabio,
                   En que de una hermosa tarde
                   Hace un hermoso retrato
                   Allí pinta los colores
                   Con que el sol deja bañado
                   El horizonte por donde
                   Se sepulta en el ocaso;
                   Las sutiles nubecillas
                   Que en el aire van fluctuando
                   Con caprichosas figuras
                   Y luminosos jaspeados;
                   El soplo del cefirillo,
                   Suave, apacible y blando
                   Que mitiga los ardores
                   Que deja el ferviente astro;
                   La aparición del lucero
                   Que vespertino es llamado,
                   Cuya luz trémula hiere
                   Dulcemente nuestros párpados;
                   Las aves que se despiden
                   Del día con dulces cantos
                   Y a sus nidos se retiran
                   A procurarse el descanso;

El labrador que afanoso
Deja rendido el arado;
El buey que abandona el yugo,
Cansado, a buscar el pasto;
El corderillo que juega
Retozón sobre los prados,
El becerro que festivo
Mama y sale dando saltos...

Zabulón   Pero, por fin ¿cuándo acabas
Con tu cansado retrato?
Canta aprisa, pues en esto
El tiempo se va pasando

Mateo   ¡Zabulón!
(desde adentro)

Zabulón   Mas ¿quién me llama?

Bersabé   Mateo es, si no me engaño.

Zabulón   ¿Con qué negocio vendrá
Ese pastor? ¡Sepa el diablo
Si no es una necedad
¡La que a buscarme lo trajo!
¡Si querrá que me desvele
Cuidándole su rebaño,
O con algún moribundo
Recitándole los salmos!
Mas si esto quiere, se pega,
Porque no estoy para el paso.

ESCENA III

LOS DICHOS Y MATEO

Mateo
Vamos, Zabulón amigo,
Alza, no seas pasmado,
Mira que Zelfa nos llama
A ver un prodigio raro.
Vamos Bersabé; por fin,
¿Cuándo queréis levantaros?
Pero ¿qué prodigio es este
Qué te trae tan agitado?

Mateo
¿Qué ha de ser? Un bello niño
Que ha nacido en un establo,
Más blanco que un corderillo
Y más brillante que un astro.

Zabulón
¡Brava simpleza es la tuya!
¿Yo habré de ir a ver muchachos?
Por cierto que en vez de verlos
Ya quisiera ver el caso
Que anuncian las Escrituras
Yo no sé para cuál año;
Y es que un rey de la Judea
Que habrá de ser muy tirano,
Ignoro por qué motivo
Ha de mandar degollarlos.
¿Para qué he de buscar niños,
 Cuando en mi casa son tantos
Que no será suficiente

La noche para contarlos?
Una de mis tías tiene

226

No sé si son tres o cuatro,
Dos son hijos de aquel tío
Que hace tiempos se ha ausentado
Y nos dejó por memorias
Una hembrita con un macho,
Y de su abuela te digo
Que por desgracia heredaron
Tantas mañanas que aburrieran
Aun la paciencia de un santo.
Con éstos, otros tres más
Que en tres diferentes partos
Dio a luz la menor de todas,
Que ya está esperando el cuarto;
(¡Quiera Dios que por fortuna
No vayan a ser chachos!).
Añade a éstos otros dos
Y otros tres que son hermanos,
Hijos de una honrada viuda,
Se ajustan ya no sé cuántos;
Y reunidos todos juntos
Con los hijos de los criados
Y todos cuantos parieron
Las mujeres de aquel barrio,
Lloran, se arañan, pelean,
Gritan y hacen tal escándalo,
Que faltara aún la paciencia
De Job que es tan celebrado.
Y yo estoy tan aburrido
Que cuando veo un muchacho,

Lo mismo es que si tomara
Una purga de ruibarbo.
Mira, pues, si habré de ir
Por tal cosa, allá tan largo.

Mateo	El niño que yo te anuncio
	No es muchacho adocenado;
	Es el hijo de María
	Que ha nacido en un establo.
Zabulón	Aunque fuera el de la reina
	Y aunque naciera en palacio...
Mateo	Oye, Zabulón, aguarda;
	¡Es el Mesías deseado!
Bersabé	¿El Mesías?
Mateo	Sí, por cierto
	Pues Agar, me lo ha contado.
	Zelfa le encargó el secreto,
	Y ella no pudo callarlo;
	Llevándose entre los pies
	Las piedras y los guijarros
	Vino, y hallándome a mí
	Encerrando mi rebaño,
	Me encargó que a Zabulón
	Y a ti refiriera el caso,
	Para que con la violencia
	Con que galopa un caballo
	Fuéramos a la cabaña
	De Zelfa, y que allá lleváramos
	Un presente para el niño.
	No penséis, pues, que os engaño.
Zabulón	Novedades de mujeres
	Son estas, pues es temprano

Para a que venga el Mesías;
Mas para no ser porfiado
Voy contigo.

Bersabé　　Vamos pronto,
Pues yo estoy que me deshago
Por ver lo que nunca creí
Que mi ojos vieran

Mateo　　Vamos...

(Telón).

ACTO TERCERO
CABAÑA DE ZELFA

ESCENA I
ZELFA

Zelfa　　¡Gran Jehová! ¡Qué ventura!
¡Qué dicha, qué consuelo!
¡Cuándo creyera Zelfa
Ver nacido al caudillo de su pueblo!
Ya la hora va llegando,
Ya se acerca el momento
En que, a sus pies postrada,
Le ofrezca el corazón, le rinda el pecho.
¡Oh! Cuánto Agar se tarda!
Con qué paso tan lento
Caminan las pastoras
Que van a ver conmigo tal portento!

Mas entre tanto vienen,
Repetiré los ruegos
Que mis padres hacían
Pidiendo del Mesías el adviento.

(Cantan).

Lloved, nubes, al justo,
Destila, sacro cielo,
El fecundo rocío
¡Que Jehová prometiera en otro tiempo!

Que la virgínea tierra
Abra su casto seno,
Y produzca al instante
Al Salvador del escogido pueblo.

Como la que hoy da Zelfa
En su cabaña,
Suene el pandero,
Y repitan los montes
Sus dulces ecos.

Zelfa   Es cierto que ya llegan,
Y ya percibo el verso;
En verdad que son gratas
Las noticias que tengo.

Agar   Y no hay duda que Olfanial
Se ha juntado con ellos.
(Cantan saliendo):

Venid, venid pastores
A esta cabaña,

Donde Zelfa nos tiene
Noticias gratas.
Suene el pandero,
Y repitan los montes
Sus dulces ecos.

ESCENA III

LAS DICHAS, Y OLFANIA, BERSABÉ, MATEO Y ZABULÓN, QUE HAN ENTRADO CANTANDO

Olfania   Dame tus brazos, Zelfa, mi querida;
Y si en albricias pídeme la vida,
Por noticia tan rara,
¡La vida, el alma, todo te entregara!

Zelfa   Puedes ya contemplar, Olfania amada,
Qué absorta, qué abismada
Estaré en el placer, pues no esperaba
¡La dicha que el Señor me preparaba!

Bersabé   Siempre de buenas nuevas, Zelfa mía,
El nuncio fuiste, pues en este día
Nos das una noticia tan grandiosa
Que se hace increíble a fuerza de pasmosa.

Zelfa   Si alguna vez gloriarme me es debido,
Es ahora, Bersabé, cuando he podido
Ser dichoso instrumento
De dar a mis amigas tal contento.

Mateo   Un ángel eres, Zelfa, pues al suelo

Das noticias que sólo diera el cielo.

Zelfa   Eco soy de la angélica milicia
Que a los pastores la feliz noticia
Doy diciendo: "Ha nacido
El Salvador, a todos prometido".

Zabulón   Yo me gozo de estar en tu cabaña;
Pero a mí me parece cosa extraña
Que el Mesías naciese entre pastores,
Pudiendo haber nacido entre señores.
¡Plegue a Dios que no sea una patraña fea
De algún pastor que divertirse quiera
Haciéndonos tragar una quimera!

Zelfa   No temas, Zabulón, que sea engaño,
Ni te parezca extraño
Que entre pastores nazca el gran caudillo,
Pues el simple y sencillo
En la vista de Dios es preferido
Al soberbio, al potente, al engreído.

Bersabé   Estamos ya reunidas, y deseamos
Que el caso nos refieras y partamos
Cuanto antes a Belén
Donde vamos a ver el Sumo Bien.

Zelfa   Que reposéis un poco me parece,
Y pues ahora anochece,
Es justo dar al cuerpo algún sustento,
Para, con más contento,
Emprender la jornada
Y os pongáis a cubierto de la helada.

Sentaos, pues, pastores más dichosos
Que los reyes y ricos enfadosos,
Y en obsequio y honor del tierno niño
Recibid con cariño
Esta pastoril cena
Que os brinda Zelfa en esta noche buena
Y yo, entre tanto, pienso divertiros
Con el suceso que he de referirnos

Zabulón   Tanto mejor, si de comer se trata
Pues yo padezco un hambre que me mata.
Ahora, sí, que resuene el instrumento
Y que otra vez repita aquel acento.
                                        (Cantan).

Jamás se oyó en el mundo
Nueva tan rara
Como la que hoy da Zelfa
En su cabaña.
Suene el pandero
Y repitan los montes
Los dulces ecos. *(Siéntanse a cenar.)*

Bersabé   Y tú Zelfa¿ no te sientas?

Zelfa   Soy de casa, y a más de esto,
Mientras vosotros cenáis
Yo os referiré el suceso.

Agar   Pues yo, aunque soy de casa,
No guardo esos cumplimientos.
Quiero descansar cenando
Porque he fatigado el cuerpo,
Y sin cenar no es posible

                    Que pueda andar.

Zabulón   Es muy cierto.
                    Siéntate, pues, y si quieres
                    Yo te serviré.

Agar   Reniego;
                    Zabulón, ya te conozco
                    Que eres un puro embeleco,
                    Y en materia de comidas
                    Eres muy mal compañero;
                    Y en este caso, mejor
                    Estaré junto a Mateo.

Olfania   Ya dio principio la cena,
                    Comienza, Zelfa, tu cuento.

Mateo   Bueno es que tome un trago
                    Para que se limpie el pecho.

Zelfa   ¡Te doy gracias. Escuchad!

Todos   Todos atención ponemos!

Zelfa   Fatigada del trabajo
                    Que por costumbre tenemos
                    Los pastores, me dispuse
                    A descansar sobre el lecho.
                    No bien había llegado
                    La luna en medio del cielo,
                    Y apenas había dado
                    El gallo el canto primero
                    Cuando una dulce armonía

Vino a interrumpir mi sueño.
Puse atención y advertí
Que unos suavísimos ecos,
Que en nada eran semejantes
A los acentos terrenos,
Formaban la melodía
De aquel celestial concierto.
El corazón me saltaba
Y me palpitaba el pecho.
Desperté mas mis sentidos,
Y con claridad advierto
Que las voces entonaban
Un himno para mí nuevo.
"¡Gloria a Dios en las alturas!"
Cantaba el tiple primero,
Y un coro multiplicado
Y variado en sus acentos
Respondióle en consonancia;
"¡Gloria in altísimis Deo!"

Zabulón   Mi señora Bersabé,
           Écheme acá ese torrezno.

Bersabé   Toma Zabulón, y calla;
               No interrumpas el suceso.

Zelfa   Cesó la celestial música,
             Volvió a reinar el silencio,
             Mas de mis ojos huyó
             Para no volver, el sueño.
             "¿Qué es lo que pasa? ¡Oh, Dios santo!"
             Me dije:- "Zelfa, ¿qué es esto?
             ¿Estaré viva ó acaso
             Saldrá mi alma de su cuerpo,

Y será ya conducida
Por los ángeles al seno
Donde los santos esperan
Al Redentor venidero?
¿O acaso mi fantasía
Recalentada me ha puesto
Estas representaciones
Que engañan mi entendimiento?
Mas¿ no será esto un fantasma?
Oh Zelfa, ¿no será un sueño
Esta grata ilusión que hija
Fue tal vez de tus deseos?"

Zabulón   Dame esa botella, Olfania.

Olfania   ¡Oh! ¡Qué hombre tan majadero!

Zabulón   ¡Pues qué! ¿Quieres que me quede
Sin vino, por estar quedo?
¿No miras que, a cada instante,
Mateo me le da un beso? (Bebe)
Ahora, si; siga la historia;
ya no la interrumpiremos.

Zelfa   Pasé, pues, en fin, la noche,
Revolviendo pensamientos,
Y apenas vi que del día
Se asomaban los reflejos,
Cuando tomé mis vestidos,
Y al salir de mi aposento
Encontré para mis dudas
El más feliz desenredo.
Apenas me vio Isacar
Cuando vuela a mí corriendo.

"Dame el parabién" —me dice—
"Pues ya más dicha no quiero.
El Salvador ha nacido,
Y ya mis ojos le vieron,
Y un ángel cuya hermosura
Ni aun remedan los luceros
Aparecióse y nos dijo;
Pastores, de gozo eterno
Es la noticia que os doy,
Para vosotros y el pueblo.
El Mesías ha nacido,
Según su prometimiento;
En Belén, en una gruta
Está el infantillo tierno,
Reclinado en un pesebre,
Cubierto de paja y heno.
De una virgen ha nacido
Con pasmo de todo el cielo.
Y diciendo esto alternó
Con un celestial ejército
Un himno que nos dejó
Sin sentido y casi yertos;
¡Gloria, gloria, en las alturas
Sea dada al Dios eterno,
Y a los hombre bondadosos
Vuelvan la paz y el consuelo!".

Bersabé   Oh! Qué nueva tan feliz!

Olfania   Inaudito es el portento.

Mateo   Apura, Agar, esta copa
                 En prueba de tu contento.

Agar   ¡Viva el ángel que anunció
                      Tanto gozo a los hebreos!

Zabulón   A los hombres bondadosos
                      Dio la paz, según me acuerdo;
                      Yo soy hombre de esta clase,
                      Y en prueba de que la
                      Voy a tomar este trago
                      Sigue mi ejemplo, Mateo.

Zelfa   "Apenas dé la sorpresa".
                      Siguió Isacar— "Hemos vuelto,
                      Cuando dejando el ganado
                      A los peligros expuesto,
                      Partimos sin detención,
                      Volando más que corriendo.
                      Un instinto celestial
                      Nos condujo a un portalejo
                      Donde vimos transformada
                      Una oscura gruta en cielo.
                      ¡Qué luces! ¡Qué resplandores!
                      ¡Qué claridad! ¡Qué reflejos!
                      Ángeles que descendían
                      A reconocer el Verbo,
                      Serafines que adoraban
                      Respetuosos el misterio.
                      Una doncella modesta
                      Con semblante el más risueño,
                      Un anciano venerable
                      Absorto en sus pensamientos,
                      Un niño, que solo el verle
                      Manifiesta ser eterno.
                      ¡Qué rostro tan peregrino!
                      ¡Qué mirar tan halagüeño!

¡Qué sonrisa tan divina!
¡Todo es, sin lunar, perfecto!
Pero, Zelfa, no es posible
Que yo tan rudo y grosero
Te pinte todas sus gracias
Ni los extraños efectos
Que causa en el interior,
De aquel infante el aspecto.
Mas ¿qué te impide que vayas
A adorarlo y conocerlo?
Poco distante es la gruta,
Y tú sabes el sendero".
Este es, pastoras amadas,
El motivo, el gran misterio
Para que os he convidado.

Bersabé ¿Y por qué no vamos luego
A rendir nuestro homenaje
A nuestro Criador Supremo?

Olfania ¿Cómo, teniendo tan cerca
Al que fue todo el deseo
De nuestros padres, estamos
Tan pesados y tan lentos?

Agar Dices bien, Olfania; es mucho
Entretenernos comiendo,
Cuando puede estar el alma
Saciándose de embeleso
Con la presencia de Dios,
Que es la gloria de los cielos.

Zabulón ¿Y cómo eso no dijite
Antes de comer? Por cierto

239

Que eres, Agar, muy devota
Con el estómago lleno.

Zelfa   Dejémonos de disputas
Y al camino vamos luego
Tome Mateo su flauta
Y Zabulón el pandero,
Y al son de nuestra sonajas
Comencemos el festejo.

Mateo   Ahora, Zabulón, es cuando
Necesito de los dedos.
Ea, pastores, decid
Acompañando a Mateo:
¡Viva Zelfa, que nos dio
Nuevas de tanto contento!

Todos   ¡Viva Zelfa, que nos dio
Nuevas de tanto contento!

Zabulón   ¡Qué viva y que beba un trago
Porque va apretando el hielo;
Toma, Zelfa, que es preciso
Electrizarnos los nervios!

Zelfa   Noche es esta de alegría,
En que ni aun los nazarenos
Harían desaire al vino,
Y por esta razón bebo.

Agar   Nada falta; está el ganado
A buen seguro paciendo;

Suene la flauta y avise
Que ya de marchar es tiempo.

Olfania   Formemos danzas, y el canto
De algún análogo verso
Anime nuestra alegría.

Bersabé   Este era mi pensamiento.

ESCENA IV
LOS MISMOS (MARCHAN EN PAREJAS Y CANTAN)

Dúo
Sencillos pastores
Que habitáis los campos
Que el Dios de Sabaot
Lejos del tumulto,
¡Del lujo y el fausto!
Venid a Belén
A adorar os llama
Su ser soberano!

Coro
¡Qué hermoso!
¡Qué bello Corred, pastorcillos,
Nos lo figuramos!
Vedlo y adoradlo!

Dúo
No llama a su cuna
A los potentados,
Ni al noble orgulloso,
Ni a reyes tiranos.

A los pastorcillos
Sencillos y mansos
Revela el misterio,
Descubre el arcano.

Qué hermoso, etc.

Aquel que derriba
Al altivo y vano
Y eleva al humilde
Hasta lo más alto,
Desdeñó al nacer
Los ricos palacios
Y escogió por cuna
Un humilde establo!

Qué hermoso, etc.

No envidiéis la dicha
De los soberanos
Que al mundo amedrentan
Con su ceño airado.
Sois más venturosos
Que vuestros cayados
Que el que empuña el cetro
En solio encumbrado.

Qué hermoso, etc.

Dejad, pues, las selvas,
Bajad del collado,
Y venid al goce
De prodigio tanto.
Traedle por primicia

De vuestro rebaño
Una mansa oveja
O un cordero blanco.

Qué hermoso, etc.

Ya Zelfa le mira,
Ya Olfania en sus labios
Un beso le imprime,
Y Agar tierno abrazo.
Bersabé lo adora
Y lleno de encanto
Están los pastores
A sus pies postrados.

Qué hermoso, etc.

ESCENA V
LOS MISMOS, FRENTE AL PORTAL DE BELÉN

Olfania   ¿Y te has figurado, Zelfa
Que encontremos al Mesías
En este lugar tan pobre,
Y que no es más que unas ruinas?

Zelfa   No lo dudes, cara Olfania;
Este es el lugar que abriga
Al infante que buscamos,
Según Isacar me indica.
Y nos os cause admiración,
Pues según las profecías,
Este es el establo humilde
Que de ab-eterno destina
Al misterioso suceso

Aquel que los mundos cría.

Bersabé   Que ha de nacer en Belén
Lo sé, pues así lo explica
La Escritura; más que nazca
Tan pobre y entre la arista,
Esto es lo que mi razón
No comprende ni descifra.

Zabulón   Dices muy bien, Bersabé,
Y esto es lo que a mí me admira;
Por cierto que si en mi mano
Hubiera estado la dicha
De elegir mi nacimiento,
Cierto es que no escogería
Esta cueva oscura y triste,
Ni la cabaña pajiza
Donde me parió mi madre,
Ni tampoco nacería
Para ser triste pastor.

Mateo   Y dime, pues, ¿qué serías?

Zabulón   Rey, tetrarca, sacerdote
O, cuando menos, levita.

Agar   ¿En eso pensáis vosotros?
Mas, hablando del Mesías
Yo oí explicar a un rabí
Que en la Escritura se pinta,
Que éste debía ser pobre,
Y si no me engaño, cita
Un texto claro y expreso
Del profeta Zacarías.

Zabulón	¡Oh! Qué sabia es nuestra Agar!
	Y qué claro que se explica! Voy adentro.
	¡Ea! Salid Cucarachas, sabandijas,
	Que habitáis en esta gruta.
	¡Zabulón es quien lo intima!
	Pero ¿qué es lo que estoy viendo?
	¡Lo cabellos se me erizan!
	¡Tanta luz en un portal!
	¿Será alguna brujería?
	Nunca he conocido el miedo;
	Pero aquí tiemblo a la vista
	De esta cueva...
Agar	¡Qué cobarde
	Eres, Zabulón! Pues quita,
	Que las mujeres tendremos
	Primero la inmensa dicha
	De conocer al infante
	Cuya presencia divina
	Es quien produce la luz
	Que por espanto imaginas.
	Entra, Zelfa.

ESCENA VI

LOS MISMOS, ENTRANDO AL PORTAL
DESCUBIERTO YA;
EN EL FONDO LA VIRGEN, EL NIÑO Y SAN JOSÉ

Zelfa	¡Oh! ¡Qué portento!
	¡Qué deidad tan peregrina!

Olfania	¡Oh, qué hermosura tan nueva!
	¡Qué belleza! ¡Qué sonrisa!
Mateo	¿Se parece este muchacho
	A los hijos de tus tías?
Zabulón	¡Calla! No digas tal cosa!
	¡Qué dieran las viejecitas
	por la mitad de las gracias
	que en este niño se admiran!
	Su llanto es más agradable
	Que en aquellos es la risa.
Bersabé	Su mirar es un encanto;
	Su rostro al beso convida.
Agar	Y yo creo que me llama
	A sí con sus manecillas.
Zabulón	Yo no veo tales señas;
	Y no sois piezas tan lindas
	Para que os llame el infante;
	En ese caso sería
	Mejor que a mí me llamara;
	Eso es cosa bien sabida.
Zelfa	Que él gusta de que le adoren
	Pastores y pastorcillas
	Es claro, pues ha querido,
	Por una bondad que admira, y descubrirnos
	El misterio que escondía
	A los grandes; y ese rostro
	Y ese mirar que cautivan,
	Que aceptará nuestra ofrenda

Claramente nos lo indican,
Entre pastoriles danzas,
Pues, y canciones sencillas,
Cada uno a sus pies se postre,
Cada cual su amor le diga.
Adoración tributemos,
Y el nuestro afecto reciba.

Zabulón   Aplaudimos el proyecto
Que Zelfa propone.

Todos   ¡Viva! *(Bailan)*.

ESCENA VII
LOS MISMOS; LA OFRENDA

Zelfa   Naces a ser de Israel, infante bello,
Rey bajo cuyo imperio las naciones
Al suave yugo doblarán el cuello
Y humildes rendirán los corazones;
Y viendo un claro testimonio de ello
De la santa Escritura en las lecciones,
Con real corona ciñe ya tus sienes
Esta pastora que a tus plantas tienes.
(Cantan):

Como a rey inmortal
Zelfa le ofrece
De flores tejen.
Corona que sus manos,
Todos le adoren,
De las naciones.
Y como rey le aclamen

Agar   En Isaías se lee que eres enviado
         Príncipe de la paz, fuerte, admirable,
         A quien Jehová, tu padre, hubo confiado
         Un imperio sin fin y perdurable.
         Empuña, pues, el cetro que he formado
         Como un dije pueril, infante amable,
         Y mientras que comienzan tus labores
         Ejerce vuestro imperio en los pastores.

                                    (Cantan).

         Al Príncipe supremo,
         Agar presenta
         Un cetro misterioso
         Que formó ella;
         Y le suplica
         Que a todos los pastores
         Gobierne y rija.

Bersabé Mi ventura es sin par, mi dicha rara,
         Que mis ojos lograron ver el día
         En que cumplida fue la profecía,
         Hoy ya sin velos, más que la luz clara.
         De la raíz de José brotó la vara
         Que pura y limpia miro yo en María,
         Y este vástago augusto nos procría
         La flor, que frutos dulces nos prepara
         Si Zelfa, pues, y Agar nos le han mostrado
         Como almo rey de reyes y señores,
         Bersabé lo hace ver a los pastores,
         Esparciendo estas flores a su amado,
         Como la reina rosa entre las flores.

                                    (Cantan).

¡Oh! Qué bello aparece
El tierno chico
Entre pajas y flores,
Arista y lirios;
Y su hermosura
Se aumenta con las flores
Que lo circundan.

Olfania   Yo sólo busco en ti, niño divino,
Aquel amante fino,
Aquel esposo leal y generoso
A buscar a su amada procedió.
Tus desposorios quiero;
Que del tálamo augusto y majestuoso,
Como David cantó,
Y que aceptes por arras, yo lo espero,
Este pequeño anillo, de mi mano.
A ti lo entrego, infante soberano,
Y de hoy en adelante
Tú serás el amante
A quien consagra Olfania sus amores.
De esto sean testigos los pastores,
Y pues que tu dedito
Llevar no puede aún el anillito,
A tu madre lo entrego,
Y que te inspire amor por mí le ruego.

(Cantan):

Del seno el infantillo,
Como el esposo,
Sale, y ofrece a el alma
Sus desposorios
Un anillo brillante
Por eso Olfania
Le dio por arras.

Mateo	Temblando estoy de miedo;
	Dios me socorra, amigo;
	Después de que estas niñas
	Tantas cosas han dicho,
	¿Qué podré yo decir
	Para ser tan cumplido?
	Voy a salir de apuros.
Zabulón	Aguárdate un poquito,
	Que yo la preferencia
	Tengo de hablar al niño.
Mateo	Eso no.
Zabulón	Te lo pruebo.
	Aunque me ves lampiño,
	Setenta primaveras
	Con mis ojos he visto.
	Siete veces mi aldea
	Su alcalde me ha elegido,
	Y a tu abuelo Pascual
	Le encajé un par de grillos.
	Tengo un hato de ovejas,
	Un potro, dos potrillos
	Y otros mil privilegios
	Que es largo referirlos.
Mateo	Y todo eso ¿qué importa
	Si eres un mal nacido,
	Cuando yo soy tan noble,
	Y aun pariente del niño?
Zabulón	¿Del niño eres pariente?
	¡Oh! ¿Quién tal cosa dijo?

Pues si a nobleza vamos,
Quedarás confundido.
Que desciendo de reyes,
Mis padres me lo han dicho;
Y que de Israel fueron
Jueces todos mis tíos;
Sangre de los profetas
Dicen que he recibido.

Mateo   Esos han ido sueños,
Ilusión o delirio
De tus padres; mas yo
Con mi nombre lo afirmo.
Se me llamó Mateo
Cuando fui circunciso,
Porque Matusalén
Fue bisabuelo mío.
Mateo y Macabeo
Son un vocablo mismo,
Y Matán fue mi primo;
Y teniendo estas matas
Enlace con el chico,
Y siendo a un mismo tiempo
Tan parientes conmigo,
Ergo yo soy muy noble
Digo por silogismo;
Salgo siendo muy cerca
Pariente del chiquito.
¿Qué reparas?

Zabulón   Tu cara,
Que más pareces primo
De esa mula, pues tienes
Talante de pollino;

Esa cara tan larga,
Esa boca u hocico.....
¿Y habrás de ser pariente
del niño tan divino?

Zelfa   Dejaos de disputas,
Y en buena paz y amigos,
Haced vuestras ofrendas,
Y luego, a despedirnos.
Mateo será el primero.

Zabulón   En buen hora cumplido
Sea de Zelfa el mandato,
Pues, porque yo la estimo
Y por quererla mucho,
A todo me resigno.

Mateo   Pues conozco la afición
(Ofrece)   Que en niños es natural,
Os traigo, niño, un zorzal
Más músico que un Anfión.
Es muy pequeño este don;
Mas cuando él esté cantando,
Os ha de estar avisando
Que vale más, en lo humano,
Un pajarillo en la mano
Que ciento que van volando.

Zabulón   Tienes, niño, ante tus pies
Al célebre Zabulón,
Sabio como un Salomón,
Y quién sabe si un Moisés,
Soy músico consumado,
Tengo un poco de poeta,

Y algo más que de profeta
Según me lo he imaginado.
En la Judea no hay otro
Más atrevido y valiente;
Soy herrador excelente
Y domo muy bien un potro.
Si hay una fiesta, al momento
Es llamado Zabulón,
Pues sin él la diversión
No causaría contento.
Este pastor tan gracioso
Es el que tienes postrado,
Y otras gracias he callado
Por no ser alabancioso.
Dudé que habías nacido,
Por eso nada traje ora;
Pero al rayar de la aurora
Estaré con mi cumplido.
Oh! Qué alegre se pondrá
Tu padre con mi presente!
Este sí que es conveniente
A la miseria en que está.
Mas corona, cetro y flores,
¿De qué te pueden servir?
¿Y cómo ha de divertir
Un pájaro tus dolores?
En este mundo mezquino
El cetro no has de empuñar,
Ni entre flores has de andar
Sino en áspero camino.
Que eres Rey ya me lo han dicho,
Mas a tus sienes divinas
Una corona de espinas
¡Es lo que te está predicho!

Y eres tan pobrecillo
Que no hubo dónde nacer,
¿Cómo vas a mantener
Ese infeliz pajarillo?
Lo que yo te traigo sí
Que muy luego ha de servirte;
Qué es voy luego a decirte,
Y te acordarás de mí,
Es una asna o borriquita,
Que con esmero la he criado:
Conmigo se ha destetado,
Y es castarrica y mansita;
Y me asegura un chalán
Que es tan hábil y discreta
Que puede hablar, pues es nieta
De la burra de Balaam.
Y borricas habladoras
Es regalo tan extraño
Que veo, si no me engaño,
Que lo envidian las pastoras.
En la borrica llevarte
Podrá tu madre, en el caso
Que suceda algún fracaso
Por el que deba ocultarte.
Y como soy tan letrado,
He leído unas profecías
En que tiene Zacarías
Este lugar señalado:
Que no sólo de Belén
A Egipto has de caminar,
Sino que debes entrar
Montado a Jerusalén;
Y montado no en tordillo,
Mula, ni en un alazán,

Sino que irás muy galán
Y muy serio en un asnillo.
En fin, mi Dios verdadero,
Ya más no quiero cansarte
La borriquita al potrero.
Dame tu mano bendita,
Porque me voy a buscarte
Y duerme ya sin cuidado,
Que con la asna estará el criado
Mañana a la mañita. ¡Ea, Mateo!
¿Qué tal ha quedado Zabulón?
Si me hablaras sin pasión,
Dijeras que sin igual.
Mas ya de punto se pasa;
Visteis al niño divino;
Y es preciso que el camino
Tome cada uno a su casa.
¿Qué os parece?

Zelfa   Que justo es
                Despedirnos del infante.

Olfania   No quisiera ni un instante
                Apartarme de sus pies.

Agar   Si me admitiese por criada
                De su niño, esta señora,
                Yo sería la pastora
                Más feliz y afortunada.

Bersabé   ¿Quieres, señora, que lleve
                Los pañales a lavar?
                Yo los podría dejar
                Más cándidos que la nieve.

Zelfa	Si la muerte, oh tierno infante,
	El fatal golpe me diera,
	Con placer lo recibiera
	En este dichoso instante;
	Pues ya mis ojos han visto
	Al Salvador prometido
	Por Jehová: vieron nacido
	Al unigénito, al Cristo
	Vieron la gloria presente
	De Israel, tu pueblo amado.
	Vieron, en fin, dulce dueño,
	Esos ojos celestiales,
	Esos labios virginales,
	Ese semblante risueño!
Agar	¡Adiós, niño encantador!
Olfania	¡Adiós, mi esposo y señor!
Bersabé	¡Adiós perla, adiós diamante!
Mateo	¡Adiós, amados parientes!
	Ciudad del recién nacido;
	Mirad que está prometido
	Para cosas muy urgentes.
	Y aunque es soberano y rey
	De Israel y las naciones,
	Yo sé que por mil razones
	Ha de cumplir con la ley.
	Luego, pues aunque es divino
	Irá a la circuncisión, Y para tal ocasión
	Me ofrezco a ser su padrino.
Zabulón	Adiós mula y di al bueycito

Que cuando el sol su carrera
Comience, otra compañera
Tendrás en el portalito.

ESCENA ÚLTIMA
LOS PASTORES SE RETIRAN CANTANDO

Dúo
¡Adiós, lumbre del cielo,
Sabiduría eternal,
Que las cosas dispones
Con orden celestial!

Coro
Pues a salvar vinisteis
Al mísero mortal,
En buen hora en el mundo
Vivid, creced, reinad.

Dúo
Adiós, Adonay santo,
Que hablasteis a Moisés
En la Zarza, y le distéis
En el Sinaí la ley.

Coro
Y pues nuestras cadenas
Tú vienes a romper,
¡En buen hora en el mundo
Vivid, reinad, creced!

Dúo
Adiós, oriente eterno!
¡Luz de la luz sin fin,

Sol de eterna justicia
Que brilla en el zenit!

Coro

Y pues nuestras tinieblas
Vinisteis a destruir,
En buen hora en el mundo
Creced, reinad, vivid.

Dúo

!Adiós, vástago augusto
De la raíz de José,
Ante quien los monarcas
Deben enmudecer!

Coro

Y pues nuestras cadenas
Vinisteis a romper,
En buen hora en el mundo
Vivid, reinad, creced.

Dúo

¡Adiós, amante esposo,
Rubicundo clavel,
A quien el alma dieron
Olfania y Bersabé!

Coro

Y pues nuestras cadenas, etc.

Dúo

¡Adiós, divino Emmanuel,
a quien Zelfa y Agar
como a rey de los reyes
acaban de adorar!

Coro

Pues a salvar vinisteis
Al mísero mortal.
En buen hora en el mundo
Vivid, creced, reinad.

Todos

¡Adiós, noble auditorio!
Y si deseáis mirar
Los prodigios, las glorias
Que acabáis de escuchar,
Id corriendo a Belén,
Id volando al portal,
Y a estos pobres pastores
Las faltas perdonad.

RUBENIA

PERSONAJES

La virgen María
San José
La pastora Rubenia
La pastora Delmira
La pastora Susana
La pastora Elena
La pastora Anarda
La pastora Filena
El pastor Apolo
El pastor Samuel

ACTO PRIMERO
Decoración de calle
ESCENA I
MARÍA Y JOSÉ

José

¡Ay! dulce esposa amada,
Mi pena es muy amarga y extremada!

María

Pero ¿qué es, dulce esposo,
Lo que os lleva tan triste y pesaroso?

José

Vuestros trabajos son los que me causan
Un dolor sin igual, que me traspasan
El alma cual puñal agudo y cruento,
Llenándome de amargo sentimiento.
No ha mucho tiempo que de Hebrón vinísteis,
Cuyo camino hicisteis
Por sendas escabrosas,
Con cansancio y fatigas dolorosas; A tu vista
se alegran las montañas; Juan salta en las
entrañas De su dichosa madre, y Zacarías, De
blancas canas y de largos días, Rompiendo de
su lengua las prisión
es Se desata en divinas bendiciones. Para la
casa de Isabel fué el gozo, Mas para tí, mi
amada, no hay reposo,
Y no bien descansada.
Emprendes á Belén nueva jornada:
Y si á piedad sin duda se moviera.
Aquel que corazón tenga de fiera,
Al verte caminar á plé desnudo
En el diciembre crudo

Por entre hielo y nieve,
Bajo la escarcha que el invierno llueve,
Joven tierna, sensible y delicada
En el noveno mes de ser preñada :
¿Qué dolor tan acerbo
No sentirá José, tu humilde siervo:
José, tu esposo, a quien Jehová confiara
La custodia de su hijo, la más cara?

María   No, mi amado José; no os cause pena
Ver mis trabajos, pues así lo ordena
Aquel Señor que los sucesos todos
Lleva a sus fines por ocultos modos.
Yo humilde me resigno
A su querer potente y siempre digno
De un padre compasivo que más quiere
Al tierno hijuelo cuanto más lo hiere;
Y cuando me contemplo tan dichosa
Con la perla preciosa
Que ya mi seno virginal abriga,
No hay para mí cansancio, no hay fatiga,
No me molesta el hielo,
No siento la aspereza de este suelo:
La única cosa que me da cuidado
Es el verte, mi amado,
Que padeces por mí y te afliges tanto,
Siendo yo la que causa tu quebranto.

José   Suspende, mi señora, no prosigas;
Y ten por cierto que si las fatigas
Son para ti dulzura,
Por tener la ventura
De ser del amo Dios el sacro templo.
Cuando yo, esposo tuyo me contemplo,

Aun el mayor trabajo
Lo prefiero al regalo y agasajo.
Gracias rendidas al Eterno demos
Como tributo fiel que le debemos,
Pues si a veces nos manda leves penas,
Otras veces derrama,
a manos llenas, Inefables consuelos
Que vuelven más sufribles los desvelos.
Cual nube opaca que disipa el viento,
Fueron mi gran dolor y sentimiento
Por tus dulces palabras disipados.
Insufribles no son ya mis cuidados,
Ni me parece ya tan importuno
El mandato del César, que a cada uno
Empadronarse exigen
En el lugar de donde trae su origen.

María   ¡Ah! mi caro José, si de Octaviano
El regio edicto que firmó la mano
Nos manda ir a Belén, en la aspereza
De esta estación en que Naturaleza
Sus rigores reúne, el Ser Divino
Es quien ha decretado este camino;
Si la ambición horrenda la codicia,
De este medio se vale el Dios potente
Para traernos por sendas naturales
A cumplir sus decretos celestiales:
La prole santa que mi seno encierra
Que a los grandes más que a otros ciega y vicia,
Inspira al César numerar su gente,
Ya va a dejarse ver sobre la tierra,
Cual rocío fecundo

265

Que de virtudes fertiliza el mundo;
Y a Belén va a tocarle la fortuna
De ser de Dios la cuna;
Ya se acerca el instante
En que veréis la gloria del infante,

José   Según esto, Señora,
¿está cercano Vuestro parto feliz?

María   El soberano
Que los tiempos dispone así lo ordena:
De los sucesos ya la gran cadena
Toca a su último enlace; ya los días
Que Daniel anunció en sus profecías
Se han cumplido, y el cielo
Va a hacer eternas paces con el suelo.
De santa Inspiración amonestada,
De pulcros lienzos vine preparada
Para envolver en ellos
Al que al sol adornó con rayos bellos.

José   ¿Y en donde ¡oh cara esposa!
Se ha de mostrar escena tan gloriosa?
¿Quién será el compasivo cuyas puertas
Estén francas y abiertas
A peregrinos, pobres y extranjeros,
Sin representación y sin dineros?
¿Dónde habré de hospedaros ¡oh alma mía!
Para que, como el alba, des al día?
Yo, que soy en Belén desconocido,
¿Habré de hallar un pecho condolido
Que en su casa me dé decente cuarto
Para que os preparéis al sacro parto?
Mil angustias me cercan!

266

¡Oh, Dios santo! No sé qué hacer!

María
¿Por qué os angustias tanto?
La avecilla que hiende el raudo viento,
¿No encuentra preparado el alimento
Y hospitalaria rama donde el nido
Fabrica bien mullido,
Para poner en él tiernos polluelos,
Al abrigo de nieves y de hielos?
Si con tanta clemencia
A los brutos provee la Providencia,
¿No habrá dispuesto al menos un cortijo.
Donde su caro hijo Se recline al nacer?
No desconfiemos!
Todos nuestros trabajos arrojemos,
Amado esposo, en el paterno seno
De Jehová, siempre pío y siempre bueno.

José
El ángel del consuelo,
Mi amada, sois; el compasivo cielo
Haga que a las fatigas les suceda
El descanso más dulce, y que os conceda
Llega la noche; con su manto oscuro
El orbe cubre, y ya en el éter puro
Bendiciones sin cuento,
Como astros tiene el alto firmamento.
Trémula luz ostentan los luceros,
Y faltando del sol los reverberos
El ambiente se enfría y se humedece:
Pero ya, dulce esposa, ya fenece
Tu largo padecer: ya hemos llegado
Al término del viaje, tan deseado.

María	Yo os saludo, oh Belén, patria dichosa
	Del gran David, ciudad más venturosa
	Que todas las demás, donde su oriente
	¡Ha de tener el sol más reluciente!

José	Esta es Belén, esposa cara y tierna:
	Ved allí la cisterna
	Cuyas aguas deseaba en la batalla
	El gran David; a esa otra parte se halla
	El antiguo sepulcro de Raquel;
	Aquel es el lugar donde Samuel
	Derramó la unción santa en la cabeza
	De David, pastorelllo donde empieza
	Por hacia allá se dice que vivía
	La hermosa Noemi, con su amante nuera,
	La moabita Ruth, cuando volviera
	Viuda de Elimelec a esta región:
	Mas no se extienda a más mi relación,
	Que ha llegado la hora
	De buscar hospedaje a mi señora.
	De los reyes de Israel la dinastía:

ESCENA II
LOS DICHOS; PORTERO 19

(José llama a una puerta.)

Portero 19	¿Quién llama?

José:	Un peregrino
	Que con su esposa viene de camino;
	De Nazareth salimos obligados
	Del edicto del César, y cansados

De tan larga jornada
Buscamos un albergue.

Portero 19   La posada
Está llena de gente, y ya no queda
Dónde hospedaros pueda;
Caminad a otra parte.

José   Nuestro cansancio.
Ved, amigo,

Portero 19   Caminad, os digo,
Que aquí no hay hospedaje. (Se retira.)

José   ¡Santo cielo!
¿Por qué me abandonáis al desconsuelo?

María   Nada os turbe, José; la Providencia
Quiere probar así nuestra paciencia.

José   Yo lo merezco así; más vos, señora,
Y la deidad que en vuestro vientre mora...
Me es sensible que a tanto menosprecio
Os sujetéis.

María   José, ¿quién será el necio
Que a penetrar se atreva los secretos,
O de Jehová se oponga á los decretos?

José   Su voluntad se cumpla y otra instancia
En esta casa hagamos; la constancia
Acaso vencerá. (Toca.)

ESCENA III
LOS DICHOS: PORTERO 29

Portero 29   ¿Quién ha llamado?

José   Dos pobres peregrinos que han llegado
A deshora a Belén, á empadronarse.
Y buscan un lugar donde hospedarse.

Portero 29   En esta casa no se da hospedaje
Sino al que es caballero y personaje.

José   Ved á esa tierna joven; sed humano:
¡Me mata su cansancio!

Portero 29   He dicho, anciano,
Que a otra parte hospedaje se buscase,
Que este es para la gente de alta clase.

(Vase.)

José   ¡Oh, qué extraña dureza!
¿Quién creyera en los hombres tal fiereza?
¿Por qué ¡oh gran Dios! queréis que vuestro amado
A buscar a los hombres sea enviado,
Y no halle entre ellos acogida alguna?

María   No conocen, José, la gran fortuna
De dar hospicio a aquel en cuyas manos
La suerte está de todos los humanos.
Conviene hacer tercera tentativa,

José   Por si alguna persona compasiva,
Habita en esta casa.

(Llama otra vez a una puerta)

ESCENA IV
LOS DICHOS;
PORTERO 39

Portero 39   ¿Que Imprudente
Llama a esta hora?
¿No ve el Impertinente
Que perturba el reposo de este hospicio?

José   Dos hijos de Belén que el beneficio
Esperan de hospedaje,
Pues siendo de linaje
Y tribu de David, a dar el nombre
Venimos al padrón.

Portero 39   ¡Miserable hombre!
Id a otra parte a referir nobleza;
Bien demarcada está vuestra pobreza,
¡Y aquí sólo el dinero tiene entrada!

José   Esa Joven divina y delicada
¿No mueve a compasión vuestras entrañas?

Portero 39   No me molesten más vuestras patrañas;
A otra parte llevadla.

José   ¡Oh, Dios de Abrahán, De Isaac y de Jacob!
¿Qué tal serán los hombres más benignos y
hospitales?
Virgen amable, ves que los mortales
Tienen de pedernal los corazones,

Más fieros e Inhumanos que los leones;
Ni esa edad Juvenil y delicada,
Ni el atractivo de tus ojos bellos
Movieron su piedad; ni esos cabellos
Húmedos del rocío,
Ni el semblante marchito por el frío,
De la intemperie expuesta a los rigores
¡Su aspereza venció!
Ni esa preñez sagrada,

María Como favores Con que Dios nos regala, recibamos
Estos crueles desdenes y ofrezcamos
Por los que nos desechan tan ingratos
Estos trabajos que le son tan gratos.
Jehová use con ellos de clemencia

José Y a su crueldad impía dé indulgencia:
Mas ya la noche avanza en su carrera:
El Arles brilla en medio de la esfera;
Y pues Belén nos cierra todas sus puertas,
De esta Ingrata tierra
Es preciso salir; fuera del muro,
A la parte de oriente ¡oh caso duro!
Una gruta hay donde el pobre peregrino,
Fatigado del sol y del camino,
Halla reposo, y donde los pastores
Alojan su ganado en los rigores
Del crudo Invierno y del ardiente estío.
¡Oh! con cuánto dolor, encanto mío,
Os conduzco a un lugar que no es decente
Para vos, beldad regia y preeminente;
Mas si los hombres fueron tan altivos
Y crueles, compasivos

Los brutos nos verán.

María   Este destino
Nos predijo el oráculo divino;
Si Israel a su Señor no ha conocido,
En este establo se verá cumplido:
Conocerá su posesor el buey,
Y el jumento el pesebre de su rey.

ACTO SEGUNDO

Un bosque: a un lado, un sepulcro
ESCENA I
RUBENIA

Rubenia   Grande fue la faena de este día;
El alma ha trabajado como el cuerpo:
Mas ya nada me falta; ya del todo
Desocupada estoy ¡gracias al cielo!
Ahora sólo resta que á Prisila
Venga a hacerle mi diario cumplimiento.
Cortar quiero estas flores y regarlas
Sobre la tumba: este es el solo feudo
Que ha de pagar mi amor a la que fuera
El ídolo de todos mis afectos.
Mas ¡ah! ¡qué conmoción tan melancólica
La vista de este bosque hace en mis
miembros!
Yo te saludo ¡oh bosque venturoso,
Que posees el tesoro de más precio!
Y pues el canto alivia los pesares,
Tu dicha y mi desdicha cantar quiero.

(Canta):

¡Oh, bosque solitario,
Alegre en otro tiempo.
Do la bella Prisila
Condujo tantas veces sus corderos!

¡Cuántas veces oíste
De su voz el acento,
Y cuántas repetiste
Su graciosa expresión en suaves ecos!

¡Cuántas veces sus plantas
Hollaron este suelo,
Y cuántas en los árboles
Con sus manos grabó divinos versos!
Mas ¡ah! que ya descansa
En profundo silencio,
Y no la veréis más,
Tristes cipreses, elevados cedros!

ESCENA II

LA DICHA Y SAMUEL (VESTIDO DE CAZADOR, CON
CARCAX Y FLECHAS).

Samuel   ¡Rubenia hermosa!
Rubenia   ¿Cómo aquí has venido,
Samuel, si ha mucho tiempo que no veo
Que algún pastor conduzca su ganado
A este lugar que siempre está desierto?

Samuel   Siguiendo un jabalí me vi internado
Entre las zarzas de este bosque espesos

274

Perdí la dirección, y en un instante
Me vi tan confundido y tan perplejo,
Que ya no era posible que pudiera
Atinar con el rumbo ni el sendero;
Mas quiso mi fortuna que tu voz
Percíbase en confuso desde lejos;
Por ella me seguí; si no es el canto,
Esta noche pasara yo al sereno,
Y tú ¿qué haces aquí?

Rubenia Todas las tardes,
Antes que el sol oculte sus reflejos,
Visito este lugar que me es tan caro,
Pues están de Prisila aquí los restos;
Allí duerme Prisila, allí descansa:
Aquel es su sepulcro a donde vengo
A adornarlo con flores y laureles,
¡Y a hacer de la amistad tristes recuerdos!

Samuel Bien merece Prisila ese tributo
Que le paga tu amor, pues en efecto,
Aunque Naturaleza no le diera
De toda la hermosura el embeleso,
Le dio en cambio mil gracias que suplían
Y hacían se olvidase algún defecto.

Rubenia ¿Y qué efecto hallabas en Prisila?
¿No eran sus negros ojos dos luceros?
¿No eran de rosa sus mejillas tersas?
¿No eran sus un clavel abierto?
¿Y no había azucenas en su frente?
¿Podrás negarlo tú?

Samuel   Todo eso es cierto;
                 Mas su nariz, de poca prominencia,
                 Privaba a aquel conjunto de su efecto;
                 Y puedo asegurarte que Prisila,
                 Si fue el decoro y honra de su sexo,
                 No fue por la hermosura, de la que ella
                 No aparentaba hacer ningún aprecio:
                 Otras prendas tenía con que se hizo
                 Digna de la alabanza y del respeto.

Rubenia   ¿Y no darías tú la preferencia
                 A todas sus hermanas?

Samuel   Yo no creo
                 Que les haya ventajas, pues Lucinda
                 Su juventud conserva, el rostro bello,
                 A pesar de los años y que siempre
                 Padece de los males el tormento.
                 Tú miras a Petrania, que aunque ha sido
                 Tres veces madre, no por eso deja
                 De ser tan bella, que es un fiel retrato
                 De aquella Margarita que otro tiempo
                 Era la más gentil de las pastoras,
                 La beldad de estos campos, el recreo
                 Que deleitaba al corazón más frío,
                 Y que volcanes encendió en los pechos;
                 De aquella Margarita cuya fama
                 Cantaron los pastores en sus versos,
                 Cuyas encantadoras perfecciones
                 No ha podido alterar el tiempo austero!

Rubenia   ¿Y lo mismo dirás de Maximilla?

Samuel	¡Bribona eres, Rubenia!
	Yo en silencio
	Quise pasar la pobrecilla enferma.
	Aunque sin adularla, muy bien puedo
	Decir que no le faltan las virtudes,
	El más precioso don que otorga el cielo.
	Mas doblemos esa hoja: y di si acaso,
	A prevención, has traído pan y queso,
	O cualquiera otra cosa, pues perdido,
	No he llegado a probar ningún sustento.

| Rubenia | Como vengo a este sitio muy de paso |
| | Nada acostumbro traer. |

Samuel	Pues me voy luego
	Antes que de hambre caiga, y con Prisila
	Me quede sepultado en este yermo.

Rubenia	Si divertirte quieres esta noche,
	En casa de Susana nos veremos,
	Y allí, después de una función solemne,
	Podrás cenar, basta decir: "No quiero".

Samuel	Pero eso está despacio: la barriga
	Ya tregua no me da, y así el sustento
	A mi casa á buscar iré.

Rubenia	Así sea:
	Y mientras tanto, yo al sepulcro llego,
	Y luego que le pague mis tributos,
	Me hallarás donde dije.

| Samuel | Te lo ofrezco. |

(Rubenia se dirige hacia el sepulcro,)

ESCENA III

SAMUEL

Samuel   ¡No hay necedad, melindre ni capricho
Que en mujer no se vea ! ¡Qué embeleco
El venir a llorar todas las tardes
Sobre podridos y asquerosos huesos:
El adornar con flores un sepulcro:
¡Lágrimas derramar, haciendo duelo!
¿Y por quién? Por mujeres que a docenas
Nacen todos los días en los pueblos.
Y si vamos a ver, la tal Prisila
¡Era una cualquier cosa, un trasto viejo!
Pero voto a canastos, que este día
Ha sido para mí malo y funesto:
Primero andar perdido por los montes,
Luego hallarme con llantos y requiebros,
Salir de una mujer y caer en otra:
Es salir de la nieve y caer al fuego.

ESCENA IV

EL DICHO Y SUSANA

Samuel   Allá Susana está, y me es preciso
Caravanas hacerle y cumplimientos.
¡Ah, querida Susana! ¡Cuánto gusto,
Cuánto placer en encontrarte tengo!

Susana	Ya podrás inferir cuál será el mío, Pues sabes, buen Samuel, cuánto te quiero.
Samuel	¿Dónde a pacer pusiste tu ganado?
Susana	A la falda lo miras de aquel cerro.
Samuel	¿Luego tuyos dos corderillos. Tan blancos como un copo, que allí mesmo Esta mañana ví?
Susana	De un solo parto Los produjo una oveja así tan bellos; De Apolo son, no míos,
Samuel	¿Y por qué Andan con tus ganados? ¿Por qué es esto?
Susana	Porque sabrás, Samuel, que entre Rubenia, Entre Dalmira y yo se ha hecho un convenio, De que por dos semanas, una á una, El ganado de Apolo apacentemos.
Samuel	¿Y qué menos que Apolo tengo yo Para que él solo goce el privilegio?
Susana	Yo te diré, Samuel, cuál es la causa Apolo es un pastor cuyos talentos Notorios son en todas las cabañas, Y que ha sido educado con esmero, Dióle Naturaleza voz divina, Tañe con perfección lira y salterio, Y en el versificar no le va en zaga Aquel tan celebrado poeta griego,

Tú ya sabes muy bien que cuando Apolo
Asiste a nuestras fiestas, todo es bueno,
En danzar no hay zagal en la Judea
Más gracioso que Apolo ni más diestros
Y queriendo el pastor que estas montañas
Sean otra Arcadia, con notable empeño
Las lecciones nos da, y en recompensa
Nosotros le pagamos este obsequio.

Samuel   ¡Hola! ¿Con que la Arcadia y sus pastoras
Se ballan ahora en Belén? ¿Y qué progresos
Habéis hecho en la escuela?

Susana   No son pocos.
¡Qué! no has sabido tú que ya tenemos
Certámenes lucidos donde adquiere
¿La que queda mejor, honroso premio?
Unas veces se gana la corona
Por el tañer la lira, o el manejo
De la gaita o el arpa, y otras veces
Por cantar o bailar; mas yo prefiero
Las contiendas en verso, pues este arte
Es el que tiene en mí, mayor imperio.
No ha muchos días que la bella Elena
Un certamen conmigo tuvo de estos;
Y no puedo negarlo, ni debiera,
Que vencida me dio su bello ingenio.

Samuel   ¿Y cuál fue la materia del certamen?

Susana   Yo canté con la cítara en tercetos
El paso del Mar Rojo y los prodigios
Que hizo el grande Moisés en el desierto:

Mas ella, acompañándose con la arpa
En sáficos y adónicos patéticos,
De David, pastorcillo, cantó el triunfo
Que obtuvo del altivo filisteo.

Samuel   ¿Y cantó por supuesto la estatura
Descomunal de aquel gigante fiero,
Y los tres tenamastes que con la onda.
Le disparó para traerlo al suelo?

Susana   Todo eso refería, y los aplausos
Que daban las doncellas al mancebo;
Diciendo que si Saul a mil dio muerte
David mató a diez mil de un solo encuentro.

Samuel   Mira qué buenas cosas se tenían,
Y yo sólo tratando con los perros,
Con carneros y ovejas y con bueyes
Haciéndome con esto más borrego.

Susana   Pues si quieres, Samuel, pasar el rato,
Esta noche a mi casa vente luego,
Que Apolo asistirá y también Elena
A una de estas funciones.

Samuel   ¡Oh, muy bueno!
Y tú tomarás parte en el certamen?

Susana   Del que para esta noche está dispuesto,
La muy bella Dalmira con Rubenia
Son las antagonistas, y los premios,
Como Jueces, Apolo, Elexa y yo.
Con imparcialidad repartiremos.
Ya la noche se acerca, y debo irme

A llevar ml ganado. Vuelvo presto.

Samuel   Pero, aguárdate un poco... (se desmaya en brazos de Susana, que se asombra.)

Susana   ¿Qué me quieres?

Samuel   Que me acudas aprisa... ¡que me muero!

Susana   ¿Tienes algún dolor?

Samuel   No... es un desmayo...
O gana de tomar algún sustento.
¡Que de hambre estoy pasado !

Susana   Pues, mi amigo,
Para ese mal no tengo yo remedio,
Porque andando en el campo, y a estas horas,
Nada podría darte, pero luego
Irás tú a mi cabaña, y allí sí
Tú comerás cuánto te pida el cuerpo.

Samuel   ¡Qué esperanzas tan verdes! No, Susana:
La enfermedad es grave, y no da tiempo.

Susana   Pues ¿y qué hemos de hacer?

Samuel   Que antes me marcho
(Reanimándose)
A mi casa, a buscar algún consuelo;
Que con dos o tres panes y un tasajo
Habrá para hacer boca.

Susana   Y bien, ¿te espero?

Samuel	Tal vez no habrán llegado las pastoras,
	Cuando yo en tu cabaña tome asiento.

(Váse Susana)

ESCENA V

SAMUEL

Samuel	¡Quien demonios aguanta a las mujeres!
	Allá la una llorando por los muertos,
	Aquí la otra metida á poetisa
	Y haciendo mil elogios de sus versos.
	¿Qué hará el mundo con tanta *Bachillerat*?
	¡Pobre de mí, si la desgracia tengo
	De casarme con una de estas prendas
	Que al pedirle la cena o el almuerzo,
	Me diga: "Aguarda, busco un consonante
	Para el último pie de este soneto".
	Pero es preciso acomodarse a ellas,
	Y fingirse con ellas novelero,
	Que si no, me aborrecen y han de hacerme
	De sus murmuraciones el objeto.
	Pero....el hambre me aprieta, y Dios no quiera
	Que otra mujer me salga hoy al encuentro!

(Váse).

ACTO TERCERO

Un bosque: Dalmira, bajo un árbol, con una guitarra para
estudiar una canción que tendrá escrita en un pliego.

283

ESCENA I

DALMIRA, CANTA

Dalmira   "Placer de los cielos, delicia del mundo,
Oh, numen fecundo, propicio a mi voz.
De tiernos amantes corona el deseo,
Desciende Himeneo, desciende veloz!" (*).

(*). Martínez de la Rosa

ESCENA II

LA DICHA Y ELENA

Elena   Muy divertida te hallas.

Dalmira   Repasaba
Una canción que Apolo mandó escrita.
Que sola he de cantar allá en la boda
De la pastora Cleófas, nuestra prima.

Elena   Esto será muy luego, pues yo he visto
Preparadas las donas, que son ricas:
Una tela preciosa para el manto,
Bordada por las manos de Lucinda:
Una sarta de perlas, que mayores
Nunca en estas cabañas fueron vistas;
Y otras mil cosas que ha juntado el novio
Para alegrar los ojos de la niña.

Dalmira   ¡Ah, Elena, Elena, qué dichosa es Cleófas!
Yo te confieso que la tengo envidia;

Y a no ser que me acuerdo que mi padre.
Como un sabio consejo, me decía:
"No hay por qué calentarse la cabeza
Ni qué decir palabras, mi Dalmira"
Me muriera de pena cuando veo
Que para otras no más nació la dicha.

Elena   Dalmira, ten paciencia que tu tiempo
             Por fin ha de llegar.

Dalmira   ¿Quién desconfía?
             Si Lucinda, tan triste y achacosa
             Halló marido dueño de pollinas,
             De ovejas, bueyes y otros muchos bienes,
             Y sobre todo de una hermosa quinta;
             Si Irenia, que no era tan muchacha
             Ni llevaba candela entre las lindas,
             Supo engañar dos veces y casarse
             Con bastante esplendor, y si Prisila
             Agradó al idumeo Belisario,
             Pastor galante y de maneras finas,
             Más fortuna debemos prometernos,
             Pues somos buenas mozas, mi querida.
             Jóvenes somos, y nuestros talentos,
             Con más esmero que otros, se cultivan:
             Cualquier pastor que vea tus canciones
             O que me escuche a mí tañer la lira,
             Pasmado quedará, la boca abierta.
             Y la baba caerásele muy liquida;
             ¿Quién sabe si ya Apolo le habrá echado
             A alguna de las dos el ojo, amiga?

Elena   Eso no aguardes tú, porque si Apolo
             En alguna pensara, apostaría

285

Que Susana ha de ser, porque los hombres.
En casarse por cálculo, se pintan:
Y más de ser hermosa, sus manadas,
Muy numerosas son y muy lucidas;
Llevándose la palma entre nosotras
En el danzar en solo o en cuadrilla
Pues antes que de Apolo las lecciones
Ella tomara, ya aprendido había
Con el joven Macerio, que en el baile
Se cuenta por la octava maravilla,
Y así, amiga, es preciso te persuadas
Que si tú Raquel fueras, y ella Lía,
No tomara el trabajo de Jacob,
Catorce años sirviéndote por linda.

Dalmira   No hay que hacer caracol, porque si Apolo
Hacia otra parte la balanza inclina,
Hay Faustelos, Ramirios y otros muchos
Que, aunque pastores son de a cuatro en libra,
Varones son al fin, y esto es bastante
Para entrar de maridos en la lista.
Mas dime, Elena, tú ¿qué juicio formas
De la boda de Cleófas?

Elena   Yo, Dalmira,
Confieso que la tengo por muy buena,
Pues Ircano es pastor de campanillas,
Aunque algo avejentado, pero hermoso.
¿Dónde mejor lo habrá la pobrecilla?
Es juicioso, callado, muy activo,
Sin padres, sin abuelas y sin tías,
Y con buenos rebaños, que esto es todo
Lo que hace ser feliz a uno en la vida.
¿Y a ti qué te parece?

Dalmira	Grande cosa;
	Y mucho más, que siempre la cocina
	Al fin, como de rico, estará llena
	De grandes tortas y pastelerías;
	Así como en las bodas de Camacho,
	Espumarán capones y gallinas.

Elena	¿Y á ti te alegra eso?

Dalmira	¿Quién lo duda?
	¿No miras que soy música, mi amiga,
	Y desde Anfión acá es muy celebrada.
	De los músicos todos la barriga?
	Que con más ganas cantan si perciben
	Que habrá de ser solemne la comida:
	Ya que cuando solfean tienen hambre.
	Y si entonan cromáticas, canina?

Elena	Y debe ser así, porque conozco
	Un pastor que de músico la pica,
	Y llega con frecuencia a la cabaña
	Con pretexto de ver a Maximilia:
	Yo me santiguo al verlo que se engulle
	Un platón de cuajada o mantequilla,
	Quedándose con él tan en ayunas
	Que bien cree pudiera decir misa.

Dalmira	¿Y él es médico?

Elena	No; mas toma el pulso;
	Y es lo célebre que él y la Juanilla,
	Como la enferma pasa inapetente,

Del empeño la sacan a escondidas:
Ellos toman la sopa, o el puchero,
O la taza de atol, hasta que limpia,
Lavada y relavada, dentro y fuera,
Mandan a la cocina la escudilla.

Dalmira   ¡Oh, sí! Ya le conozco, y ya me acuerdo
De un cuento que mi abuelo refería:
"En aquellos —decía— dorados tiempos,
Cuando todo iba en regla y en justicia,
De cargo concejil hubo un ministro
Que el sistema de Gall saber debía.
A todos los muchachos que pasaban
A tomar profesión, los examina:
Si hallaba en este examen que el muchacho
Era inclinado a fraudes y mentiras,
A un maestro zapatero lo mandaba:
Si era inclinado al robo y raterías
´Este necio —decía— para sastre´
O para costurera si era niña:
Si en el niño se ve protuberancia
Del órgano que marca la codicia
Y el corazón de mármol: ´Este niño
Nació para el comercio´ —les decía:
Si descubre en el niño, por desgracia.
Inclinación a la carnicería,
Al Rastro lo mandaba en el instante.
O a un colegio a estudiar la medicina;
Y si a esta condición, a estas señales,
Las de un amujerado se añadían
´Anda niño —decía— vete que eres
Propio sólo para una pulpería,
Vete a vender tus ajos, tu manteca,
Y rebájale una onza a cada libra;

Tú no debes tomar una pistola,
Ni una pluma ni el arco de una lira´.
Si el semblante le ve muy parecido
A una leona parida o a una tigra:
´Este ha de ser guerrero´ —publicaba—.
Así lo indica su fisonomía´.
Mas si por fin hallaba en el muchacho
Tímpano delicado y anchas tripas:
´Buen músico, pues tiene los dos órganos
De la audición y la gastronomía,
Órganos necesarios sin los cuales
No hay buen cantar ni buena cantarina´.
Mira que tal, Elena, si no debo
De alegrarme.

Elena   Chuscona eres, Dalmira,
Y siempre estás de humor: pero ¿qué
hacemos?
¿Dispuesta tienes ya tu sabatina?
Qué, ¿no te acuerdas tú que con Rubenia
Vas hoy a la palestra, y que Rutilia,
Hija de aquel pastor tan celebrado
Por su vena fecunda en la poesía,
Tal vez asistirá?

Dalmira   ¿Y eso qué importa?

Elena   Que aunque su aprobación por cortesía
Haya de darte, cuando esté a sus solas
Con balanza muy fiel hará Justicia:
Pues aunque sabe aparentar modestia
Tiene sus horas de mostrarse crítica.

Dalmira   No hay por qué calentarse la cabeza.

Según mi padre dijo, mi querida.

Elena Pues mira que ya es tarde, y en la fuente
Nos espera Rubenia.

Dalmira Pues aprisa
Levántate, y nos vamos; ya verás
Que yo no estaba tan desprevenida.

ACTO CUARTO

Un bosque contiguo a la cabaña de Susana; los pastores con
traje de gala: se colocará la cena en el suelo.

ESCENA I

APOLO Y SAMUEL

Apolo ¡Hola, Samuel! ¡Qué milagro
Es que andes por estos cerros!

Samuel ¡Ah, Apolo! Bien sabes cuántos
Son los quehaceres que tengo:
Mas ahora, como he sabido
Que estás haciendo portentos,
Los ganados, los trabajos,
¡La casa... todo lo dejo!

Apolo ¿Qué es lo que quieres decirme?

Samuel Que has hecho de estos desiertos
Una morada de ninfas
Que cantan como un jilguero:

Que estás amansando fieras
Y convirtiendo en corderos
Leones y tigres de Hircania:
Y si ha de creerse, por cierto,
Las artes que enseñas tú
Producen esos efectos.

Apolo   Amigo, lo que yo hago.
Es un mero pasatiempo;
Tengo unas cortas nociones
De la música y el verso,
Y enseñando a las pastoras
Estas cosas, me entretengo.

Samuel   Y a la verdad que es empresa
De romanos.

Apolo   No lo niego,
Pues las mujeres ya traen
Bien demarcado su genio;
Repara la diferencia:
Los muchachos son traviesos.
En verdad, pero no gastan
Malicia alguna en sus juegos:
Corren, saltan, se divierten.
A la pelota, el hoyuelo,
Con el trompo o papelote,
Según lo requiere el tiempo:
Pero las niñas, amigo,
Aun no se las ve en el suelo,
Ya juegan a las visitas,
Y a hacerse mil cumplimientos,
A hablar de modas y novios,
Y responden a un requiebro.

Crecen en edad, y entonces,
Aún no echan bien un remiendo,
Ni saben poner la olla,
Y ya tratan de himeneo.

Samuel   Todo eso es cierto, en verdad:
Por eso le oí a mi abuelo
Que la mujer, al nacer,
Ya trae el diablo en el cuerpo:
Mas si tú tanto te empeñas
Tendrás sin duda otro objeto.
Pues yo, que soy malicioso.
Un reparo tengo hecho:
Que esas maestranzas de niñas
Acaban en casamientos.

Apolo   No, Samuel; yo las estimo,
Las acato y las respeto,
Mas para novia, ninguna
Me ha venido al pensamiento.
Son hermosas, como sabes,
Y no les falta talento,
Unas son algo loquillas,
Las otras de genio austero;
Y sobre todo, que hasta ahora
Ni siquiera pienso en eso.

Samuel   Y quiera Dios que jamás
Tengas ese mal deseo,
Pues tener suegros y tías
Es tener todo un infierno.

Apolo   Ya, Samuel, hemos llegado
De Susana a los aleros.

Samuel	La dulce conversación Me hizo el camino ligero.
Apolo	Del corral viene Susana A salirnos al encuentro

ESCENA II

LOS DICHOS Y SUSANA

Apolo	¿Qué haces Susana?
Susana	Ocupada Estaba con un cordero,
	Que está a punto de morir Porque me lo mordió un perro.
Samuel	Los pastores, de estas cosas A cada instante tenemos.
Apolo	¿No han venido las pastoras?
Susana	Con vosotros casi a un tiempo Van llegando: de Dalmira Oíd el bullicioso acento.

(Cantan en lo interior:)

Al certamen glorioso
Van las pastoras,
A recibir laureles
De honor y gloria.

CORO

¡Viva Rubenia,
Que obtendrá la corona
En la palestra!

Susana   ¿No te parece bien que aquí en el césped
Sea nuestra reunión?

Apolo   Cosa muy buena;
Templada está la noche, y ni una nube
Nos oculta la luna y las estrellas.

ESCENA III

LOS DICHOS; DALMIRA, RUBENIA, ANARDA, ELENA Y FILENA ENTRAN CANTANDO

Al certamen glorioso
Van las pastoras,
A recibir laureles
De honor y gloria.

CORO

Viva Dalmira,
Que obtendrá la corona
¡Que le es debida!

Susana   Bienvenidas sean, caras amigas,
A este lugar donde con impaciencia
Susana os esperaba para veros
Ostentar el talento y la belleza,

294

Ya Dalmira y Rubenia vendrán, creo,
Cual dos competidoras bien dispuestas
A entrar en el certamen que a honrar viene
De las demás pastoras la presencia.
Yo me complazco y siento gozo inmenso
¡Al miraros aquí; oh amigas tiernas!
Y para que este dulce sentimiento
Una expansión mayor ahora tenga
A mis amantes brazos permitidles
Que gozosos os den hoy una prueba
De mis afectos, de ml amor constante,
De mi amistad tiernísima y sincera.
Sed todas bienvenidas!

Elena   ¡Oh Susana!
Dispénsame   si   ofendo   tu   modestia,
Diciéndote que crecen cada día
Tus nobles gracias, tu gentil belleza !

Susana   Mucho me favoreces, y me dices
Cuanto decir yo debería a Elena.

Rubenia   En efecto, Susana, no parece
Que eres pastora, pues se ven tan tersas
Tus manos y mejillas como rosas
Que al despuntar el alba se despliegan.

Dalmira   El sol como a las flores de los campos
No el color les altera, más lo aumenta.

Samuel   Dios sabe cuántos callos le habrán hecho
(Aparte)   Esos malditos rejos y correas.

Susana

Siempre me miran prendas que no tengo
La amistad de Dalmira y de Rubenia,
Y a decir mis elogios se anticipan
Antes que yo los suyos decir pueda.

Anarda

¡No extrañes, oh Susana! Que á estas horas
Nos mires en tu casa con la nueva
Del brillante certamen que esta noche
Van a tener Dalmira con Rubenia:
Llegó a nuestra cabaña, y no queremos
Dejar de concurrir a tanta fiesta...

Filena

Elena nos dió partie, y al momento
Dimos de mano a todas las tareas,
Pues un doble placer nos esperaba:
El escuchar la literal contienda,
Y el de mirarte a ti, que es el más grande,
Sin que esto una lisonja te parezca.

Susana

Nunca fuera mi casa más honrada
Como ahora, amigas, ni la conferencia
Tanto esplendor tendría y tanto gusto
Como los que dará vuestra presencia:
Mas sentaos, queridas, en la alfombra
Que de grama tejió Naturaleza.

Anarda

Es el mayor placer de los pastores
El sentarse a sus anchas en la yerba.

Samuel

Antes que nos sentemos, un abrazo
Dalmira me dará, y otro la Elena.

Dalmira

Con mil brazos, Samuel. (Abrazándole).

Elena   Con sumo gusto. (Abrazándole).

Samuel   ¡Oh, cómo mi alma de placer se llena!
                   Y si no son hurañas las muchachas
                   También pido otro a Anarda y á Filena

Anarda   Toma uno solo porque así lo quieres.

Filena   Y si más me pidieras más te diera.

Samuel   De gozo el corazón salta en mi pecho;
                   ¡Vaya, que esto es mejor que una merienda!

                                    (Sientanse).

Apolo   Ya se acabaron, pues, los cumplimientos,
                   Ahora al asunto vamos. Tú, Rubenia.
                   Comenzarás cantando lo que has hecho
                   De tu composición; luego comienza
                   Dalmira, con la suya, y después de esto
                   Se habrá de improvisar sobre materias
                   Que yo he de señalar.

Susana   Muy bien dispuesto.

Rubenia   Mas ya sabéis, señores, que mi vena
                   Es muy estéril, y que más deseo
                   Daros placer que merecer la ofrenda.

(Canta).

                   En un cestillo débil, arrojado
                   Al caudaloso Nilo fue Moisés,
                   Mas providente el cielo le conserva

Como en seguro y sólido bajel.
Náufrago entre los juncos y entre espumas.
Le vio la rubia Elonia, bija del rey;
El cesto se abre, y aparece el niño
Hermoso como un li
rio o un clavel

Crece el infante, y sus gracias crecen:
Amor inspira a aquellos que le ven;
Las ciencias todas del Egipto aprende,
Y ya le admiran Menfis y Gessén.
Tales principios tuvo aquel caudillo
Que Jehová mismo destinaba a ser
Terror de Egipto, gloria del hebreo.
Libertador del cautiverio cruel.

Susana   Rubenia, yo te diera mil laureles,
Mas es fuerza escuchar tu compañera.

Dalmira   ¿Y qué dirá Dalmira, después de esto?
Pero a cantar me obliga la obediencia.

(Canta:)

Tras las ovejas iba a la cisterna
La pastorcilla, hija de Labán,
Bella cual rosa que purpúrea se abre,
Cuya hermosura nunca tuvo igual.
La vio Jacob, y Amor que lo acechaba,
Dorada saeta saca del carcax,
Le hirió en el pecho y el patriarca siente
Arder el alma en un fuego voraz.

298

Jacob por sus trabajos no desea
Ni mayor premio, ni mayor merced
Que la ventura de ser el esposo
A quien su suerte vaya a unir Raquel.
Siete años sirve, y como en un momento,
¡El amor le hace que los vea correr!
¡Ah! ¡Nunca el mundo viera tal constancia!
¡Nunca Jamás un corazón tan fiel!

Elena   ¡Bravo, Dalmira!

Susana   ¡Es excelente cosa!

Samuel   ¡Caramba, que las niñas las menean!

Filena   ¿Oyes, Anarda?

Anarda   La sorpresa, el gusto
               ¡De lo que admiro me hacen que enmudezca!

Apolo   Ahora hablarás, Rubenia, de improviso:
               La presencia de Dios, asunto sea.

Rubenia   Fácil materia es, pues la contemplo,
               Apolo, a cada instante. Con licencia.

(Recitando)

Doquiera que los ojos
Inquieta vuelvo en cuidadoso anhelo,
Allí, gran Dios, presente
Atónito mi espíritu te slente.

Allí estás, y llenando
La grandiosa creación, sobre alto empíreo
Lleno de luz te asientas
Y tu gloria inefable a un tiempo ostentas.
Yo te miro en la llama
Del sol brillante, y sobre el raudo viento
Con ala voladora
Cruzas desde occidente hasta la aurora.
¡Gran Jehová! Todo, todo.
Tu inmensidad lo llena.
Del invisible insecto al elefante,
¡Del átomo al cometa rutilante!
Por doquiera infinito,
Te encuentro y siento en el florido prado
Y en el luciente velo
Con que la hermosa noche entolda el cielo.
¡Oh! Quieras, gran Jehová,
Mis pasos dirigir, para que dignos
De tu presencia sean.
¡Y doquier tu deidad mis ojos vean!

Apolo   Dalmira, sabes ya el primer cuarteto
De aquel epitalamio que escribieras
A la boda de Cleofas? Pues sobre éste.
Dos 6 tres versos, de improviso aumenta.

Delmira   Repetiré el cuarteto que me pides,
Y luego añadiré lo que me ordenas:
¡Placer de los cielos, delicia del mundo!
Oh numen fecundo propicio a mi voz
De tiernos   amantes   corona   el   deseo,
¡Desciende himeneo, desciende veloz!
Tú al nido aprisionas con grillos salves

Las tímidas aves en plácida unión.
Y al yugo amoroso tú inclinas la frente
Del tigre inclemente, del fiero león
Si gime viuda la tórtola bella.
Con blanda querella te pide otro amor:
Sin ti los mortales, cual fieras atroces,
No oyeran las voces de patria y hogar: (*)
Ven, pues, himeneo, desciende del cielo
Ven, dulce consuelo de la sociedad.

(*). Martínez de la Rosa.

Susana   Un abrazo me dad, queridas mías
                  Honra de estas cabañas

Elena   Y yo os pido
                  Que igual favor me hagáis

Samuel   Las mismas musas
                  Mejor no quedarían: vuestros picos
                  Merezcan ser dorados o engastados
                  En aro paro de la Arabia traído

Anarda   Aunque de vuestra ciencia ya la fama
                  Por todas las cabañas se ha extendido,
                  Nada es lo que se dice, comparado
                  Con lo que ahora nosotros hemos visto.

Filena   Tan admirables son cantando al punto
                  Como versificando de improviso.

Susana   No sé a cuál de las dos dé preferencia.

Elena   Los premios la una y la otra han merecido.

Rubenia   Mucho favor nos hace vuestro aplauso.

Dalmira   El amor las deslumbra y el cariño;
Bien sabéis, mis amigas, que aborrezco
De vil adulación el negro vicio.

Elena   Y de mí ¿no tuvisteis tantas veces
De la sinceridad claros indicios?

Samuel   Yo os digo la verdad imparcialmente:
Ninguna se aventaja, y por lo mismo,
De igual premio son dignas; vuestros jueces
Harán muy mal si forman otro juicio.

Susana   Pues yo a Rubenia pongo esta guirnalda
Que de laurel y rosas he tejido.

Elena   Y yo á Dalmira doy esta medalla,
Que la lleve pendiente del cintillo,
Que dé a entender a todas las pastoras
Que la ganó en certamen muy lucido.

Rubenia   Aceptamos los dones, mas sabemos
Que gratis se nos hace el beneficio.

Dalmira   Llenas de gratitud por los favores,
A una y otra las gracias os rendimos.

Apolo   Ciertamente, pastoras, yo os confieso
Que a una y otra los premios son debidos.
Mas yo ahora no pongo à vuestras sienes
Coronas de laureles ni de mirtos:
Otro premio os daré ¡cuánta ventura!
Que no marchita el tiempo ni el estío!

Rubenia   ¿Y cuál es ese premio?

Apolo   Una noticia
Una nueva de eterno regocijo.

Dalmira   Dínosla luego, Apolo; te escuchamos.

Anarda   No te detengas más para decirlo.

Filena   No nos tengas suspensas.

Susana   Di la nueva.

Apolo   Es que el Mesías anunciado ha siglos,
El que tanto desearon nuestros padres
¡Por su libertador, es ya venido!

Rubenia   ¿Nos engañas, Apolo?

Apolo   No, Rubenia:
Una verdad muy cierta es la que os digo.

Dalmira   ¿Le has visto tú? ¿Le has visto tú?

Apolo   ¡Ah! Dalmira.
Aún la dicha de verlo no he tenido.

Elena   ¿Y cómo lo supiste?

Apolo   Unos pastores
Velaban en la noche sus apriscos,
Y repentinamente en medio de ellos
Apareció un celeste paraninfo.
Ellos se estremecieron; mas el ángel

Les dijo: "No temáis, no, pastorcillos;
A daros nueva de Infinito gozo
Yo soy enviado por Jehová divino.
Vuestros votos cumpliéronse; ya el cielo
Llovió sobre vosotros su rocío:
De una virgen tan pura como el alba
El Salvador del mundo hoy ha nacido;
Id a Belén: en un pesebre humilde,
Envuelto en pobres llenzos, aunque limpios,
Veréis al invisible y al eterno,
Hecho mortal, llorando, pues es niño!"
Batió las alas, remontóse al cielo,
Haciendo resonar todos los riscos
Con voces armoniosas que decían:
"¡Gloria se dé al Señor en el Empíreo!
Paz en la tierra al hombre que tuviere
Un recto corazón, manso y sencillo!".
Corren al punto, y con sus propios ojos
Vieron aquel milagro, aquel prodigio;
Lo ven, lo adoran, y diciendo vuelven
Las maravillas de él que habían visto:
Yo los encuentro llenos de alborozo;
Ellos me lo contaron a mí mismo,
El hecho refiriendo de tal modo,
Que de duda no queda ni un resquicio.
¡Ah, pastoras, no sé cómo el silencio
He podido guardar; me fué preciso
Una violencia hacerme, inconcebible,
Para no prorrumpir en grandes gritos!

Samuel   Mujer hubieras sido, no te aguantas;
           Habrías reventado o mal parido.

304

Susana	¡No puedo creer lo que oigo! ¡Oh! qué consuelo!
Susana	¡El gozo me ha dejado sin sentido!
Rubenia	Déseme el parabién porque tal premio A nadie se le dio cual yo recibo.
Dalmira	Medallas y laureles, eso es nada: Apolo nos da premios Infinitos,
Anarda	¡Cuántas dichas gozamos esta noche! ¡Felices en estar aquí hemos sido!
Susana	Marchemos a Belén en el instante.
Elena	Sin detención tomemos el camino.
Dalmira	Corramos presurosas, y apostemos Quién ha de ver primero al infantillo.
Rubenia	Yo estoy de marcha ya. Espera un poco.
Susana	El cuerpo calentemos por el frío, Y en el obsequio de tan fausta nueva, Un trago echad, pastores, de este vino.
Samuel	¡Optimo pensamiento! La Susana Sabe atizar muy bien el regocijo.
Apolo	Brindo por los pastores venturosos ¡Que primero adoraron al Dios niño!

Rubenia   Yo, por el Dios que hecho hombre nos visita.
               Y a redimirnos viene compasivo.

Dalmira   Yo, por la joven madre cuyo seno
               Vistió de ser humano al ser divino.

Elena   Yo, por aquel varón que la gran dicha
               De ser esposo de ella haya tenido.

Anarda   A la gran libertad que nuestro pueblo
               ¡En esta feliz noche ha conseguido!
Filena   A la gloria de Israel, que de los pueblos
               Es hoy el más ilustre y distinguido.

Samuel   "Gracias al que nos trajo las gallinas!".
               Dijo un célebre autor: por ese brindo,
               Por el primero que exprimió las uvas,
               Y el molde nos dejó de hacer el vino.

Susana   Yo por Apolo brindo, que la causa
               Ha sido de tan grande regocijo.
Apolo   Mas paréceme a mí que si dispuesta
               Estaba la merienda, que es de estilo
               Después de algún certamen, es muy justo,
               Que la tomemos antes de partirnos.

Samuel   ¡Oh! ¡Qué talento tiene el buen Apolo!
               Ahora es cuando mejor lo he conocido..

Susana   Estaba preparada, mas la nueva
               Me ha dejado tan fuera de mi juicio
               Que todo lo olvidé, y así, pastores,
               Dispensadme prudentes este olvido.

(Sale y vuelve en el acto).
Ved aquí ya la cena.

Dalmira   Tan ligeras
Como quien en carbones encendidos
Camina, así cenemos.

Samuel   Poco a poco.
¿Por qué hemos de atorarnos si peligro
No hay de que el infante se retire
Del humilde lugar donde ha nacido?
De su mamá en los brazos amorosos
Muy contento se encuentra y quietecito.

(Siéntanse en el suelo a cenar, formando círculo.)

Susana   ¿Sabéis, pastoras, cómo me figuro
Al que vamos a ver?
Cual corderillo
Tan blanco y puro que la misma nieve
Lo podría envidiar.

Filena   Yo, cual narciso
Que se acaba de abrir en la mañana.

Rubenia   Yo, rosa de color tan encendido
Que el sentido deleita de la vista.

Dalmira   Y yo me lo figuro como un lirio,
Cándido como un copo.

Elena   Yo un modelo
Pienso que es de belleza, perfectísimo.

Anarda	Yo no puedo, por más que lo pretenda.
	Con la voz retratar ese chiquillo,
	Con todos sus encantos y sus gracias,
	Tal como aquí en la mente lo concibo;
	¿Y tú, Samuel?
Samuel	Cuando yo estoy comiendo
	No puedo hacer discursos; venga el vino,
	Que en llegando al portal a donde vamos
	Te diré lo que pienso de ese niño.
Dalmira	Deliciosa es la cena de Susana:
	Este torrezno está rico, muy rico.
Samuel	¿Y no querías antes que por brasas
	Pasáramos cenando?
Dalmira	Calla, amigo;
	Que a comer y rascar dice el adagio
	Basta que se comience.
Anarda	Así lo dijo
	Con mucha gracia una ocasión Ramiria,
	Que después de mil gestos desabridos,
	Al ver la vianda, luego que se sienta,
	Comió con tanta gana y apetito
	Que daba gusto ver cómo engullía,
	Y por poco se traga hasta el cuchillo.
Filena	Es un puro melindre esa Ramiria,
	Y hasta para comer tiene caprichos.
Samuel	Pero aun así, se tiene tal fortuna
	Que le salen a pares los maridos.

Apolo   Dame de ese cabrito una costilla,
Elena.

Elena   ¿De este dices? Toma, Apolo,
Y cómela con pan, que está exquisito.

Dalmira   Ufana con el premio de esta noche
De las manos de Elena he recibido,
Y algún tanto alegrona con la copa,

Alegre y más que alegre porque he visto
Cumplido el tiempo por que tantos votos
Hicieron nuestros padres, me ha venido
De ballar el deseo, y si Rubenia
Darnos el place de divertirnos
Con su dulce armonía, con Susana
Danzaré un poco.

Todos   ¡Bueno!

Susana   El baile elijo
Que aprendimos de Apolo, y que otro tiempo
Un premio me alcanzó.

Rubenia   Bien ha escogido:
Y es el más propio en noche tan festiva;
Estoy pronta: mi son ya da principio.

(Bailan Dalmira y Susana; Rubenia y Elena cantan)

Danzando Susana
Es toda divina,
Y entre las pastoras
Es sola Dalmira.

309

Miradlas, pastores.
Con qué ligereza
Se mueven y danzan
¡Esta noche buena!

Samuel   ¡Hola! ¡Y qué bien lo hacen las pastoras!
Ya me voy animando a ser marido.

Susana   Tú, que el balle enseñaste, amigo Apolo.
Apúrate esta copa; el vino es rico.

Apolo   Ahora, sí, pastorcillos, a Belén:
A Belén emprendamos el camino.

Dalmira   ¿Y hemos de ir en silencio como a entierro?

Samuel   Nequaquam! que hemos de ir dando mil gritos.

Dalmira   A Rubenia y a mí nos corresponde
Improvisar un cántico festivo.

Apolo   Y a vuestro ejemplo, los demás pastores
Hemos de improvisar el estribillo.

ESCENA IV

**LOS DICHOS: MARCHAN Á BELEN EN PAREJAS,
FORMANDO CÍRCULO EN EL ESCENARIO;
CANTAN.**

DÚO
Montes y collados,
Saltad de contento
En el nacimiento

De vuestro Criador
Avecillas tiernas
Dejad vuestro nido
Pues que hoy ha nacido
El más claro sol.

Estribillo.
En Belén se miran.
Maravillas tales,
Corramos zagales,
No haya detención!

DÚO
Al orbe amanece
El astro radiante
Que anunció Jacob
La estrella brillante
Las tinieblas huyen
De la noche oscura
Brilló la luz pura
Con pulcro arrebol

Estribillo.
En Belén se miran
Tales maravillas:
Corred, pastorcillas.
No haya dilación.

DÚO.
La vara lucida
Del tronco fecundo
Que esperaba el mundo
Hermosa brotó.
Y de este pimpollo

Que el rocío riega
Su capuz despliega
La cándida flor.
En Belén, etcétera.
Cesó el cautiverlo
En que Israel gemía,
Vino el sacro día
De la redención.
El Dios de Sabáot
Con potente mano.
Derrocó al tirano,
Libertad nos dio.

(Descubren el portal.)
En Belén, etc.
Vedle allí, zagales,
Mas bello que el cielo,
Su llanto es consuelo,
Su risa perdón.
¡Oh Belén ingrata!
El asno le acata
El buey le adoró.

Estribillo.

Nuestros ojos vieron
Maravillas tales;
Démosle zagales
Tierna adoración.

ESCENA V

LOS DICHOS; EL NIÑO, LA VIRGEN, SAN JOSÉ.

Apolo   ¡La gruta miro en cielo convertida!

Susana   ¡Sin voz me deja el júbilo y el pasmo!

Dalmira   ¿La gloria es esta, Elena? ¿O es un sueño?

Elena   Yo sólo sé decirte que embargados.
                ¡Mis sentidos están!

Filena   ¡Oh! ¡Qué portento!
                ¡Todo él es un hechizo, es un encanto!

Anarda   Un temor reverente me detiene
                Para echarme a los pies del humanado
                ¡Verbo de Dios!

Rubenia   Los mismos serafines
                ¡Están en su presencia anonadados!

Apolo   A la madre... yo creo conocerla...

Samuel   Pues mira, yo conozco a aquel anciano;
                Él es de Nazareth buen carpintero,
                Y me ha labrado a mí un hermoso banco.

Apolo   ¡No hay varón más feliz! ¡Ah! Ni los reyes
                Que moran en magníficos palacios
                Tienen tanta ventura como hoy goza
                Este buen viejo ante ese humilde establo.

José　　　　No temáis acercaros, pastorcillos;
Este niño que veis tan humillado
Vino desde el Empíreo, y a vosotros
Primero quiso ser manifestado:
Es el hijo de Dios a quien los males
Enternecen del hombre: el que se asienta
En trono excelso: aquel a quien adoran
El serafín y el querubín temblando:
Es el que dio la vida al Universo.
El que términos puso al vasto océano,
El que impera en las nubes y en los vientos:
A él le obedecen tempestad y rayos.
Mas ahora reducido a débil niño
Lo veis en esas pajas tiritando:
Vino a salvar al mundo, mas no busca
De sus antecesores los palacios,
Ni llama a que le adoren en su cuna
A los que empuñan cetros en las manos,
...................................(*).
Ni a los soberbios ricos ni a los vanos:
Ninguno de estos se ha encontrado digno
De adorar a su Dios en este establo.
A vosotros, deshechos de la plebe,
...................................(*)

　　　　(*) Falta un verso.

Ahora os llama a su cuna y a vosotros
Va a revelaros siempre sus arcanos.
Dejad que altivos reinen en su alcázar
Esos grandes del mundo y que el fausto
Y la malicia al orgulloso rico.
Tengan adormecido y embriagado.
Esta es toda su herencia; mas vosotros

Sois los hijos de Dios: ¡regocijaos!
Un reino y un imperio se os promete
Que no os podrá quitar ningún acaso.

Susana

¡Oh! ¡Qué grande ventura! Feliz madre
¡Que diste al mundo tan dicho 30 parto!

Elena

No habrá quien no os proclame por dichosa:
¡Todos bendecirán tu vientre casto!

María

Ningún mérito tuve, pastorcillas,
Para que se me diera un bien tan alto:
De esta su sierva humilde la bajeza
Miró Jehová, y a este sublime estado
¡Quiso elevarme!

Rubenia

Alegraos, señora:
Vos sola sois la que todos desearon.

María

Mi alma al señor alaba y engrandece,
Y de fervor mi espíritu bañado.
Se regocija en Dios, mi salvador,
Que quiso hacer en mí prodigios tantos.

Dalmira

¿Permitiréis, señora, que a sus pies
El corazón y el alma le rindamos?

María

El hijo de mi vientre, pastorcillas,
Nació para vosotras, ¡adoradlo!

ESCENA V

LOS DICHOS; LA ADORACIÓN

Susana
(postrada)

Yo la primera soy que aquí a tus plantas.
Hijo de Dios, te adoro y te consagro
Todo mi ser, mi cuerpo, y mis sentidos
Y todo el corazón ¡oh dulce encanto!
Y como a mayoral de los pastores
Un pequeño tributo quiero daros:
Temblar de frío os miro y, por lo mismo
Yo quisiera cubriros con mi manto:
Tomadlo vos, señora, y yo merezca
Aliviar de este modo tu trabajo.

María

El que los cielos viste de luz pura
Y con magnificencia adorna el campo,
Acepta vuestra ofrenda, y os promete
De la inmortalidad la estola daros.

(Cantan:)

El que es fuego de amor
Tiembla de hielo;
Con su manto, Susana,
Lo ha cubierto.
Y él le retorna
Con estola Inmortal
De eterna gloria.

Elena

De mayor gloria el corazón no enciende
La altiva reina cuando al trono asciende,
Como la que yo siento en este día
Al postrarme a tus plantas, alma mía.

Tan pobre os miro en esa dura paja,
Que me atrevo a ofreceros esta faja:
Es dádiva pequeña, ¡oh tierno niño!
Pero es un testimonio de cariño
Y del amor con que te adora Elena,
Que al veros padecer, muere de pena.

José   El corazón y no la ofrenda mira
El que tanto fervor y amor te inspira:
Él os retornará vuestra largueza
Con cíngulo inmortal de la pureza,
Virtud que es a sus ojos tan preciosa
Por donde el alma llega a ser su esposa.

(Cantan:)

Una faja preciosa
Ha dado Elena
Al que viste los cielos
De luces bellas;
Y ella merece
Cíngulo virginal
Que se le ofrece

Rubenia   Crueles pajas te punzan, y los hielos
Te hacen temblar ¡oh gloria de los cielos!
Y no habrá de llorar esta pastora
¿Cuando ve que su Dios por ella llora?
Lágrimas vierto, y quiero con mi llanto
Regar tus tiernas plantas ¡oh, Dios santo!
Y en prueba de mi amor, a vuestra frente
Consagro esta corona reluciente
Que en certamen gané, porque vos solo
Debéis reinar del uno al otro polo.

317

María	El ceñirá tus sienes, pastorcita,
	Con guirnalda que el tiempo no marchita.

Dalmira	Yo, en su pecho de nieve,
	Quiero que el niño lleve
	Esta medalla que me daba gloria,
	Porque siempre me tenga en su memoria:
	Mezquina es esta ofrenda.
	Pero es la sola prenda
	Que la pobre Dalmira puede daros
	Del amor con que siempre habrá de amaros.

José	Con el sello indeleble y permanente
	De los predestinados, vuestra frente
	Habrá de ser marcada; y el infante
	Vuestro amor pagará siempre constante.

(Cantan).

A sus sienes, Rubenia,
Ha consagrado
Guirnalda que en certamen
Había ganado.
Y la divisa
De su honor y su gloria
Le dio Dalmira.

Apolo	¡Despreciaste, Señor, al poderoso,
	Y al pastor te has mostrado, niño hermoso!
	Pues yo, pastor humilde, te venero
	Esta lira armoniosa

María	Si por mostrar a mi hijo vuestro amor
	Vuestra lira le das, pobre pastor,

318

Entre las celestiales jerarquías
Habrás de oír eternas armonías.

Samuel Bien sabe que Samuel, señor José,
Es más pobre que usté
Y que anda el pobrecillo sin camisa,
Viendo en donde se guisa:
Mas porque el niño su cariño vea,
Le ofrece esta zalea.
Que es un poco más suave que esas pajas
Que el tierno cuerpecillo le hacen rajas:

(A José) De vergüenza no llego,
Y por eso en sus manos se la entrego.

José Más agradable le es este pellico
Que la ruidosa ofrenda de algún rico.

(Cantan).

A sus plantas Apolo
Puso su lira
Con que entre su rebaños
Se divertía.
Y su pellico
Dio Samuel en tributo.
A su Dios niño.

Anarda De mi cabaña ausente,
No pude traer ofrenda ni presente
Con qué obsequiaros ¡oh divino niño,
Mas blanco que un armiño!
Mas esta no será la última vez
En que Anarda se postre ante tus pies;

Y ahora por prenda el corazón te deja
Mientras de su rebaño trae una oveja.

Filena   Lo que Anarda profiere, eso repito,
Prometiendo al infante un corderito:
Y antes que a las cabañas regresemos,
Permitid que dancemos
Dando muestras de gozo y de contento
Por tan fausto y tan noble nacimiento.

(Bailan).

ESCENA VI

LOS DICHOS; LA DESPEDIDA

María   Ya visteis, pues, pastores,
Al que desearon ver vuestros mayores.
Id, pues, a las cabañas.
Referid maravillas tan extrañas,
Que yo conservaré siempre en mi pecho
Lo que por él habéis ya dicho y hecho.

Apolo   Yo os rindo, gracias,
Dios Omnipotente, Benéfico y clemente.
Que a remediar veniste nuestros males.
Y a unos pobre zagales
Quisiste bondadoso
Revelar un misterio tan glorioso!

Rubenia   ¡Sed por siempre dichosa, feliz madre!

Dalmira   Y el putativo padre

Que goce tanto bien por muchos años.

Susana Beneficios tamaños,
Jamás, jamás olvidará Susana.

Elena ¡Oh! Cuán de buena gana
Quedara con María esta pastora:
Pero es fuerza partir; ¡adiós señora!
Crezca a tu lado el niño en perfecciones,
En ciencia y en edad.

María Las bendiciones
Que trae consigo el hijo de mi seno,
Todas de lleno en lleno
¡Vengan sobre vosotros sin reposo!

Anarda Adiós, niño precioso,
¡Dulce prenda del alma, sol divino!

Filena ¡Adiós diamante bello y peregrino!

Samuel Adiós, mi grande amigo;
El hijo de Jehová queda contigo.

José Id, alegres pastores,
Cantando de Jehová divinos loores.
                              (Se cierra el portal).

ESCENA VII

LOS PASTORES SE RETIRAN CANTANDO EN EL MISMO ORDEN EN QUE LLEGARON

DÚO

Bendiga el orbe todo
Al Dios omnipotente,
Que ya trajo clemente
De Israel la libertad.

CORO

Bendecidle pastores,
Alabadlo, zagales,
Y todos los mortales
Le alaben sin cesar.

DÚO

Bendíganle las fuentes,
El aura y el rocío
El mayo y el estío,
El caudaloso mar.

Bendecidle pastores, etcétera

Bendíganle los astros
Y el vasto firmamento,
El impetuoso viento,
El rayo y tempestad.

Bendecidle pastores, etc.
Bendíganle, pues quiso
Bajar del alto cielo,
Y abatirse hasta el suelo
Por querernos amar.

CORO

Bendecidle, zagales
Adoradle pastores,
Y vosotros, señores,
¡En albricias dará.

ALBANO

Personajes

La pastora Luceria
La pastora Dania
La pastora Ester
La pastora Berenice
El pastor Albano
El pastor Ismael

El pastor Ircano y el pastor Sopiro

ACTO PRIMERO
Un bosque

ESCENA I
ALBANO E ISMAEL, ENCONTRÁNDOSE

Albano
Te encuentro más alegre que otros días,
Mi caro amigo Ismael; hoy en tus labios
Advierto una sonrisa que me dice
Que estás de buen humor y que, olvidando
Tus vanas pretensiones, te conformas
Con esta posición que te ha tocado.

Ismael
En verdad, no te engañas; muy contento
Y muy sereno estoy, amigo Albano;
Pero la causa no es la que tú dices
De mi conformidad con este estado.
A ser pastor no puedo resignarme.
....(*)
(*) Falta un verso

Y desde que Sidonio me predijo
Que mis destinos eran de otro rango,
La ocasión sólo espero favorable
Para dejar las cabras y los prados.

Albano
¿Por qué estás, pues, alegre?

Ismael
¡Ah, mi querido!
Porque he cumplido ayer dieciséis años;
Sé leer y escribir ¡gracias al cielo!

Y supe aprovechar algunos ratos
Que me dejaron libres las ovejas,
Y el tiempo no he pasado muy en vano,
Así es que luego dejaré estos riscos,
Y en alguna ciudad me habré instalado,
Y heme allí un pastorcillo despreciable
Convertido en grande hombre por milagro.

Albano   ¿Y sólo en la palabra de Sidonio
Tienes por verdaderos sus presagios?
Lo que ha de suceder en lo futuro,
¿Quién puede sino Dios adivinarlo?

Ismael   Sidonio lo adivina porque tiene
Una ciencia profunda de los astros;
Supo que yo nací por mi fortuna
Cuando en el cielo dominaba Acuario,
Y él me dio el parabién,
porque su influencia
Dichas anuncia a mis futuros años.
"Algún día" —me dijo — "Pastorcillo,
soltarás de la mano ese cayado;
Ahora eres pobre; mas si al cielo creemos,
Trocarás la cabaña en un palacio".
"Desde entonces no pienso en otra cosa
Sino en que llegue el tiempo señalado;
Ahora, pues, que adelanto en mis edades
Lo miro ya, en mi juicio, muy cercano.

Albano   Y cuando en la ciudad vivir consigas,
¿Qué es lo que piensas ser?

Ismael   Un magistrado,
Un capitán del rey, que no es extraño

Que de pastor se llegue a ser ministro,
Pues ya la Biblia nos refiere un caso;
Pastor era Josef, y lo hemos visto
Ministro del Faraón y con el mando
De la nación egipcia; y a sus plantas,
Adoración rendirle sus hermanos.

Albano ¡Qué simple eres Ismael! ¡Esos son sueños!
Que tu imaginación han trastornado;
Ese es un caso raro que la historia
No volverá a escribir más en sus fastos.

Ismael Te equivocas, Albano; estas mudanzas
Las vemos repetirse a cada paso;
¿Quién era Zamorín? Era un pilluelo,
Era un pobretoncillo, un joven vago,
Y ya sabes el ruido que ha metido
Su nombre allá en su país, y que su bando
Aún no puede olvidarlo y hace esfuerzos
Para darle opinión y eternizarlo.
¿Y qué principios tuvo Feracino?
Huérfano, su niñez pasó de criado
De uno de los levitas, y ya joven
Sirvió en el templo; pero pocos años
Hace que lo hemos visto, con asombro,
De su patria obtener destinos varios.

Albano Es verdad lo que dices; de esos hombres
La fama hasta nosotros ha llegado;
Mas natura les dio grandes talentos
Que negarles no pueden los sensatos,
Y al favor de las guerras intestinas
Tuvieron ocasión de aprovecharlos.

Ismael   ¿Y qué talentos poseyó Gardenio,
             Aquel joven feroz, aquel bastardo
             Hijo de un extranjero, que a la Siria
             Tal vez sabrías que llenó de espanto?

Albano   Tú mismo me has contado de ese joven
             La historia y la conducta que ha observado,
             Y allí se ve que su valor y arrojo
             Fortunosos le dieron esos lauros.
             Mas tú, ¿lo imitarás?
             Tú, que has nacido
             Con corazón y genio tan humanos,
             ¿Querrás hacerte grande aun cuando
             puedas, Por medio del terror, tiranizando?
             Tú no tienes, Ismael, disposiciones
             Para ser de los hombres el tirano.

Ismael   Pues mira otro ejemplar; mira a Batilo,
             A quien nosotros conocemos tanto;
             Sin valor, sin talentos, sin maneras,
             Y más feo que Picio el renombrado,
             Nació en pobre rincón, oscuro y triste,
             Hijo y nieto de pobres artesanos.
             Míralo allí tratando con desprecio
             Aun a los ciudadanos más honrados,
             Maltratando a sus criados con apodos
             De ladrones, bribones y villanos;
             Míralo allí cercado de un cortejo
             De los sujetos que se creen más altos
             Que, aunque allá en su interior lo
             menosprecian
             Por su origen oscuro y su descaro,
             Más lo adulan, y él se infla como un globo,
             Sin poder conocer su torpe engaño,

Esto me hace confiar que en mí se cumpla
Lo que Sidonio descubrió en los astros .

Albano   El dinero te falta que a Batilo
Suple por el talento y el trabajo;
¿Lograrás conseguirlo?

Ismael   No es difícil
Pasar de pobre a rico por encanto;
Sidonio, tan perito en este mundo,
Sus lecciones me ha dado como un sabio.

Albano   Dímelas, pues, Ismael, que por saberlas
Ya la curiosidad me está picando.
Y si de practicarlas son posibles,
Tal vez contigo dejaré los campos,
Porque si de ambicioso nada tengo,
De la codicia me ha tocado un rasgo.

Ismael   Díjome, pues, Sidonio:
"Si algún día
Fueres en la ciudad avecindado,
Vístete como un rico aunque en la a casa
No enciendas fuego y aunque bostezando
Estés a cada instante por el hambre,
Haciendo tus ayunos al traspaso.
Todos los que te vieren a la moda,
Forrado en terciopelos y en brocados,
Llevando un par de piernas revestidas
De medias finas, y con buen zapato,
Te supondrán nacido de un linaje
Que haya traído su origen de un palacio.
Te dirán caballero y por el traje
Habrás de ser de todos respetado.

Con esto tendrás crédito y entrada
En las casas de tono y alto rango;
Y de aquí partirán todas tus dichas
Y la riqueza te vendrá a las manos.
Ya podrás ser tutor, que es una ganga,
Aunque al pupilo dejes ayunando;
Hallarás protector que un Ministerio
Obtenga para ti, exagerando
Tu talento y saber, con tal que seas
De su opinión y su querer esclavo,
Y si a esta gran altura en el momento
No puedes ascender de un solo salto,
Haz tu ensayos dirigiendo pleitos
Y a simples litigantes desplumando".
Me ha indicado otros medios que por ahora
El referirlos te daría enfado.

Albano   Esas cosas, amigo, son teorías,
Y no cambio por ellas mis ganados.

Ismael   No dices bien, Albano, que Sidonio
Me ha presentado los ejemplos claros;
Y en verdad que yo he visto hombres no pocos
Que muy pobres nacieron y se criaron,
Que con solo haber ido a una campaña,
Con solo haber tenido en el Erario
Algún manejo, arrastran ahora coches,
Y servidos se ven de muchos criados,
Basta una sedición, basta un tumulto,
Basta una rebelión en el Estado
Para ver conversiones admirables,
Centuriones se ve que no pasaron
La escala de soldados y a los puestos

Consiguen ascender más encumbrados,
Y mientras sucede esto en las ciudades,
Di: ¿qué es lo que sucede acá en los
campos?
Nos mandan a la guerra porque de ella
No nos atañe nada y peleamos
Causa que no sabemos, y la gloria
La lleva el General; mas el soldado
Que salió de los montes, a ellos vuelve
A contar sus desdichas y trabajos,
A curar sus heridas mientras puede
Conducir el arado o el rebaño,
Quedándose tan pobre como era antes,
Sin que aquellos que, llenos de entusiasmo,
A morir lo exhortaban por la patria,
Le manden por socorro ni un centavo.

Albano   Es verdad lo que dice; lo confieso;
Este es el proceder del cortesano
Con el humilde agrícola; mas esto
No te alucine, Ismael. En nuestros prados,
En nuestros bosques, riscos y montañas,
Quieta vida se pasa; los cuidados
Que a los grandes agitan, nunca llegan
A agitar del pastor el sueño grato.
A más de que si alguno, por fortuna,
De oscura condición se ha levantado,
Estos muy pocos ves tú; mas no reparas
Lo que pudiera darte un desengaño.
Que por uno que llega a ser dichoso
Hay millones que viven desgraciados.
¿No ves cuántos mendigos por las calles
Piden por Dios un pan, casi llorando,
Y que por pan reciben un desprecio

Que su infortunio aumenta al desdichado?
¿No ves a cuántos la miseria obliga
A la ignominia de tener un amo,
O al servicio de una ama desdeñosa,
La dignidad del hombre degradando?
¿No es mejor nuestra vida independiente,
Nuestra igualdad de rangos y de tratos,
En que el señor de tierras y de ovejas
A su pastor lo trata como hermano?
Deja esos pensamientos de ciudades
En que Sidonio está tan preocupado;
Piensa en establecerte, mi querido,
Aquí donde naciste, respirando
Un aire puro y no el que se respira
Allá en los pueblos, lleno de contagio,
Yo sé que te ama Ester, y si consigues
Tenerla por esposa, en sus ganados
Tendrás una fortuna positiva,
Y serás luego dueño de un rebaño.

Ismael   Yo también amo a Ester; mas los amores
Que ves entre nosotros son muy castos;
Son amores de niño, sin que nunca
En unirme con ella haya pensado.
Mas sobre esto hablaremos otro día;
Tus reflexiones, lo confieso Albano,
Me dan en qué pensar; en mis proyectos
Me siento ya remiso; mas me parto
Porque dejé dispersas las ovejas
Y voy a recogerlas.

Albano   Vé, y temprano
Vete acá con nosotros.

Ismael	¿A qué parte?
Albano	Luceria nos convida con Ircano.
Ismael	¿Y qué objeto tendrán?
Albano	Es que han concluid Con éxito feliz hoy sus trabajos; Sus viñas dieron abundante vino, De trigo los graneros han llenado, Retozan los corderos en manadas Alegrando los ojos de sus amos, Y trasquiladas todas sus ovejas Gran copia tienen de vellones blancos; La bendición de Dios cayó sobre ellos, Y por albricias quieren festejarnos.
Ismael	¡Oh! Yo estaré puntual; cuando anochezca Con mejor genio me verás (Váse)
Albano	Te aguardo.

ESCENA II
ALBANO, SOLO

Albano	Parece que el enfermo va de alivio; Yo tomaré el empeño de curarlo; Sidonio le ha volado la cabeza Con necias predicciones de los astros, Haciéndole pensar que en las ciudades Se vive con más gusto que en el campo Esta noche que beba el simplecillo De generosos vinos sendos vasos Y que mire de Ester aquellos ojos

Azules como el cielo, y sonrosado
El color de su rostro, y la guirnalda
Que adornará su frente, y su castaño
Y rizado cabello, no hay remedio
De amor su corazón será abrasado;
Verá cuán inferior es el melindre,
La afectación, el desdeñoso trato
Que ha visto en las ciudades populosas
Que con tanto tesón le han ponderado.
Al sencillo candor de las pastoras,
Que se hace tan amable sin pensarlo!
Me voy a preparar los instrumentos
Que tengo de tañer; ya mi rebaño
Reposa en el corral; más allá vienen
Berenice y Ester; me andan buscando,
A lo que me parece, pues al verme,
A este lugar han dirigido el paso.
Oh, mis amigas! (al acercarse).

ESCENA III
EL DICHO, BERENICE Y ESTER

Berenice
¡Qué pesadas chanzas!
Muy bien, Albano ¡cierto! te has portado,
Que esperar nos hiciste en tu cabaña,
Desde que el sol estaba en lo más alto.

Ester
Y si no se me ocurre que saliésemos
A ver si por fortuna te encontrábamos,
Allí nos hallaríamos sentadas
Sin sabernos qué hacer, ni de qué
Hablarnos!

Albano
Me encontré con Ismael, con quien estuve

336

En un conferencia largo rato;
Me habló de sus proyectos de pasarse
A ser de grandes pueblos ciudadano,
Formando en su cabeza mil jardines
Que ya creía verlos realizados.

Berenice   Ha tiempo que esas falsas ilusiones
Están al pobrecillo atormentando.

Ester   A mí me ha hablado de eso muchas veces;
Y cuando por acaso me ha encontrado
Hecha toda un sudor de haber corrido
Tras un ternero y un malvado cabro,
Con la respiración interrumpida
Y a punto de caer por el cansancio,
Haciéndome sentar junto a una fuente
O recostarme junto a algún peñasco,
¡Qué lástima —me ha dicho— Ester, amiga,
que malogres aquí tus tiernos años,
quemando el sol tu piel tan delicada,
y el cordel en tus manos creando callos!
Dejemos esta vida y la fortuna
Vámonos a buscar en los poblados;
Eres hermosa, Ester, y esto te basta;
Esto te recomienda demasiado,
Apenas te verán los jovencillos
Ricos y nobles y de todo rango,
Cuando tú les inspires simpatías,
Y cada cual te ofrecerá su mano.

Berenice   Muy mal ese pastor, conoce el mundo;
Ya la experiencia a todos ha enseñado
Que si aman a una aldeana tales jóvenes,
Muy rara vez su amor ha sido casto;

337

Nos aman con pasiones criminales,
Mas unirnos a sí nunca han pensado,
Después que a una infeliz han hecho objeto
De vergüenza, de befas y de escarnio,
Riéndose de su víctima, a otra escogen
Para hacerla subir al nupcial tálamo.
¿No es esto lo que vemos?

Ester   Es muy cierto;
Pero seguía Ismael reflexionando:
"¿Y qué vida tendrás" —decía— entonces?
Jóvenes que no tienen los encantos
De la hermosura que Naturaleza
Con tanta perfección a ti te ha dado,
Viven en grandes casas amuebladas,
Sin conocer el hambre ni el trabajo.
Duermen hasta que quieren; se levantan
Cuando les place más, y ya los criados
En limpia mesa preparados tienen
Para su señorita los regalos.
Comen aparentando inapetencia;
De lo más sazonado hacen mil ascos;
Luego al espejo van y muchas horas
En arreglar se pasan sus ornatos.
Hoy no pueden coser; están cansadas,
Porque toda la noche se ha bailado;
Algo manda la madre, mas no pueden;
Hay indisposición, sienten desmayos;
No salen como tú, a todas horas,
Aunque te abrase el sol o lluevan rayos;
Se guardan de la brisa y de que el fuego
O el aire altere el blanco de sus manos,
 Así podrás vivir sin que te cueste
Tantos afanes este pan amargo,

338

Sentada a una ventana o a una puerta,
Sin hacer otra cosa que… cantando ".

Berenice   Ismael, no hay duda, solo ve las cosas
Por donde agradan; no les mira el lado
Que favorable no es. En las ciudades
Hay una diferencia en los estados
Que nunca es tan notable en las aldeas
Donde casi a un nivel todos estamos.
El mira sólo a los que están arriba,
Pero no considera a los de abajo.
Si señoritas hay, también hay criadas
Que tienen que pasar sus malos ratos,
Que velan y madrugan mientras duermen
En colchones sus amas y sus amos,
Que sin poder entrar en los salones
Han de habitar en un inmundo cuarto,
Que han de sufrir los gestos desdeñosos,
Los malos tratamientos, los regaños;
Que si lloran los niños o se enferman,
Ellas la culpa tienen, y que, aun cuando
Sean cumplidas, fieles, no por eso
La confianza merecen y el agrado.
Esto no considera; mas ¿qué hacemos?
La noche ya se acerca y te buscábamos
Para que a la cabaña de Luceria,
Según nuestro convenio, nos partamos.

Albano   Con ese fin, de aquí me retiraba
Dejando ya seguro mi rebaño;
Ismael irá; también irá Sopiro
Que no se tardarán en ir llegando.
Pero bien, mis amigas, ¿qué habéis hecho?
¿Os habéis ensayado en algún canto?

¿Tenéis algo de baile? Yo presumo
Que habéis tenido en esto gran cuidado;
Siempre nos sorprendéis con cosas nuevas,
Y si ahora no lo hicierais, fuera extraño.

Ester   Sabemos una simple tonadilla
Que, por nueva, será de algún agrado.

Albano   Tened a bien cantarla, pues yo quiero
De ella imponerme si he de acompañaros.

Berenice   Es tan sencilla, que una vez que la oigas,
Ya podrás adornarla sin trabajo.
                    (Cantan Berenice y Ester).

De mi pastor ausente
Ya no oyen mis ovejas
Más que llantos y quejas
Que exhala el corazón.
Y cuando sus rebaños
Con los míos juntaba,
Mi ventura cantaba
En alegre canción.

Entonces en los riscos
Más tristes y escarpados,
En las selvas y prados
Encontraba el placer.
Ahora encuentro en ellos
Objetos enfadosos,
Recuerdos dolorosos
¡Que me hacen padecer!

Albano   Muy bien lo hacéis; la voz es excelente;
Y aunque hallo melancólicos los versos,
La música es divina, y si os parece,
Mientras dura el camino compondremos
Otra letrilla, análoga a la fiesta,
Que no es difícil lleve el mismo metro.

Ester   ¿Y quién la letra da?

Albano   Yo, que de poeta,
Tengo por estos montes gran concepto,
Púsoseme una vez allá en mi mente
Hacer, como otros hacen, un soneto;
Y aunque bien conocí mi estéril vena
Y aunque no recibí pizca de ingenio,
"¿En qué puedo topar?" —dije— y al punto,
Sin saber una regla ni haber visto
Los poetas palestinos ni los griegos.
Sabiendo que los versos se medían,
Medí con un palito mis cuartetos,
Dilos a luz; y como en estos bosques
Apenas tiene un ojo quien no es ciego,
Y en mirando renglones consonantes,
Aunque no digan cosa, son muy buenos,
Cayeron por fortuna entre las manos
De uno que aquí se tiene por discreto.
Se le antojó alabarlos al tal hombre,
Y ya corre la fama en el momento.
"¡Albano es poeta!" —repitieron todos…
y poeta aquí me veis hecho y derecho.

Berenice   Y sólo ese soneto que nos dices
¿Es lo que ha producido tu talento?

Albano	No, Berenice; ya mis disparates
	Que, por mal nombre, aquí se llaman versos
	Un tomo formarían si cayeran
	En manos de impresor o de librero.
	Versos me piden todos, a manejos;
	Convites para bailes, para entierros;
	De modo que yo soy una campana
	Que, con el mismo estilo bronco y seco,
	Repicar debo alegre en las funciones
	Y doblar melancólico por muertos.
	Pésames hago en verso a los dolientes;
	Compongo epitalamios de himeneos;
	Si se van, si se vienen, parabienes;
	O si las silla toman de un empleo,
	Si algún partido cae o se levanta,
	En que a mí no me va ni más ni menos,
	Me hacen decir en verso alguna cosa,
	Aunque no tenga el mismo sentimiento.
	Se me piden sainetes, pastorelas,
	Cosas muy superiores a mi ingenio,
	Y porque nada falte a mi destino
	También hago la música del verso.
Ester	¡Enhorabuena, mi querido Albano!
Berenice	¡Hoy tenemos feliz descubrimiento!
Ester	Y bien, Albano, dime, la poesía
	¿Te deja en el bolsillo muchos pesos?
Albano	Ester, yo te diré cuáles han sido
	De mi poético oficio los efectos;
	Gasto cada semana muchas plumas
	Y de papel consumo muchos pliegos.

Soy un sastre que pongo aguja e hilo
Y además el retazo del remiendo.
Mientras que estoy buscando un
consonante
Para felicitar un casamiento,
Me dicen que al rebaño ha entrado un lobo
Y que ha descuartizado dos corderos.
Mientras hago letrillas de convite
Para llamar las gentes a un paseo,
Lo que a mí me interesa lo abandono
Y en asuntos ajenos paso el tiempo;
Y no es esto lo peor, sino que a veces
Concito contra mí resentimientos.

Berenice   ¿Cómo puede ser eso, Albano mío?
Aunque tú me lo digas no lo creo.
Yo tu índole conozco y me persuado
Que a nadie de ofender tengas intentos.

Albano   Y en verdad, pastorcillas, no os engaño;
¿Supondréis con justicia que yo tengo
La indignación de un Juvenal mentado
Ni menos, la cultura y el ingenio?
Mas lo cierto es que varias ocasiones
Han dado mal sentido a mis conceptos,
No os voy a referir lances pasados,
Solamente uno os contaré, muy fresco;
Mas vamos caminando que ya es tarde,
Y el sol se va a ocultar tras esos cerros.
Cada año, ya sabéis que celebramos
Aquel día feliz para el hebreo,
En que rotas de Egipto las cadenas
Salimos de ominoso cautiverio,
A este objeto compuse yo una letra

Con muy sana intención, os lo confieso.
Hablé de la impiedad de los gitanos,
 Execré de Faraón el cruel decreto,
La suerte deploré de nuestros padres
Que degollados a sus hijos vieron
O en las ondas del Nilo naufragaron,
A la ventura echados en un cesto.
Esto fue lo que dije; ¿Y quién pensara
Que ofendidos algunos se creyeron?

Ester   Pero esos no serán de Palestina:
¿Serán tal vez algunos extranjeros?

Berenice   ¿O tendrán sus tendencias hacia Egipto,
Y otra vez desearán sus duros hierros?

Albano   Entre todos un joven manifiesta
Sus enconos, una oda componiendo,
Donde en negros colores me retrata
Hartándome de injurias y dicterios;
Y magullarme el rostro a bofetadas
Prometió con solemne juramento.

Ester   Esos son enemigos de la patria;
No pertenecen al judaico pueblo.

Berenice   El desprecio merecen; no te enfades,
Ni olvides que nos debes unos versos.

Albano	No os dé cuidado, niñas, que esta noche
	Con vuestra voz se lucirá mi ingenio.
	Vamos a la cabaña a prepararnos
	Y tal vez hay lugar de que ensayemos
	Otra vez la tonada y algún baile
	Que, ya me lo presumo, tendréis nuevo.

Berenice	Vamos que ya las ollas de Luceria
	Y las sartenes estarán hirviendo.

Albano	Merendar no he querido en esta tarde
	Porque hambre no me falte. ¡Vamos luego!

(Vanse cantando:)

¡Vamos, pastoras, al punto;
Vamos, vamos a bailar!
Vamos! Luceria e Ircano
Muy festivos prometen estar!

(Telón).

ACTO SEGUNDO
Cabaña de Albano

ESCENA I
ALBANO, ESTER Y BERENICE.

Albano	Está, por cierto, muy gracioso el baile,
	Como la tonadilla es de mi agrado.
	¿Lo desempeñaréis en esta noche
	tan bien como se ha visto en el ensayo?

Ester	Esa es nuestra intención, porque queremos

345

Albano	Que de algún modo se entretenga el rato.
	Echad todo el esfuerzo, mis amigas;
	Yo también con la lira haré otro tanto.
	Con esto me propongo dos objetos:
	Que ganemos las tortas con que Ircano
	Intenta regalarnos, y el segundo,
	Que Ismael, de vuestras gracias encantada
	Curado, de una vez, de su locura,
	Marido quiera ser no ciudadano.
Ester	Yo entiendo lo será de Berenice.
Berenice	¡Ah, mi querida Ester! Te estás chanceando;
	Contigo tiene Ismael mil atenciones
	Que a mí nunca jamás me ha dispensado.
	Mil veces os he visto que, reunidos
	En un solo redil vuestros rebaños,
	Los lleváis a pacer, y a un tiempo mismo
	A beber conducís. Di, pues Albano,
	¿Quién la esposa será de ese mancebo
	que ver intentas hoy enamorado?
Albano	Cualquiera de las dos, y la que quede,
	Sepa que será dueña de mi mano;
	Yo no me ando escogiendo, y de vosotras,
	Cualquiera hace feliz al pobre Albano.
Berenice	¡Eso sí que está bueno, está gracioso!
	Te equivocas, Albano, si has pensado
	Que como soy mujer me vuelvo loca
	Al oír decir "marido" es juicio falso.
	Yo no puedo negar que a las mujeres

Por ese lado se les halla el flaco,
Y que poniendo en juego este resorte....
Dese por cierto que las han vendado,
Pero excepciones hay, y yo soy una.

Albano   ¿Por qué me hablas así?

Berenice   Eso es muy claro;
Porque si en matrimonios te ocuparas,
Dania fuera tu esposa y no me engaño;
Tú las has tratado mucho y de sus gracias
Has dado a conocer que estás prendado.

Albano   Pero en gracias, a ti no te aventaja.

Berenice   En gracias me aventaja, y en ganado;
Y con lo último basta, pues los hombres
Aquí por lo común tienen el flaco;
La mujer no repara en el marido;
Viendo varón, al punto está loqueando;
Y el hombre en la mujer nunca repara,
Así ella tenga en sí setenta años,
Así no sepa hablar ni persignarse,
O le falte nariz o sobre labio;
Queda muy satisfecho con su novia
Si es dueña de doblones o de cachos.

Albano   Piensas muy mal de mí respecto a Dania;
Has padecido así un error tamaño.

Berenice   Nada le has dicho ¡cierto!, y la inocente
Que en sus juguetes piensa y sus rebaños
Ni aun puede presumirlo; mas el tiempo
Verás como confirma mis presagios.

Albano	Podrá ser, Berenice; mas por ahora Quede esta hoja doblada; apresurado Miro que llega Ismael
Ester	Viene corriendo. Tal vez por tarde, no pensaba hallarnos.

ESCENA II
LOS DICHOS E ISMAEL

Ismael	Cuando creía que, tal vez, cansado De esperarme tú aquí, te habías ido, Te encuentro por fortuna acompañado De estas bellas pastoras, caro amigo. Van ellas con nosotros al convite?
Albano	Si ellas faltaran todo fuera insípido.
Ismael	Me alegro, pastorcillas, de encontraros; Comenzará el placer desde el camino.
Berenice	Gracias, señor Ismael; pero yo extraño No verlo como siempre pensativo.
Ismael	Ese tiempo pasó; ahora soy otro; Ya me veréis bailar y dar mil gritos.
Ester	¿Y cómo ha sucedido tal mudanza?
Ismael	Ya bien sabéis, vosotras, cuál ha sido Mi modo de pensar; mas meditando Ciertas palabras que mi Albano dijo, Conocí la verdad y en el momento,

348

Me sometí conforme a mi destino.
Advertí que la vida de pastores
Entre cabras y ovejas confundidos,
Es más noble y más útil a los hombres,
Sin que haya oposición a lo que digo,
Que la de muchos jóvenes que viven
En las ciudades, dados a los vicios.
Es más noble la mano que se encalla
Con el arado para darnos trigo
Que la que firma claras injusticias
O la que espada empuña para herirnos;
Que es mejor concurrir con el trabajo
A dar sustento a jóvenes y niños,
Que a otros dejar a la miseria expuestos
Y la herencia usurpar a los pupilos.
Ya quiero ser pastor; pero tú, Albano,
Me indicaste otra dicha, y a ella aspiro.

Albano   Por ahora, a nuestro objeto; presto el día
Verás llegar de lo que te he predicho.

Ester   ¿Qué esperamos pastores? Caminemos.
Ya no hay otro que venga, que a Sopiro
Allá lo encontraremos.

Berenice   No es muy lerdo
Cuando le tiene cuenta.

ESCENA III
LOS DICHOS Y SOPIRO

Sopiro   Pastorcillos.
(Entrando)

349

Yo el primero á Luceria he saludado,
Y de Ircano he probado el nuevo vino;
Mas, sin tomar asiento, me mandaron
Que viniera a buscaros y deciros
Que por una orden que hay del que
gobierna,
Todos debemos a Belén partirnos.
Y puesto que es forzoso obedecerla
Quieren que hagamos juntos el camino;
Que después que bailemos y comamos
Y algunas horas hayamos dormido,
Emprendamos la marcha, que así juntos
Iremos y vendremos sin sentirlo;
Que llevéis el calzado necesario
Y lo que os pueda defender del frío,
Que, en cuanto a provisiones, no hay
cuidado,
Que no los cogeréis desprevenidos.

Albano   ¿Y cuál será el objeto de esa marcha?

Sopiro   Dicen que el César expidió un edicto
A empadronar mandando por cabezas
Sin excepción de viejos ni de chicos,
Cada uno en el lugar donde el origen
Sus tribus o familias han tenido.
Y en el padrón han de decir su nombre,
Si son bastardos o si son legítimos,
Si son solteros o si son casados
Y si hijos tienen o no tienen hijos;
Y deben declarar cuánto poseen
En casas, muebles, bueyes o pollinos,
Si sus tierras son fértiles o malas
O lo que les producen sus oficios;

Y como nuestros padres descendían
De tribus de Belén, según me han dicho,
Allá debemos ir en cumplimiento
Del mandato supremo.

Ismael ¿Es positivo?
Pero ¿qué fin se habrá propuesto el César,
Mandando empadronar a los judíos?

Albano Debe ser general en el imperio
El empadronamiento; ya concibo
Que es el intento de Octaviano Augusto
Tener conocimiento a punto fijo
Del número de jóvenes robustos
Con que debe contar si le es preciso
Para las armas; y gravar a todos,
En proporción de pobres y de ricos,
Fijándose impuestos y tributos,
Pues muchas veces Roma hizo esto mismo.

Sopiro Esa sí es la verdad. Lo que se quiere
Es que el pobre vasallo, el pastorcillo
Y el menestral revienten trabajando,
Rompiéndose los pies en estos riscos,
O con el hacha, la sierra o el arado,
Y se hagan pulmoníacos o tísicos,
Para que, en Roma, el César, las princesas,
Las damas de palacio y los ministros,
Y los gobernadores de provincia,
De plata y oro llenen el bolsillo.

Ester Esa es una crueldad.

Berenice   Es tiranía;

..................................(*)

             Mas es la triste condición del hombre;
             Esto ha de suceder, y ha sucedido.

(*): Falta un verso.

Sopiro   Pero yo sin perder apostaría
             Aunque no soy muy leído, que ese edicto
             Es obra de mujer.

Ester   ¿Por qué lo dices?

....................................(*)

(*) Falta un verso

Sopiro   Porque no hay cosa mala en este mundo,
             A la que una mujer no de motivo.
             Desque el Edén por Eva Adán perdiera,
             Todas han heredado este destino,

....................................(*)

(*). Falta un verso.

             Que ellas en todo están.

Ester   Pero, Sopiro,
             ¿Qué les va ni les viene a las mujeres
             Con la orden que el César ha expedido?

Sopiro   Ester, yo te diré lo que les viene,
             Y esto es que nunca me metí a político.
             Cuando a la emperatriz, a la princesa,
             A la dama o la esposa del ministro,
             O a cualquier señorita de la corte
             Les da de nuevos lujos el capricho,
             Para comprar sortijas de topacio
             O collares de perlas y jacintos,

Ellas directa o indirectamente
Obligan con astucia a los maridos
A que opriman al pueblo con impuestos,
Y los recursos sacan con edictos;
el sudor de los pobres se convierte
En lujosos adornos y vestidos.

Berenice Eso no lo discurre tu cabeza.
No te puedo engañar; hoy me lo dijo
Uno que sabe leer, y como es cierto,
Lo aprendí de memoria por decirlo;
Pero aunque no discurro muchas cosas,
El daros un consejo me ha ocurrido;
Por una parte, importa a los varones
Y por otra, a las mozas.

Ester Di, Sopiro.

Sopiro Cuando lleguéis al tiro;
Si tenéis cien ovejas, decid veinte;
Y si cuarenta bueyes, decid cinco.
En un padrón que hace nueve años hubo,
Y, aunque entonces era yo muy niño,
Supe que en la ciudad así lo hicieron
Los que se calculaban los más ricos,
Mientras que los más pobres confesaron
Todo su haber de pe a pa, por sencillos,
Y resultó de aquí…

Ismael Ya no prosigas,
Que ya la consecuencia te adivino;
Y debió ser que mientras los ricachos
Daban contribución de veinte ciclos,
Los pobres daban cien.

353

Sopiro	Eso es lo cierto;
	¡Vaya que Ismael es hombre muy perito!
Albano	Muy bueno es el consejo; los varones
	Lo vamos a seguir agradecidos.
Sopiro	Va la segunda parte a las mujeres;
	¿Prometeréis seguirla?
Berenice	Sí, Sopiro.
Sopiro	Aconsejo que, al ir a empadronaros,
	Aunque tengáis algún escrupulillo,
	Os quitéis de la edad alguna parte,
	Que esto para vosotras no es delito.
	Si tenéis veinte años, decid quince;
	Y la que tenga treinta, veinticinco.
	Así es como lo hicieron muchas viejas
	En el padrón aquel ya referido,
	Y salieron menores que sus nietos,
	Pudiendo ser biznietas de sus hijos.
Berenice	Y con esto, ¿qué bienes nos resultan?
Sopiro	Que lo declare Ismael, que es adivino.
Ismael	Que siempre se las juzgue muy muchachas
	Y en buena edad para tener marido.
Sopiro	Diste en el clavo, Ismael; adivinaste;
	Y de adivinador yo te confirmo.
	La causa esta es que obliga a las mujeres,
	Aunque nada les falte para un siglo,
	A plantarse en los veinte o en los quince,

Si que nadie las saque de este quicio.
Decidme, pues, muchachas, ¿cuántos años
Diréis en el padrón?

Berenice   Diré los míos,
Que son los dieciséis.

Sopiro   No entrando en cuenta
Los que pasaste en faldas y otros cinco
Que gastaste en la escuela. Y tú, Estercita
¿Cuántos vas a decir?

Esther   Diré los mismos,
Pues somos de una edad con Berenice,
Y ponemos a Albano por testigo,
Ahora, dinos Sopiro, y tú ¿qué bienes
Piensas empadronar?

Sopiro   Sólo á Sopiro;
Nada hay que rebajar, pues nada tengo,
Y hasta estos calzones no son míos,
¡Ea, pues, mis pastoras! Dispongamos
Qué es lo que se ha de hacer.

Albano   Estamos listos.
Buenas son las sandalias que tenemos,
Y ¡bastan para el hielo los pellicos!

Sopiro   Pues si es así, marchemos al instante,
Que ya me están llamando los tocinos
Que á Dania vi llevar a la cocina,
Propios para excitar el apetito!
Ah! Veréis, pastorcillas, cuántas cosas
¡Nos tiene allá Lucerina! Pastelillos,

Buñuelos de cuajada y mil primores!
Y mataron un cerdo y un novillo,
Y con su delantal está Dania
Haciendo requesones y quesillos.

Ester   Vámonos, pues, pastores, que ya es tiempo
De que a la fiesta se le dé principio.

Albano   ¡A la marcha! ¡A la marcha! Por el llano,
Que por la noche es el mejor camino.

(Vánse cantando)

Vamos, vamos, pastores, volando,
A bailar, a cantar y cenar.
Que mañana el mandato del César
¡A Belén nos obliga a marchar!

(Telón)

ACTO TERCERO CABAÑA DE IRCANO
ESCENA I
DANIA Y LUCERIA (Cantan)

¡Qué feliz es el pastor
Que habita incultas regiones,
A quien no agitan pasiones,
Ni de envidia ni ambición.
Contento con sus ovejas
En dulce sueño reposa
Y tiene en pajiza choza
Pacifico el corazón!

Cuando a los rayos despierta
De la aurora rubicunda,
De puro gozo se inunda,
Respira grato placer.
Y bendiciendo la mano
Que tantas bellezas cría.
Conduce con alegría
Sus corderos a pacer.

ESCENA II
LAS DICHAS E IRCANO

Ircano
Hacéis bien en cantar, ya descansando
De las largas y rústicas tareas
Que al entrar el invierno se concluyen,
Habiendo comenzado en primavera.
Pero no han sido en vano los trabajos:
Su bendición les da la Providencia.
El trigo en abundancia recogimos,
Y de vino las cubas están llenas;
Nuestras vacas y cabras son fecundas.
Y se han multiplicado las ovejas.

Luceria
Es cierto. Estos son dones que nos hace
La mano del Señor, que es tan benéfica.
Pues que si a él no pluguiera dar el fruto,
Todo nuestro trabajo inútil fuera.

Dania
Cuando te miro, Ircano, trabajando,
Ya podando las parras, ya las cepas,
Ya curando la herida del cordero
Que le hicieron las uñas de la fiera,
Y cuando miro todas las fatigas
Y el madrugar continuo de Luceria;

Mientras que mi rebaño está paciendo,
Rumiando toda la menuda yerba,
Yo me arrodillo bajo de un encino,
Y doy gracias a Dios por mi existencia
Y por cuantos favores me concede;
Y le digo: "Señor, haz que descienda
Tu santa bendición sobre nosotros;
Líbranos de los males que nos cercan;
Bendecid, buen Señor, a mis hermanos
Como a José y Jacob, y que ellos vean
Siempre de trigo llenos los graneros
Y criarse gemelas sus ovejas".

Ircano   Así Jehová lo ha hecho, hermana mía;
Él escucha la voz de tu inocencia;
Pero sabrás, hermana, que si el cielo
Bienes tan abundantes nos dispensa,
No quiere en egoístas convertirnos
Ni que demos entrada a la soberbia.
Para ser más humanos nos da medios
Y prestarle remedio a la miseria.
Somos depositarios de los pobres,
Y debemos el pan a su indigencia.
Jamás debe negarse este socorro
Si a demandarse viene a nuestras puertas
De lo contrario, somos criminales,
Reos de usurpación muy manifiesta;
A los pobres robamos el sustento
Si con los desperdicios de la mesa
Alimentamos perros, y a un hermano
Dejamos insensibles que perezca,
No, mis hermanas; si por una parte
Prudente economía se aconseja,
Por otra, nuestras leyes sacrosantas

Condenan del avaro la dureza.
Partamos nuestro pan con el hambriento,
Y esperemos de Dios la recompensa.
¿Habéis dado este día alguna cosa?

Luceria   Hoy alojamos a una pobre enferma
En uno de esos cuartos, y hospedaje
A un pasajero dimos y asistencia.

Dania   Yo llevé a la cabaña del anciano,
Nuestro vecino, paja y una estera
Para su cama; y una pobre saya
Le di a una niña expuesta a la miseria.
(Música dentro).

Ircano   Algo se ha hecho; mas ya de los pastores
Se perciben las voces.

Luceria   Ya se acercan.
Ismael debe venir, pues con Albano.
Conservan amistades muy estrechas.
Dania, ¿qué faltará? ¿Ya has prevenido
Todo cuanto te dije?

Dania   Sí, Luceria;
Todo está muy aseado; y me parece
Que ha de ser regalada nuestra cena

Ircano   Así lo quiero yo, porque deseo
Que tengan mis amigos noche buena.

Luceria   Lo merecen muy bien los muy honrados;
Bajo esa pobre y pastoril corteza
Abrigan sentimientos generosos;

¡El vicio no conocen; se contentan
Con los pequeños goces de la suerte
En que los colocó la Providencia.
Oíd qué alegres vienen!

(Música dentro).

Ircano   Esta noche
Todo será placer, todo franqueza;
Nada de seriedad, entre pastores,
¡Muy ridículas son las etiquetas!

Dania   Yo siempre estoy dispuesta; habréis de
verme
Ya bailar, ya cantar; ¿y tú, Luceria?

Luceria   Ya conoces mi genio, Dania mía;
No tengo los melindres de otras hembras.

(Cantan dentro).

A pedir las albricias
Vamos a Ircano,
De la grata noticia
Que le llevamos,
Está en Belén nacido,
Por nuestra dicha.

Luceria   A Belén me parece que han nombrado;
Sus voces se perciben muy apenas.

(Música).

Dania   Ya vuelven a cantar, y tan festivos
Que con ellos también venir quisiera.

(Berenice y Ester cantan antes de salir).

Si hacemos mil festejos
Quiere Lucerina,
Nosotros le llevamos
Felices nuevas;
Que ya ha nacido
Quien de tantos profetas
Fuera predicho.

ESCENA III
LOS DICHOS; LLEGAN ALBANO, ISMAEL, SOPIRO, BERENICE Y ESTER.

Ircano, Luceria y Dania, a la vez:

¡Bienvenidos, pastores! ¡Bienvenidos!

Luceria   ¿Por qué tanta tardanza? Hace algún tiempo
Que debisteis llegar; ya las estrellas
Se ven brillar con todo su reflejo.

Ester   Ya lo sabréis amigas; mas por ahora
Saludos nos esperéis ni cumplimientos.

Luceria   Decidnos qué hay de nuevo, pastorcillos.
¿Qué confusión es ésta? ¿Qué misterio?

Albano   No venimos ya a daros parabienes
Por la fortuna que os dispensa el cielo,
Dandoos tan abundantes las cosechas
Y tan blanco vellón en los carneros.
Hay otra causa para que esta noche,
De más gozo se llenen nuestros pechos.

Ircano   Dínosla luego, Albano

Ismael	Es una nueva
	¡Que nunca igual oyó ningún hebreo!
Berenice	Dejadme a mí decirla.
Sopiro	A mí me toca,
	Pues s que en ver a Sidonio fui el primero.
Ester	Permite que yo cuente la noticia,
	Y toma las albricias; te las cedo.
Sopiro	¡Vaya! Por ser mujer; que no es oficio
	De varones andar de noveleros.
Dania	Dejemos de dispustas, y que empiece
	Ester a referir, y después de esto,
	Cada uno añada o diga lo que quiera.
Todos	A la inocente Dania obedecemos.
Ester	Pues yo os anuncio que ha venido al mundo
	El Salvador de su escogido pueblo!
Ircano	¿Qué nos dices, Ester? ¿Esto es de veras?
Berenice	Ircano, no lo dudes; es muy cierto.
Luceria	Mas ¿cómo lo sabéis?
Berenice	Porque Sidonio.
	Acaba de salirnos al encuentro;
	Y nos contó, que con sus propios ojos,
	Vio al que desearon ver nuestros abuelos.

Ismael	Bajaba a todo escape una colina,
	Y luego que nos ve grita de lejos:
	¡Alegraos, pastores! ¡Alegraos!
	¡Y las albricias dadme! Luego, luego
	Estaba con nosotros, pues volaba
	Con la velocidad que corre el viento,
	Contónos la noticia, y al contarla
	Lágrimas derramaba de contento.
Ircano	¿Y dónde está Sidonio?
Berenice	Aunque quisimos
	Que él viniera a decirnos el suceso
	Con todo pormenor, no fue posible,
	Porque él deseaba ser el mensajero
	Que en su cabaña diera la noticia
	Que a otros pastores diera el mismo cielo.
	Esto dijo, y haciéndose pedazos,
	La carrera tomó con más esfuerzo.
Luceria	Dichosos mensajeros, en albricias
	¡Os damos este abrazo!
	(Lucerina y Dania abrazan a Ester y Berenice.)
Dania	Paga de otro modo, pues la nueva
	Tan feliz que nos dais no tiene precio.
Sopiro	¿Qué? ¿Te olvidas, Ester, que las albricias
	A mí me las cediste? Yo no quiero
	Perder lo que me toca; esos abrazos
	Deben ser para mí, según derecho.
Luceria	Tómalos pues, Sopiro; que

(Abrazando a Sopiro)

Es muy justo que en tan dichosa noche te
Abracemos.

Sopiro   ¡Vaya, que estoy contento! Estas albricias
               Valen más que un doblón o que un carnero!

Ircano   ¡Ya no me cabe duda; está en el mundo
               El caudillo de Israel, nuestro consuelo!
               Al oír lo que refieren los pastores
               No siento repugnancia; antes el pecho,
               De gozo palpitando, me asegura
               ¡De la certeza de este nacimiento!

Luceria   Según las reflexiones que me hiciste
               La Santa Biblia el sábado leyendo,
               De que naciese el rey de los judíos
               Creo cumplido o ya cercano el tiempo.

Ismael   Y cierto que es así porque en Judea
               Sólo queda un fantasma de gobierno,
               La predicción cumpliéndose; ha salido
               De la real casa de Jacob el cetro;
               Roma nos da las leyes, y Octaviano
               Nos tiene avasallados a su imperio,
               Esta fue la señal que a nuestros padres
               Dada les fue para este gran suceso.

Sopiro   Eso es mucho saber; y yo pensaba
               Que al tiempo de ocurrir, ya habría muerto.

Dania   ¿Y sabéis el lugar donde ha nacido?

Ester   Muy cerca de nosotros lo tenemos;
               Belén es la dichosa en donde quiso

Nacer el Salvador; allí lo vieron
Sidonio y otros muchos, que de un ángel
A ver fueron llamados tal portento.

Dania ¿Y cómo penetraron los pastores
Al real palacio de ese infante tiempo?
¿Los dejaron entrar los centinelas?

Sopiro ¡Qué centinelas, guardias, ni qué cuernos!
¡Si dicen que ha nacido en un establo,
Expuesto a las escarchas y a los hielos,
¡Cuando yo lo esperaba en un palacio
Adornado de alfombras y de espejos!

Luceria Tú te engañas, Sopiro

Albano No, Luceria;
En aquel arruinado portalejo
Que hay cerca de Belén, donde se alojan
Muchas veces los pobres pasajeros,
Y a donde los pastores sus rebaños
Suelen llevar las noches del invierno;
Allí es donde Sidonio nos ha dicho
Que el Salvador del hombre encontraremos.

Ester Y él nos dijo el motivo, pues curioso
De la dichosa madre del infante;
Pero después referiré todo esto.
Lo preguntó al anciano compañero
Y ahora, ¿en que pensamos? ¿Por qué al punto
A ver al Dios nacido no corremos?

Dania	Nada hay que nos detenga; yo estoy pronta,
	Y las sandalias ya en los pies me he puesto.
Ismael	Bueno es que descansemos un instante.
Sopiro	Y que antes de partir nos embolemos,
	Que aunque de andar tenemos buen retazo
	Ni el frío, ni el camino sentiremos.
Luceria	Me parece muy bueno.
Ircano	En este caso
	No pasemos ociosos los momentos;
	Celebremos primero la noticia,
	Y después a Belén nos partiremos.
	A nuestra vuelta haremos grande fiesta
	Festejando tan grato advenimiento,
	Bailemos, pues, un poco, y otro rato
	Gastemos en cenar.
Sopiro	Convengo en ello.
Ester	Yo por el baile estoy; no por la cena,
	Pues me parecen años los momentos.
Berenice	Yo sigo tu opinión, pues que muy pronto
	Pienso que hemos de estar ya de regreso.
Albano	Está muy bien pensado, y con más hambre
	Entonces comeremos, satisfechos
	De haber visto al Mesías.
Ismael	Ciertamente:
	No más que esto se hará.

Ircano   Pues comencemos.

Sopiro   Yo también me conformo; pero al vino
No hay que hacerle un desaire.

Luceria   No, por cierto;
Dania nos brindará del más sabroso.

Dania   Pedid del que quisiereis; dulce ó seco.

Sopiro   Pues para comenzar, dame una copa,
Que yo no sé bailar si no me alegro.

Dania   Ya te la voy a dar.

Ircano   Dadnos á todos,
Que el trago al regocijo le da aumento.

Ismael   Nuestro padre David así lo dijo
En uno de sus salmos.

Sopiro   Es muy cierto;
Donde no hay qué beber todo está triste,
No se ve el buen humor, no reina el genio.

Dania   Aquí tenéis las copas y los jarros;
(Trayendo   Vinos de todos hay; nuevos y añejos
el vino)

Luceria   Tomad de este pastores, que es muy rico.

Ester   Para mi paladar todos son buenos.

Ircano	Este es de aquella viña que cultivo,
	Por ser más fértil, con mayor esmero
Ismael	Y bien que lo merece: es excelente.
Albano	Parece de Engadí.
Berenice	Así lo creo.
Sopiro	Yo probaré de todos; este es néctar,
	Este es muy generoso; este es supremo,
	El César no ha bebido en sus banquetes
	¡Licor como este!... Ahora sí, bailemos;
	Dania es mi compañera, y no la aflojo,
	¡Y por la hija de Herodes no la trueco!
Ircano	Yo elijo a Berenice.
Albano	Yo, a Luceria.
Dania	Ester es para Ismael.
Berenice	¡Anillo al dedo!

(Bailan cuadrillas)

Ircano	¡Viva el recién nacido!
Todos	¡Viva! ¡Viva!
Sopiro	Venga otro trago, y vámonos a verlo.
Luceria	Dania, los jarros trae.
Dania	Ya voy Luceria.

Luceria Ahora yo con mi mano hago el festejo;
Toma, mi amada Ester.

Ester Eres muy buena;
Pues yo por Dania y por Luceria bebo.

Ircano ¿Y te olvidas de Ircano?

Luceria Berenice
(Dando el vaso)

Acabará de hacer el cumplimiento.

Berenice Yo brindo por los tres que hoy en su casa
¡Nos colman de favores y de obsequios!

Luceria Bebed, pastores, que la noche es fría
(Dándoles
El vaso).

Y está en copos la nieve descendiendo.

Albano Por todos mis amigos hago el brindis,
¡Y porque al tierno infante veamos luego!

Ismael Yo por vosotros y Sidonio brindo,
Pues a él tanta alegría le debemos.

Dania Yo quiero festejarte.
(Yo quiero festejarte).

Sopiro Este es de almíbar;
Mas yo no brindo porque estoy peneque.

Luceria Nosotros tres brindamos por vosotros,

Nuncios felices del mayor consuelo
Y del gozo más grande, de que el mundo
¡Jamás gozado había en otro tiempo!

Ester   ¡Muchos años, Luceria! (bebe)

Todos   Muchos años!
(Al beber)

Ircano   Ahora a Belén partamos, y os prevengo
Que después que adoremos al Dios niño
Y el tributo de afecto le paguemos,
A empadronarnos vamos, y al instante
A seguir nuestra fiesta tornaremos.

Todos   ¡A Belén! ¡A Belén!

Berenice   Vamos cantando;
Albano que improvise algunos versos.

Albano   Cantad lo que yo os diga.
Y en coro el estribillo que prosiga.

ESCENA IV
EN CAMINO, LOS MISMOS

(Cantan caminando en dos filas)

Aquel día de dicha y ventura,
De Adán triste en Edén suspirado,
De patriarcas y vates deseado,
Ya por fin, pastorcillas rayó,
Ya las nubes llovieron al justo;

Su rocío ha vertido ya el cielo,
Y al ungido del Dios del consuelo
Una cándida Virgen nos dio.

Coro

Pastorcillos, dejad las cabañas,
Y a Belén presurosos volad;
Allí está el Salvador prometido
Que a su pueblo dará libertad.

No ha venido entre rayos y truenos
Como al dar en el Sinai las leyes;
No ha nacido con fausto de reyes,
Ostentando una gran majestad.
Sus primeras sonrisas concede
Al humilde pastor que le adora;
Es un niño que ríe y que llora,
Mansedumbre mostrando y bondad.

Pastorcillos, etc.

Aunque tiene en el cielo su trono
Y de peana le sirve la luna,
Ha escogido un pesebre por cuna,
Y lo alberga un oscuro portal.

La grandeza del mundo no viene
A ofrecerles su fiel vasallaje;
Los zagales con rústico traje
Acompañan al rey inmortal.

Pastorcillos, etc.

Venid, pues, con nosotros, pastores,
A adorar al Mesías infante;
Los rebaños dejad un instante,
Que vuestro ángel los ha de guardar.
Ofreced por tributo al Dios niño
Un cordero, una blanca becerra,
O los frutos que os da vuestra tierra.
Que sonriendo los ha de aceptar.

Pastorcillos, etc.

Ya nosotros la dicha tenemos

De mirar de este sol los reflejos;
En la gruta advertimos de lejos
Como de ángeles dulce canción.
En Belén se anticipan las glorias
Que esperamos gozar en el cielo;
De placer, de ventura y consuelo
Y de paz se llenó el corazón.

Pastorcillos, etc.

ESCENA V
LOS DICHOS; LLEGAN AL PORTAL DE BELÉN; SE DESCUBRE ÉSTE; EN EL FONDO, LA VIRGEN, EL NIÑO, SAN JOSÉ

Ircano   Al entrar a la gruta venturosa
Que abriga al Salvador, me faltan fuerzas;
Pero ¿qué es lo que miro? ¡Oh, qué portento!
¡Qué rostro tan divino! ¡Qué belleza!

Dania	¡Es el hijo de Dios! No cabe duda; Su mirar y sus gracias lo demuestran.
Luceria	¿Por qué nos detuvimos tantas horas? ¿Por qué al oír la venturosa nueva No dejamos la fiesta y la cabaña, Y al cuidado de Dios nuestras ovejas? Desde más tiempo hubiéramos gozado La vista de este niño que embelesa.
Albano	Nada fue, a la verdad, lo que Sidonio Nos dijo al referirnos de esta escena Las grandes maravillas; lo que vemos Jamás podrá decirlo mortal lengua!
Berenice	Con razón él lloraba, pues las lágrimas Tienen para decir, más elocuencia.
Sopiro	Cosa tan linda no se había visto Desde que vino al mundo la madre Eva
Luceria	Más bello entre esas pajas me parece Que si telas preciosas lo cubrieran.
Ester	Y veis aquella joven que extasiada, Los ojos fijos, a su Dios contempla?
Ismael	Esa es la venturosa que ha llevado En sus entrañas al que el Orbe llena!
Dania	Su pudor virginal está diciendo Que gracia y virtud todas están en ella.

Ester No le envidio su dicha; ella debía
Ser madre de su Dios, pues la pureza
Que retratada miro en su semblante
Bien de Dios mereció tal recompensa.

Luceria Yo conozco a esa joven más amable
Y más bella que Sara y que Rebeca.
Contemplando del Niño la hermosura,
No pude al pronto reparar en ella;
No me tocó la dicha de tratarla,
Mas sé muy bien cuál es su parentela,
Conozco su virtud, y sé que al templo
Sus padres la llevaron niña tierna;
Ya os contaré su historia en la cabaña
Y la rara virtud de esta doncella.

Ester Y yo os diré la causa por que vino,
Como os dije, a esta lóbrega caverna,
Que ha convertido en cielo, y donde vemos
La redención que todo Israel espera.

Ircano Acabemos de entrar y con respecto
Pisemos reverentes esta tierra,
Que es más santa que aquella en que la zarza
Moisés un día incombustible viera.

ESCENA VI
LOS MISMOS - LA OFRENDA

Ircano Infante soberano,
(Arrodíllase)

Vuestros pies besa prosternado Ircano,
Que aunque os mira llorando

En establo de bueyes y jumentos,
Sabe que a vuestro mando
Obedecen los mares y los vientos.
Como a Dios os adoro y como a rey;
Os traigo de mi grey
El cordero más blanco y más hermoso,
Y si lo recibís, soy venturoso.
¡Oh! Si siempre me viera
Aquí postrado a vuestra reales plantas,
Mis dichas fueran tantas
Que otra en el mundo haber, jamás
quisiera!

Luceria
(Hijo)

¡Hijo del gran Jehová, divino infante

Luceria se contempla en este instante
Como la más dichosa,
Viendo de su Criador la faz hermosa,
Que brilla como el sol al medio día
Difundiendo la vida y la alegría!
No pedís más que amor por la fineza
De haber dado tanta honra a mi bajeza;
Pero os hago la ofrenda.
De este collar que quito de mi cuello,
Que no os lo doy por bello,
Mas porque sirva de mi amor por prenda
Y vos, joven divina,
Guarda para él ofrenda tan mezquina.

Ismael
(Se arrodilla)

Reclinado, mi Dios, en duras pajas,

Y envuelto en pobres lienzos y entre fajas,
despreciáis la grandeza,
Y habéis ennoblecido la pobreza.

375

Yo a este ejemplo ceñido,
Desde hoy la vanidad del mundo olvido.
Esta es mi ofrenda, que será más grata
Que preciosos metales de oro y plata
Que buscan afanosos los mortales,
Por ello despreciando bienes reales.
En muestra de su amor,
Su cayado os ofrece este pastor,
Ofrenda miserable,
Pero vos la aceptáis con rostro afable.

Ester   Yo, tierno infante, ofrezco a vuestra sienes
La guirnalda de rosas y alhelí
Que en el campo cogí,
Pues a ser nuestro rey del cielo vienes.
Y aunque os negó Belén el hospedaje
Y os echó de sus muros con dureza,
Reconozco, mi Dios, vuestra grandeza
Y os tributo mi humilde vasallaje.
No miréis, pues, el don de vuestra sierva,
Atended al afecto que os conserva.

Albano   Aunque escogisteis un portal oscuro
(Se arrodilla)

Para nacer, y en un pesebre duro
Os habéis reclinado,
El coro celestial ha publicado
Con voces de alegría
Que habéis nacido sol antes del día!
Y yo, rústico poeta, a estos lugares
Mi ronca voz uniendo a sus cantares,
Que habéis nacido por salvar al hombre
Anunciaré cantando vuestro nombre!
Ya no cantaré amores

Ni prados, ni rebaños, ni pastores;
Y esta es toda la ofrenda que hace Albano
A su Dios, a su rey y soberano.

Berenice
(Se arrodilla)

Apenas puedo creer que Berenice

Llegue á ser tan felice
Que á ver al Salvador llamada sea,
Y al ungido de Dios nacido vea!
Mas ya os miro, Señor, y un tierno beso
En vuestras reales plantas dejo impreso,
Beso que me da gloria,
Y nunca faltará de mi memoria!
En manifestación de mi cariño
Sobre esta blanca y nueva piel de armiño
Que alivie de esas pajas la dureza,
Quiero que reclinéis vuestra cabeza.
Es muy pequeño don,
Pero envuelto va en él mi corazón.

Dania
(Se arrodilla)

¡Dania está a vuestros pies, dulce bien mio!

Y como os miro tiritar de frío,
Deshecho en tierno llanto,
Os doy para abrigaros este manto
Que quito a mi cabeza.
Aunque no corresponde a la grandeza
De vuestro real destino,
Debiendo ser tejido de oro fino
Y púrpura, escogido;
Mas pues desnudo estáis; será admitido
Por esa joven casta y soberana
Que os da el pecho, amorosa,
De limpia y blanca lana

377

Que para vuestra túnica dedico;
Y aunque no es don muy rico
Nadie, divino niño,
Un tributo pagó con más cariño

Sopiro
(Se arrodilla)

Tan pobre como vos, está Sopiro;
Pues no tengo más giro
Que ordeñar el rebaño,
Y en este triste oficio paso el año
Si en éste he de serviros algún día,
Cuenta desde hoy conmigo, vida mía;
¿Qué más puede ofreceros
Este pastor que veis, desnudo, en cueros?
Mas entre tanto os hago este servicio,
Quiero daros indicio
Del placer y contento
Que me ha causado vuestro nacimiento;
Voy a bailar con estas pastorcillas.
¡Cómo se pintan solas,
Haciendo a vuestro honor dos mil cabriolas!
¿No os parece, pastores, que bailemos?

Luceria

Bueno será; tal vez arrullemos
Con nuestra danza á nuestro amante dueño,
Y le conciliaremos grato sueño.

Ircano

Bailemos y cantemos, que en
Belén Todo al placer nos llama.

Todos

¡Bien, muy bien!

ESCENA VII
LOS MISMOS; BAILAN Y CANTAN

Alegres bailemos,
Pues el Dios de paz,
Por nuestro remedio Nació en un portal.

Coro

Y entre pajas Reclinado,
A pastores Ha llamado!
Tal fineza, tal amor,
Alegre canta el pastor!
En humilde gruta
Nació el Salvador
Que Jehová divino
A su pueblo envió
Y entre pajas, etc.
Nieve son sus manos,
Su frente jazmín,
Rosas sus mejillas,
¡Sus labios rubí!

ESCENA ULTIMA
LOS MISMOS; LA DESPEDIDA

Ircano   Me parece, pastores, que ya es hora
De que nos retiremos.

Luceria   Ya la aurora
Comienza a clarear en el oriente;
Pero ¿cómo es posible que me ausente,
Dejando aquí a mi Dios recién nacido?

Dania	Si nunca tanta dicha yo he tenido Como la de este día, En proporción que ha sido mi alegría, Así es la pena con que el portal dejo, Y de la vista de mi Dios me alejo.
Berenice	¡Igual de todos es el sentimiento!
Sopiro	Es verdad; yo lo siento; Pero considerad que es prudencia Que aunque el Niño nos sufra con paciencia, Queramos por más tiempo molestarlo, Pudiendo en otras veces visitarlo; A más de que, considerad también Que mientras nos marchamos a Belén A cumplir el mandato de Octaviano, De donde no vendremos muy temprano, Aquellos requesones y empanadas Que dejamos en casa preparadas Pueden perderse, y chasco tan pesado ¡En muchos años no lo habré olvidado!
Ircano	Forzoso es, tierno infante, que os dejemos Pero volver a veros prometemos.
Ismael	Yo seré la visita más constante, Y no podré olvidaros un instante.
Albano	Ya veréis cómo Albano, A adorar volverá á su soberano.
Luceria	El que habéis preferido la miseria Y de humildes pastores la bajeza, Del orgulloso mundo a la grandeza,

Es lo que nunca olvidará Luceria;
Y a tamaño favor reconocida
¡A vos va a consagrar toda su vida!

Dania

Yo me voy, tierno dueño,
Pero otras veces volveré á este suelo
Deseando que durmáis en dulce sueño;
Hasta ver si consigo la ventura
De arrullar en mis brazos la hermosura
Que a conocer me dio benigno el cielo.

Ester

¡Adiós, gloria de Israel, lumbre del cielo!
Berenice va llena de consuelo!

Luceria

¡Y vosotros, castísimos esposos,
Sed felices por siempre y venturosos!

Sopiro

Como sé que os gustaron nuestras danzas,
Con nuestras zapatetas y mudanzas
¡A bailar volveré con los pastores!
¡Ea, pues, que me marcho! ¡Adiós, señores!

Telón.

OLIMPIA

PERSONAJES

La Pastora Olimpia
La Pastora Zefalia
La Pastora Serafila
La Pastora Débora
La Pastora Isbela
El Pastor Nicodemo
La Pastora Rutilia
El Pastor Absalón

ACTO PRIMERO

El escenario representará un bosque: en el centro un árbol.

ESCENA I

NICODEMO Y ABSALÓN, A LA SOMBRA DEL ARBOL: SEFALIA APROXIMÁNDOSE A ELLOS CON UN CESTO QUE CONTIENE LAS VIANDAS QUE IRÁ SACANDO SEGÚN LO INDICA EL DIÁLOGO.

Nicodemo   Mucho has tardado en esta vez, Zefalia,
Cuando el trabajo ha sido tan intenso;
Nos has hecho maldecir hoy el ganado
Votar y renegar más que un arriero.

Absalón   Ciertamente, Zefalia, que así ha sido;
Nunca he visto tan bravo a Nicodemo,
Porque parece que el infierno todo
Se metió entre las cabras y carneros:
Unas se desperdigan, otras corren
Entre los enmarañados de esos cerros,
Dejando en los espinos los vellones.
Y enredándose algunas por los cuernos,
Como el que a Isaac libró cuando su padre
Le iba a sacrificar sobre unos leños.

Nicodemo   Y no es eso lo peor, sino que un lobo
Tamaño como un león, y muy hambriento,
Más porfiado y tenaz que un estudiante
Nos puso en gran conflicto los corderos;
Dos de ellos le arrancamos de las garras,
Gracias a ser valientes nuestros perros,
Y después de correr y gritar tanto
Estamos de hambre y de cansancio muertos.

Zefalia   Tenéis mucha razón: mas ya el ganado
                 Pace en el llano, sosegado y quieto;
                 Y vosotros estáis ya descansando
                 Sobre la verde grama; y el almuerzo
                 Viene a hacer que olvidéis esas fatigas,
                 Aunque hubieran durado por más tiempo.

Absalón   Dices muy bien, Zefalia; ¿y qué trajiste?
                 ¿Llenaste bien de provisión el cesto?

Zefalia   No quedaréis con hambre, aunque ayunando
                 Os hubierais pasado el año entero.

Nicodemo   Eso, Absalón, me alegra, y de este modo
                 Cualquiera puede trabajar contento;
                 Pero mucho trabajo y pan escaso,
                 ¿Habrá a quien acomode? No lo creo.
                 ¿Por qué no paran criados o sirvientes
                 En las casas de muchos opulentos?
                 Porque allí se revientan trabajando,
                 Se dejan pocas horas para el sueño,
                 Y la pitanza va tan limitada
                 Que pone flaco al más robusto cuerpo.

Zefalia   Pues vosotros, pastores, en mi casa
                 Tenéis con abundancia el alimento,
                 Dormís desde que brillan las estrellas,
                 Os divertís, si os place, en cualquier tiempo,
                 Tocáis vuestra zampoña o vuestra flauta,
                 Sin que ninguno os mande hacer silencio;
                 Y todas vuestras faenas se reducen
                 A ordeñar el ganado, hacer el queso,
                 Conducir los rebaños a los pastos
                 Y poner gran cuidado en defenderlos;

Y otras cosas así, que son tan suaves sane
Que os sirven muchas veces de recreo.

Absalón   Cuanto dices es cierto, y por lo mismo,
Aun cuando no mediara el parentesco,
Contigo estoy contento y pienso estarlo
Hasta ser conducido al cementerio;
Y puedo asegurarte sin engaño,
Que de este modo piensa Nicodemo
Pero vamos comiendo que ya es tarde,
Y ya el rebaño puede andar disperso.

Nicodemo   Y no es eso lo peor sino que el hambre
Me está haciendo sentir todo su efecto,
Siéntate aquí, Zefalia, y ve sacando
Lo que para este mal es el remedio,
Y almuerza tú también, que ya es la hora
En que sueles tomar el alimento.

Zefalia   Así pensaba hacerlo, pues me agrada
(sentándose)   Comer con mis alegres compañeros;
Y no dirás que os menguo las raciones,
Pues las traje dobladas al intento

(Isbela canta a lo lejos:)
Laboriosa es la vida
De los pastores,
Que tras de las ovejas
Saltan y corren:
Mas la prefiero
A la de altivas reinas
Que empuñan cetro.
Mas allá oigo una voz y es la de Isbela
Que andará sin comer, pues un carnero

Supe que se le huyó de la manada.
Y a buscarlo salió con el lucero:
Si os parece esperemos que aquí llegue
Y en la mesa un asiento le daremos,

Absalón   ¡Basta que tú lo quieras! Así sea:
Que la barriga aguante otros momentos.

Nicodemo   Pero mientras que llega bueno fuese
Echar un trago y calentar el pecho.

Absalón   Ese es un gran recurso amigo mío,
Que no me había ocurrido al pensamiento;
Venga la bota, que también el vino
Matar el hambre sabe muy a tiempo

(Isbela adentro canta):
Laboriosa en la vida
De los pastores
Que tras de las ovejas
Mas la prefiero
A la de altivas reinas
Que empuñan cetro.

Nicodemo   Vaya este trago por la simple Isbela
Que le gusta correr tras los carneros.
Os divertís, si os place, en cualquier tiempo
Tocáis vuestra zampoña o vuestra flauta
Sin que ninguno os mande hacer silencio;
Y todas vuestras faenas se reducen
A ordeñar el ganado, hacer el queso

Conducir los rebaños a los pastos
Y poner gran cuidado en defenderlos;
Y otras cosas así, que son tan suaves
Que os sirven muchas veces de recreo.

Absalón   Cuanto dices es cierto, y por lo mismo
Aun cuando no mediara el parentesco,
Contigo estoy contento y pienso estarlo
Hasta ser conducido al cementerio;
Y puedo asegurarte sin engaño,
Que de este modo piensa Nicodemo;
Pero vamos corriendo que ya es tarde
Y ya el rebaño puede andar disperso

Nicodemo   Y no es eso lo peor sino que el hambre
Me está haciendo sentir todo su efecto,
Siéntate aquí, Zefalia, y ve sacando
Lo que para este mal es el remedio,
Y almuerzo tu también, que ya es la hora
En que sueles tomar el alimento.

Zefalia   Así pensaba hacerlo, pues me agrada
(sentándose) Comer con mis alegres compañeros
Y no dirás que os menguo las raciones
Pues las traje dobladas al intento

(Isbel acanta a lo lejos):

Laboriosa es la vida
De los pastores
Que tras de las ovejas
Saltan y corren
Mas la prefiero
A la de altivas reinas

389

Que empuñan centro.
Mas allá oigo una voz y es la de Isbela
Que andará sin comer, pues un carnero
Supe que se le huyó de la manada
Y a buscarlo salió con el lucero
Si os parece esperemos que aquí llegue
Y en la mesa un asiento le daremos.

Absalón   Ese es un gran recurso, amigo mío
Que no me había ocurrido al pensamiento.
Venga la bota, que también el vino
Matar el hambre sabe muy a tiempo

(Isbela adentro canta):
Laboriosa en la vida
De los pastores
Que tras de las ovejas
Salta y corren
Mas la prefiero
A la de altivas reinas
Que empuñan cetro.

Nicodemo   Vaya este trago por la simple Isbela
Que le gusta correr tras los carneros

Absalón   La hambre la hace cantar como a las aves;
Tal vez no atienda a lo que expresa el verso.

Zefalia   Te engañas, Absalón; ¿Y acaso ignoras
Que Isbela es una moza de talento?
Entiende bien lo que habla, y aunque vive
Metida entre las cabras y becerros,
Sabe mucho de historia, lee y escribe,
Que a todo le enseñaron sus abuelos.

Si le hablas de la Biblia, te sorprende,
Pues la sabe mejor que un fariseo.

Absalón   Siendo esto así merece tener parte
Y aun mejor lugar en el almuerzo;
Y si marido quiere, yo aseguro
Que lo tendrá excelente en Nicodemo,
Y harán buena pareja, pues es mozo
Que nadie le va en zaga en ser muy leído.

Nicodemo   Aunque supiera tanto, como dices,
Ni ella querrá casarse ni yo quiero;
Contento vivo, solo y descuidado,
Sin que el sueño me quiten los chicuelos;
No he de ser solterón porque conoces
Que ningún hombre honrado debe serlo; o
Pero dóblese esta hoja, que ya Isbela
Está para llegar, y ha de haber tiempo
Para que hablemos de esto, pues es cosa
Que merece atención el casamiento.

Zefalia   ¡Y bien que lo merece! Pues si es fuerza
Que se cumpla de Dios el mandamiento,
Preciso es meditarlo porque de esto
Depende en los enlaces el acierto.

Absalón   Tú eres muy singular en estos puntos,
Pues no piensan así las de tu sexo;
"Venga el marido", dicen , que si es malo
Así me convendrá; y él se hará bueno".
Mas va a llegar Isbela; ya muy cerca
Se oyen de sus canciones los acentos.

ESCENA II

LOS DICHOS: ISBELA ACERCANDOSE AL FORO,
CANTA:

> Después que sus trabajos
> El pastor deja,
> Al reposo del sueño
> Sin amarguras
> Feliz se entrega,
> Que en las soberbias cortes
> Los pechos turban.

Absalón

Y es cierto que la voz de esa muchacha
Me agrada como el canto de un jilguero.

**Isbela
(entrando)**

¡Oh, mi amiga Zefalia! Felizmente
Te encuentro aquí con estos compañeros;
Y ya lo presumía, pues he visto
Tus lucidos rebaños que paciendo
Están allí en el llano todos juntos,
Teniendo en centinela vuestros perros;
Y descansar deseaba entre vosotros,
Pues hoy más he andado que un correo.

Zefalia

Y yo advertí también que tú llegabas,
Al escuchar tu canto, allá de lejos,
Porque tuve noticia que saliste
Desde el amanecer tras un carnero
Y siendo ya tan tarde, bien supongo
Que tu cansancio debe ser extremo.
Siéntate, pues, Isbela, que es preciso
Que antes de continuar tomes aliento.

Nicodemo	Sé bien llegada, Isbela; gran fortuna Para nosotros es que nos juntemos: Después de trabajar y fatigarnos, En conversar se encuentra algún recreo.
Absalón	Íbamos a comer; más dispusimos Esperar tu llegada, porque creemos Que andarás en ayunas.
Isbela	No te engañas. Pues no traté ni de encender el fuego; Sólo pensaba hallar la res perdida, Sin acordarme más del alimento, Pues perder una oveja una pastora Es perder un tesoro de gran precio
Nicodemo	Eso es así; mas si la esposa fueras, La cuñada o la suegra, cuando menos, De cualquier mandarín o traficante, Aunque perdieras el rebaño entero, Por nada madrugaras ni corrieras, Pues sacaras tus pérdidas del pueblo.
Absalón	De eso no hay duda; pero ya es forzoso Cortar discursos, y que tome asiento La nueva compañera, pues no es justo Tenerla entretenida tanto tiempo; Siéntate tú, Zefalia, y que ella elija El lugar que le agrade.
Isbela	Desde luego, Aquí junto a mi amiga me coloco, Advirtiendo que no uso cumplimientos.

Nicodemo　　Eso es mejor que tantas musarañas,
Tantos melindres, tantos embelecos
Que usan en las ciudades las muchachas,
Queriendo que las rueguen los mancebos
Manos a la obra, pues, y doy principio
Brindando a Isbela este pernil de puerco.

Zefalia　　Y para acompañarlo cual se debe,
Pongo junto a su plato pan muy fresco.

Isbela　　Y el cariño y las manos que lo ofrecen
Más sabor le darán; no hay duda en esto.

Absalón　　Pues yo a la hermosa Isbela de buen vino
Doy en su propia mano un jarro lleno;
Y quedaré mejor, pues el cansancio
Siempre excita a beber, ¿no es esto cierto

Zefalia　　Muy cierto es, Absalón.

Isbela　　No llega tarde,
Y es a vuestra salud, mis compañeros

Zefalia　　Y yo a la tuya, mi querida Isbela.

Absalón　　Ahora seguiré yo, aunque no tengo
Tan seco el paladar.

Nicodemo　　¡Cómo pudieras
Si casi te apuraste el otro cuerno!
Venga ahora para mí, si algo me dejas,
Que también tengo sed y no estoy muerto

Isbela ¡Oh! Qué rico está todo! No parece
Comida de pastores en desierto;
Únese al buen sazón, la compañía,
Y el hambre que da a todo condimento.
¡Oh! La pobre Mariamne nunca tuvo
Este placer en sus festines regios.

Absalón ¿Quién es esa Mariamne?

Zefalia Fue la esposa
Que Herodes, nuestro rey, tuvo primero.

Isbela Fué una belleza que admiraban todos,
Mujer de grandes prendas y talento,
Princesa que llevaba entre sus venas
La sangre de Alejandro y de Janeo.

Absalón Pues venga un trago a la salud de Herodes
Que tuvo en escoger tan grande acierto;
Porque eso de llevarse una muchacha
Que fué, como tú dices, un portento,
Fué una fortuna que si yo la hallara
Hoy pudiera dejar de ser soltero. *(Bebe).*

Nicodemo No ha merecido Herodes a Mariamne
Ni que tú por hacerle obsequio.

Absalón ¿Por qué razón?

Nicodemo Porque es un rey intruso,
Siendo, como tú sabes, idumeo
Que a Aristóbulo, Antígono e Hircano
Arrebató con injusticia el reino;
Y se ha elevado al trono de Judea,

Violando de la patria los derechos,
Porque ha sacrificado a su ambición
La sangre y la fortuna de los pueblos;
Y, en fin, porque es un monstruo crueldades
De que la historia no hallarás ejemplo.

Zefalia   Mucho he oído decir de ese monarca
Todos hablan muy mal de ese extranjero.

Isbela   ¿Y quién puede hablar bien del que sus manos
Tiñó en sangre de nobles Asmoneos
Cuyos padres pelearon por la patria,
¿Defendiendo sus leyes y sus fueros?'

Absalón   Ese es mucho saber. ¡Qué viva Isbela!
Bien dije que era el par de Nicodemo,
Pues viendo yo que Herodes se vestía
Con tanto lujo, y que llevaba cetro,
No me lo figuraba hombre tan malo
Ni que tal corazón tenga en el pecho.

Zefalia   Es engaño juzgar por los vestidos;
Muchas veces encubren mil defectos.

Absalón   Sigamos, pues, comiendo y por Herodes
No volveré a brindar aun estando ebrio.

Nicodemo   Menos podrás hacerlo cuando sepas
Cuántas muertes ha dado este perverso.

Isbela   Pero no pienses ahora referirlas,
Porque es historia que no tiene término.

Nicodemo   Sólo diré, Absalón, las más notables,
Y que pintan al rey cual monstruo horrendo;
Casóse con Mariamne, como es dicho,
Llevado de ambición más que de afecto
E hizo infeliz la vida de su esposa
Añadiendo pesares a los celos;
Mató a Alejandro, padre de esta Reina,
Y al venerable Hircano, de ella abuelo;
Mandó a ahogar a Aristóbulo, su hermano,
Joven pontífice y en extremo bello,
Tanto que quiso verlo Antonio en Roma,
Por el retrato que le enviara Delio;
Y Herodes intrigó para que Antígono,
Tío de Mariamne y noble Macabeo,
Diese fin a su estirpe y que expirase
Sufriendo de un esclavo el tratamiento.

Zefalia   ¿Y cómo esa mujer se ha conformado
A vivir con un lobo carnicero,
Que le dio tan mortales pesadumbres
Y tantas dagas enclavó en su pecho?

Isbela   Ella hubiera trocado aquel marido
De tan ricos vestidos y cubierto
Con la púrpura real, por un pastor
Que sufre el sol, las lluvias y los vientos.

Zefalia   Y Mariamne también subió al cadalso
Según lo oí decir, si bien me acuerdo.

Isbela   Se hace su acusador Herodes mismo,
Y el sanedrín obsequia sus deseos;
La sentencia a morir, y va al suplicio

Con ánimo constante y muy sereno,
Alejandra, su madre, también muere
Por órdenes del Rey a poco tiempo.

Absulón

¡Pues vaya un hombre cruel! Y yo pensaba
Que era un hombre de bien, hecho y derecho.

Nicodemo

Y más te admirará que a sus dos hijos,
Frutos del malhadado casamiento,
Que de Mariamne hubieron la hermosura
Y en Roma se educaron con esmero,
Hizo matar el inhumano Herodes,
Ahogando paternales sentimientos.

Zefalia

Pasaron no ha tres años de esas muertes;
Y lloró por sus príncipes el pueblo

Absalón

Yo lo oí decir también: más un muchacho
Nunca pone atención a esos sucesos.

Isbela

Tal fué la infeliz vida de Mariamne,
Nada envidiable aunque poseía el reino;
Tal su trágico fin, hecha la víctima
De Herodes cruel así como lo fueron
Abuelos, padres, hijos y otros muchos
A ella cercanos por el parentesco.

Nicodemo

Mas forzoso es decir que en estos crímenes
Tuvo muy grande parte el mal consejo
De Salomé, Ferotas y otros muchos
Que rodeaban al rey, porque es muy cierto
Que los grandes delitos de las Cortes
Y todos los abusos del Gobierno,
No tanto son las obras del que mande

Sino de aduladores y perversos
Que han granjeado su gracia con el chisme
Y llegado al favor por ruines medios.

Absalón   ¿Con que hubo Salomé? Yo me admiraba
Que mujer no anduviera en este enredo;
Pero, amigos, ya es mucho estar hablando
De la vida del rey, y yo me temo
Que si llega a saber lo que habéis dicho,
Colgados quedaréis por el pescuezo;
Mejor es que comamos calladitos
Y que en esas honduras nunca entremos.

Zefalia   Por fortuna no ha habido más testigos
Que algunas cabras y los fieles perros.

Isbela   Si en la ciudad se hablase, era preciso
Mil elogios del rey estar haciendo,
Decir que es un cordero en mansedumbre,
Apellidarle padre de sus pueblos
Y dar el nombre de actos de justicia
A los asesinatos más horrendos.

Nicodemo   Esto es lo que oyen siempre los que mandan:
Nadie dice verdad delante de ellos...
Pero Débora llega...

ESCENA IIII

LOS DICHOS; DEBORA

Débora   Bien hallados
¡Sed todos, mis queridos compañeros!

Todos   ¡Y tú, muy bienvenida!

Débora   Ha que a casa llegué con el carnero
Que Isbela había perdido, y cuidadosa
Teníame su tardanza; más ya veo
Que os encontró al pasar y se entretuvo,
Logrando tener parte en vuestro almuerzo.

Zefalia   Tú también la tendrás aunque a los postres,
Si quisieres hacernos este obsequio.
Aquí toma lugar; sobre la alfombra
Que la naturaleza nos ha puesto.

Débora   Con gran gusto, Zefalia.

Absalón   Pues que empiece
Débora por beber,
que es lo primero.

Nicodemo   Llénale bien el jarro, que ese vino
La alegrará sin trastornarle el seso.

Absalón   Aquí lo tienes, Débora, y es fuerza
Que todo lo sepultes en el pecho.

Débora   Basta que me lo brinden mis amigos
Para no desairar.

Todos   ¡Gracias!

Débora   Muy bueno.

Absalón   Y yo contento estoy, pues me ha tocado
Ser de hermosas pastoras el copero.

Ahora come ese pan, que es exquisito
(Absalón bebe en exceso hasta embriagarse)

Zefalia   Y tienes aquí miel, cuajada y queso.
¡Oh! cuánto siento que antes no llegases
Para mejor servirte; y a más de esto,
Que al placer de las viandas se agregase
oír discurrir a Isbela y Nicodemo.

Débora   En cuanto a los manjares, esto basta;
Y en cuanto a lo segundo, luego pienso
Que los oiré decir alguna cosa,
Pues esta noche a un baile asistiremos.

Zefalia   ¿En dónde y por qué causa es esta fiesta?

Débora   En la casa de Olimpia, y el objeto
Es darle el parabién por su venida
Que así Rutilia y yo lo hemos dispuesto,
De acuerdo con su hermana Serafila,
Que sabes tiene tan festivo genio.
Yo me encargué de convidar a Isbela,
Y de pasar con este mismo intento
A casa de Zefalia, y por fortuna
En feliz hora juntos os encuentro.

Absalón   El convite aceptamos, y por prueba
Vamos a disponer el viaje presto,
Que a la hora de esta tiene Serafila
Más de doce sartenes en el fuego.
¿No os parece, pastores?

Nicodemo   Por mi parte,
A lo que es diversión no zafo el cuerpo.

Zefalia   Y nosotras también, con mucho gusto,
De Olimpia a la cabaña asistiremos,
No sólo por bailar, sino por verla ole
Después de ausencia de tan largo tiempo.

Isbela   Olimpia lo merece por mil títulos,
Y yo muy pronta voy a su festejo.

Débora   Pues no comamos ya porque esta noche
Barriga ha de faltar; yo lo prometo.

Nicodemo   A mí me vendrá bien esa abundancia,
Que no tengo el estómago repleto,
Porque, aunque nuestra mesa ha sido larga
Más atendí a charlar que al alimento.

Débora   Allá lo llenarás, si así lo quieres,
Gozando al mismo tiempo otros recreos,
Alternando los bailes y los cantos
Y haciendo rechinar los instrumentos.
Tú, Nicodemo, tocarás la flauta,
Absalón el rabel, y yo el pandero;
Y entre una danza y otra irá la copa,
Poniendo de alto punto los cerebros

Zefalia   Ha de estar ciertamente muy alegre
Nuestra reunión, pues no nos falta genio,
Y Olimpia y Serafila, de igual temple,
La noche harán pasar como un momento.

Absalón   Mas yo quiero saber antes de todo
De dónde viene Olimpia, pues entiendo,
Al ver que os alegráis de su llegada,
Que vendrá del Egipto o de más lejos

Debora	Viene de las montañas de Judea,
	Adonde fuera a hacer su cumplimiento
	A una anciana virtuosa que la ha criado
	Y siempre le mostró cariño tierno.
	Isabel es su nombre, y era estéril;
	Y no bien se acercó la primavera,
	Viendo ya en los arbustos los renuevos,
	El camino tomó de la montaña
	Y en allí estuvo hasta que entró el invierno
	Asistió al parto de su bienhechora,
	Vió y arrulló al infante, que es muy bello.

Absalón	Pues qué, ¿es partera Olimpia? Mal oficio;
	No será mi mujer con este empleo.

Nicodemo	Pues cree que no es tan malo como piensas;
	Y cuando se dan tono, mucho menos;
	Se hacen al punto dueñas de la casa,
	Comen muy bien y mandan con imperio;
	Le guardan al marido sus raciones,
	Las piernas de gallina y otros restos,
	Y, cortado el ombligo del muchacho,
	Cobran el honorario como un médico.

Zefalia	Olimpia no ha llevado este destino;
	Fué por su gratitud...

Absalón	Y yo más creo
	Que por curiosidad, si ha de atenderse
	A que este es mal muy propio de su sexo.

Isbela	Mas era disculpable, si advertimos
	Que no era para menos el suceso.

Nicodemo	Yo mismo que no tuve la desgracia
	De nacer hembra, concebí deseos
	De ver encinta a una mujer anciana,
	O a un hermoso muchacho dando el pecho.
Débora	No está lejos Hebrón, y en dos patadas
	Puedes ponerte allá en cualquier tiempo;
	Seis meses tiene el niño, muy apenas,
	Y la misma Isabel le da sustento,
	Con leche propia; pues aunque es tan vieja,
	Y con la piel unida ya a los huesos,
	A sus pechos la dió gran abundancia
	El que haciendo un milagro, madre la ha hecho.
	No imitó ni el melindre ni el delito
	De aquellas madres que en la ciudad vemos,
	Que de naturaleza ahogando el grito
	Dan a extrañas nodrizas sus hijuelos.
	Pero vamos, que es tarde y al ocaso
	Se avecina ya el sol; levantad luego;
	Tenemos que vestirnos y calzarnos
	Y cortar flores para los cabellos;
	Y hemos de hacerlo solas, pues no somos
	Damas a quienes peina peluquero.
Isbela	Débora dice bien; y me retiro
	Dando a Zefalia gracias, como debo,
	Y a vosotros, pastores; y esta noche
	A estar juntos y alegres volveremos.
Zefalia	Yo me marcho también, y sólo aguardo
	Recoger platos y llenar el cesto.
	Componeos muy bien, que por mi parte
	He de hacer por lucirme en el bureo.

Absalón	Y lo que más importa es tener listos
	Los pies para bailar y limpio el pecho,
	Porque hemos de cantar y dar mil gritos
	Hasta que el sol apague los luceros.
Isbela	No olvidéis la zampoña ni la flauta,
	Ni llevéis de los músicos el genio.
	Que no quieren tocar cuando los ruegan,
	Y aburren cuando debe haber silencio.
	(Vánse Isbela y Débora).

ESCENA IV
NICODEMO, ABSALON Y ZEFALIA

Absalón	Nicodemo no afloja en una fiesta,
	Ni yo, que tengo callos en los dedos;
	Los resabios de maestros de ciudades
	Los músicos de aldea no tenemos.
Nicodemo	Vete, Zefalia, y la mejor sandalia lo
	Pon a tus pies, y la soguilla al cuello,
	Pues presumo que Olimpia y Serafila
	Han de estar ataviadas con esmero;
	Lo mismo irán Rutilia, Isbela y Débora,
	Y no es justo que tú lo vayas menos,
	Aunque para lucir, no necesitas
	De galas ni de adornos sobrepuestos.
Zefalia	No pienso mal de mí; mas al instante
	Voy a coger claveles a mi huerto,
	Y a hacerme una guirnalda matizada
	Con muy blancos jazmines que allí tengo;
	Llevad, pues, al redil esos ganados,
	Y a disponer la marcha venid presto. *(Sale).*

ESCENA V
LOS DICHOS, MENOS ZEFALIA

Absalón   No tardaremos mucho, pues ya huelen
De la casa de Olimpia los buñuelos.
¿Con quién pierdas bailar?

Nicodemo   Yo, con Isbela.

Absalón   ¿Ya quieres empezar tu galanteo?

Nicodemo   En efecto, me agrada esa mozuela olla
No por el rostro, que en verdad no es bello
Sino porque le advierto que es virtuosa
Y que tiene su poco de talento,
Porque hermosura sin virtud ni juicio
Sólo es un oropel que yo no aprecio.
Y ¡pobre de la moza que fundare
En el color y ia belleza el mérito,
Porque no es más que flor que se marchita
¡Y queda reducida a un esqueleto!
Pasa la juventud y arrinconada
Acaba triste de la vida el resto;
No presenta atractivos al esposo,
Y olvidada por él rabia de celos.
Mas te repito, amigo, que por ahora
No tengo de casarme pensamientos.

Absalón   ¿Te casarás después?

Nicodemo   De eso no hay duda,
Pues ya te dije que hago mal concepto
De solterones.

Absalón   ¿Y... por qué... motivos?

Nicodemo   Porque su vida no es muy buen ejemplo;
                Vagan cual mariposas que a las flores
                Despojan del aroma más perfecto:
                Sin hijos, sin familia, sin esposa,
                Reconcentran en sí sus pensamientos;
                Aman, pero su amor es semejante
                Al que un lobo les tiene a los corderos
                ¿Y tú te casarás?

Absalón   Por lo ... que dices,
                Es un deber hacerlo aunque con miedo,
                Porque vivir a una mujer unido
                Es tener una sierpe envuelta al cuello.
                Mas esta noche escogeré entre todas
                La que parezca haber menos defectos;
                De buena gana a Olimpia tomaría,
                Porque al fin tiene vacas y carneros,
                Ella recoge trigo en abundancia
                Y en la bodega sobra vino añejo.
                Esta noche verás como se cruzan
                Los jarros, los jamones y torreznos;
                Y no fuera mi suerte tan adversa
                Si tal enlace me cupiera al menos

**(Absalón, sentado como está, se bambolea por la
embriaguez habrá pronunciado los versos con voz
entrecortada, pero sin desfigurarlos).**

Nicodemo   Tú tienes buena dosis de codicia;
                Mas por fin, Absalón, ¿qué es lo que hacemos?
                Vamos luego a encerrar nuestro rebaño,
                Que ya la noche asoma el manto negro.

Absalón	Vamos, pues, al instante; pero aguarda
	Que pararme no puedo, Nicodemo;
	Tengo las piernas flojas como un trapo,
	Y en la cabeza siento gran mareo.
	¿Qué enfermedad será esta?
Nicodemo	Borrachera,
	Pues tiraste a beber, y estás peneco.
Absalón	Pues déjame dormir siquiera un rato
	Que pienso que con esto me refresco.
Nicodemo	¡Qué dormir, ni qué diablo! Es necesario
	Que de aquí nos marchemos al momento;
	Levántate, Absalón.
Absalón	No me es posible;
	Quiero dormir que tengo mucho sueño.

(Nicodemo tira del brazo a Absalón para levantarlo, y acabará por sacarlo a empellones).

Nicodemo	Yo te levantaré; dame la mano
	Y te refrescaré con un remedio;
	Haz por tu parte alguna diligencia;
	Cierto que tienes muy pesado el cuerpo.
Absalón	El mundo me da vueltas como un trompo;
	Mira no me derribes, que me quiebro.
	¿Y hacia dónde me llevas?
Nicodemo	A la fuente.
Absalón	¿Y allí vas a curarme?

Nicodemo	Y luego, luego; Con solo remojarte las orejas Te voy a refrescar; pero te advierto Que esta noche, de Olimpia en la cabaña, En eso de beber andes con tiento.
Absalón	Yo te lo ofrezco así; más anda despacio Que me harás vomitar si vas corriendo

ACTO SEGUNDO

La cabaña de Rutilia sencillamente adornada; los pastores
con trajes de gala.

ESCENA I

RUTILIA, ISBELA Y DEBORA, SENTADAS

Rutilia	La noche está muy serena, Y aunque aprieta un poco el hielo, Está despejado el cielo Y tenemos luna llena
Isbela	¿Sabes si viene Nectalia?
Débora	No viene.
Isbela	Mucho lo siento; Mas no tardará un momento En llegar aquí Zefalia; Nicodemo y Absalón No faltarán a mi ver. Porque han prometido ser Músicos de esta función.
Rutilia	A convidarlos marchó

Débora bien de mañana,
Y con el sí muy ufana
Hace poco que llegó.

Débora Mas no son los parabienes
Los que a Absalón han movido,
Sino que ya ha percibido
El olor de las sartenes.

Isbela ¿Y ha venido buena Olimpia?

Débora Y aun digo que más hermosa,
Con sus mejillas de rosa
Y la tez más blanca y limpia.

Isbela Cuanto más Zefalia tarda
Tanto más verla deseo.

Rutilia Ya llegará, según creo,
Pocos momentos aguarda.

Débora Yo apuesto que ha estado ella
Engalanándose toda,
Como si fuera a una boda
Para mostrarse más bella.

Rutilia Y si esto fuese verdad

¿Tiene algo que reprender?
¿No es propio de la mujer
Tener esta vanidad?
¿Con qué fin has escogido
Hoy tus vestidos mejores?
¿Y por qué Isbela con flores

El cabello ha entretejido?
Yo confieso sin rubor
Que si tanto me compongo,
En la fiesta me propongo
Aparecer la mejor.
Y Serafina y su hermana,
Sin temor puede apostarse
Que sólo en engalanarse
Están desde esta mañana.

Débora   Mas yo pregunto, señoras,
¿A quién vamos a agradar,
Si allí sólo hemos de hallar
Dos músicos y pastoras?
Pues yo a ninguna he de creer
Que se adorna solamente
Porque piense allá en su mente
Agradar a otra mujer;
Y que cuando al templo van
Con tanta pompa ataviadas,
Las cabelleras rizadas,
Luciendo oro y tafetán,
El objeto sólo sea
Presentarse con decencia
En la divina presencia,
Y que Dios sólo las vea;
Otro es nuestro pensamiento,
Aunque la mira es honesta,
Y es que en el templo o la fiesta
Hallemos un casamiento.

Isbela   Te engañas, Débora, en creer
Que sólo este fin tenemos,
Sino que nunca queremos

Que nos venza otra mujer
Y vanas siempre deseamos
Que otra de envidia reviente,
Cuando ve que en nuestra frente
Rica guirnalda llevamos;
O que en nuestros dedos brilla
Un espléndido diamante,
Que el vestido es rozagante
Y de perlas la manilla.

Rutilia   Y yo, por añadidura,
Digo de la hembra por ahora
Que es la más reparadora,
Y más que el varón murmura;
Aunque en el templo parece
Que atentas están orando,
No lo están, sino atisbando su
Cuanto a sus ojos se ofrece;
Al salir dan un relato
Exacto de los listones,
De fustanes, camisones,
De la media y del zapato;
Y en la revista prolija
No se escapa ni una sola;
Ven si en la enagua va cola,
Quién lleva arete y sortija;
Y por eso al adornarnos
Queremos callar las lenguas,
Y que en vez de hallarnos menguas,
Antes salgan a alabarnos.

Débora	Comencemos desde aquí Nuestros juicios a formar; ¡Qué concepto hacéis de mí? ¿Estoy como un azahar?
Rutilia	Yo te miro muy hermosa.
Isbela	Y yo, linda hasta el extremo; ¡Quién sabe si Nicodemo Te echa el ojo para esposa!
Débora	Yo pagándoos con usura Digo que a vuestra belleza Ha de inclinar la cabeza Aun de Olimpia la hermosura

Isbela y Rutilia ¡Mil gracias!

Débora	Llega Zefalia. Viene corriendo ligera, Y es porque teme sin duda Que haya empezado la fiesta.
Rutilia	¿Y cómo empezar podría Sin que hubiera venido ella?

ESCENA II

LAS DICHAS, ZEFALIA Y NICODEMO

Nicodemo	¡Felices noches, pastoras!
Zefalia	¡Bien halladas, compañeras!

Rutilia   ¡Bienvenidos, Nicodemo
                  Y tú, Zefalia! Ya Isabela
                  Estaba por tu tardanza
                  Desesperada e inquieta. (Se abrazan)

Zefalia   Y yo no lo estaba menos;
                  Mas no es corta la carrera;
                  Y a más de esto, era preciso
                  Componerme la cabeza
                  Y mudarme los vestidos.
                  Pues que vamos de etiqueta.

Débora   ¿Y Absalón?

Nicodemo   Fue necesario
                  Que llevara las ovejas
                  Allá cerca de Belén,
                  Donde otros pastores velan,
                  Pues andan listos los lobos
                  Y aquí quedaban expuestas;
                  Pero va con tanta gana
                  De concurrir a la fiesta,
                  Que si no llega primero
                  De Serafila a las puertas,
                  Poco después de nosotros
                  Llegará por otra senda.

Isbela   Pues si os parece, marchemos...

Rutilia   No es forzosa tanta prisa;
                  Que Zefalia tome asiento
                  Mientras que Absalón se acerca

Débora	Sí; que un papel principal Va a tener en nuestra orquesta
Zefalia	Y aunque un poco más tardemos, Antes faltarán las piernas Para bailar, que la noche, Que en el invierno es muy lenta.
Rutilia	Es verdad, y aún no ha llegado Al cenit la Casiopea.
Isbela	¡Hola! Rutilia, ¿conoces Las estrellas y planetas?
Rutilia	Y es muy útil las conozcan Las pastoras y labriegas Pues por ellas advertimos Si tardará o está cerca La aurora y dejar la cama Para las diarias tareas; Y con sus apariciones A los campesinos muestran Cuándo debe ser la poda Cuándo la vendimia y siega, Cuándo es el tiempo oportuno De trasquilar las ovejas; Y bastara solamente Admirar la Omnipotencia Del Criador, viendo que están Tan puntuales todas ellas A salir cuando les toca, Ya a anunciar la primavera, Ya a demarcar el solsticio, Ya a dar a luz en las tinieblas.

Nicodemo	¡Oh, Rutilia! Tú podrías
	Dar envidia a damiselas
	Que moran en bellas casas
	Y que se visten de seda;
	Pero que nunca han fijado
	Sus ojos en las estrellas,
	Ni saben con qué destinos
	Recibieron la existencia.
Débora	Ciertamente que me agrada
	Oír hablar de esta manera,
	Pero perder ahora el tiempo
	Puede ser impertinencia;
	Allá tenemos a Olimpia
	Ya Serafila en espera,
	Y yo temo que se enfríe
	O que se queme la cena.
Zefalia	Ya he descansado bastante,
	Débora, y estoy dispuesta;
	Y sabes qué día y noche
	Corro por esas laderas.
Nicodemo	Pues que se emprenda la marcha.
Rutilia	Es lo que Isbela desea.
Isbela	No te engañas, y ya sabes
	Que dos objetos me llevan,
	El primero ver a Olimpia,
	Que es tan amable y bella,
	Y el otro pasar bailando
	Con ella la noche entera

Que es el único placer
Que a los aldeanos les queda

Zefalia   Parece que conveninos
Todos en la misma idea

Débora   Y yo digo que llevamos
Otra mira, aunque secreta,
Que es de calentar las tripas
Con el vino y la merienda;
Y más que sabéis que Olimpia
Jamás anda con miserias;
Si sois francas como yo,
Confesadlo, compañeras

Nicodemo   No dudo que allá en la mente
Este pensamiento tengan;
Pero ¿qué tiene de extraño
Ni qué puede dar vergüenza?
Nada es más común que ver
Por acá en las aldeas
El gentío que concurre
Donde se dice que hay fiesta.
¿Y por qué van? Porque saben
Que hay carnero o vaca muerta,
Y el olor del estofado
Los hace pasar en vela.
Y en habiendo buenos tajos
Dicen que ha estado muy buena.

Rutilia   ¿Y en la ciudad, Nicodemo,
Se portan de otra manera?
Yo ví las mismas costumbres
Cuanto tiempo viví en ella.

Nicodemo   Cierto es, pues si se convida,
Al examen de una escuela,
A una función en el templo
O a entierro en que no hay candela,
Todos están ocupados
En el taller o en la tienda,
Y sólo por compromisos
Suelen prestar asistencia
Mas cuando saben que está
Ya preparada la mesa,
Que se han labrado de azúcar
Las arrobas por docenas,
Que para cada uno habrá
Lo menos cuatro botellas,
Que para la madrugada
Buenos tamales se aprestan,
No hay ocupación que atrase,
No hay catarro que detenga,
No hay luto para las damas
Ni para el varón hacienda.

Zefalia   Pues siendo así, vamos luego.
Sea como dice Débora.

Débora   Mira, no olvides la flauta.

Nicodemo   Lleva tú la pandereta;
Y si queréis llegar luego,
Seguid mis pasos, doncellas,
Que a la cabaña de Olimpia
Soy muy ducho en las veredas.

Todas   Te seguimos, Nicodemo

Nicodemo   ¡Viva Olimpia!

Todas   ¡Viva! ¡Ea!

ACTO TERCERO

La cabaña de Olimpia, lujosamente adornada.

ESCENA I

OLIMPIA Y SERAFILA

Olimpia   Serafila, los pastores
Ya deben venir.

Serafila   Y aun tardan.

Olimpia   Que de más claros aguardan
La luna los resplandores.
Con esplendidez la cena
Es preciso dispongamos,
Pues no quiero que tengamos
De alguna falta la pena.

Serafila   Cuanto pudiera desear
La más voraz golosina
Está pronto, y la cocina
Mejor no pudiera estar.
Y pues te deseaban ver
Y concurrir a esta fiesta
Rubenia, Micol, Modesta,
Noemí, Sileno y Ester,
Hice poner en las ollas
Carne de vaca y ternero,

419

De cabrillo y de carrero
Muchas gallinas y pollas;
Mantequilla, requesón
Hay y cuajada muy fresca,
Y porque no falte pesca
Mandé componer salmón;
Otras mil cosas previno,
Olimpia, mi diligencia,
Que harán lucir tu opulencia,
Sin olvidarme del vino.

Olimpia Has hecho bien, pues me daña
Menos el verme tachada
De pródiga o de sobrada,
Que de mezquina o tacaña..

Serafila Pero trabajo importuno,
Olimpia, todo este ha sido,
Porque venir no ha podido
De los que dije, ninguno;
Y que se malogre temo
Tanto pastel, tanto pan
Que consumir no podrán
Absalón y Nicodemo.

Olimpia ¿Y por qué causa han faltado?

Serafila Porque al salir de la luna,
Sin que quedase ninguna
A la ciudad han marchado.

Olimpia ¿Con qué fin?

Serafila	La novedad Es que toda mujer u hombre Deben ir a dar su nombre, Razón de bienes y edad.
Olimpia	Para mí no es cosa extraña, Pues a ese empadronamiento Se daba ya cumplimiento Muy exacto en la montaña.
Serafila	Pues quien sabe si esta noche Cuando festivos bailemos, La orden de marchar tenemos Sin que nos apronten coche.
Olimpia	¿Y qué hemos de hacer? Marchar, Pues el mandato de Augusto, Sin examinar si es justo, Es preciso respetar.
Serafila	¿Y sabes por qué obsesión Se nos impone esa ley?
Olimpia	Por los caprichos de un rey, Que no tiene más razón; Por vanidad de Octaviano, Que anegado en los placeres Quiere ver de cuántos seres Es el dueño soberano.
Serafila	No obstante, Olimpia, yo creo Que las pastoras que vienen Bastarán pues genio tienen Para animar el recreo;

Mas antes es menester
Que aquel baile que tenemos
Por otra vez ensayemos,
Que las quiero sorprender.

Olimpia   Dices bien: manos a la obra,
Comencemos el repaso,
Y aprendiendo bien el paso
Para sorprenderlas sobra.

ESCENA II

LAS MISMAS; (BAILAN)

Serafila   Suspendamos que ya se oyen
De los pastores los cantos.

Olimpia   Vienen lejos y podemos
Darle fin a nuestro ensayo.

**(Se oyen cantos en el interior, y las pastoras
suspenden su baile: se sientan).**

La plácida luna,
El alma sin pena
La noche serena,
Llaman al placer;
A Olimpia mirando,
A gozarle vamos
Cantando y bailando
Hasta amanecer.

CORO

A la bella Olimpia
Dando el parabién,
Cantemos, bailemos
Hasta amanecer.

Serafina

Parece que estamos listas
Y que con donaire bailo.

Olimpia

Lo haces muy bien, Serafila
Y que sorprendas aguardo.

Serafila

Ahora dime, ¿estoy bien puesta?
¿Para lucir fáltame algo?
Porque a ti, de las que vienen
Nadie te llega al zapato;
Si el rey Herodes te viera
Hoy te llevara al palacio.

Olimpia

Estás bella, Serafila;
Y temo que lo estés tanto
Que de esta fiesta, un marido
Te arrebate de mi lado.

Serafila

Pues no lo temas, Olimpia,
Que no soy ratón que un gato
Me haya de cazar; soy grande
Y sólo un león me da asalto;
Yo he de ser como Abigail,
Al trono alzada del campo;
A esos pobres pastorcillos
Los compadezco y los amo;
Ahora bailaré con ellos

Y atenderé a regalarlos;
Les dispensaré cariños;
Pero la mano. . . . nequando
Mas parece que ya llegan:
A recibirlos salgamos.

ESCENA III

LAS MISMAS: NICODEMO, ZEFALIA, ISBELA,
RUTILIA Y DEBORA ENTRAN DESPUES DE
CANTAR LO QUE SIGUE

El cielo estrellado,
La noche muy buena,
La luna en su llena
Permiten gozar
 De Olimpia la vista
Y de Serafila,
Y en unión tranquila
Cantar y bailar.

CORO

Lleguemos, amigos,
A Olimpia mirar,
Y hasta que amanezca,
Cantar y bailar.

Isbela   Olimpia, siempre bella,
Siempre sin mengua cual del cielo estrella;
Después del largo plazo
Que nos ha separado, estrecho brazo
Debe volver a unirnos
Y que jamás nos toque despedirnos.

424

Olimpia	Dámelo muy estrecho
	Que siento palpitar dentro de mi pecho
	El corazón que te ama
	Y de tierna amistad arde en la llama.
Zefalia	Olimpia, cuya ausencia
	Me ha parecido como un siglo larga,
	Haciéndome la vida muy amarga;
	Hoy que ya tu presencia
	Me vuelve la alegría
	Permite que te abrace, amiga mía.
Olimpia	Por doquiera, Zefalia, en mi memoria
	Y en el pecho fielmente retratada
	Te he llevado abrazada,
	Pues que mi mayor gloria
	En ser amiga tuya está fundada.
Rutilia	Olimpia, que has tenido
	Mustias las flores, sin verdor el prado,
	Cuya ausencia ha sacado
	De este mi corazón hondo gemido;
	Hoy que feliz te veo,
	Satisfaga este abrazo a mi deseo.
Olimpia	Abrázame, Rutilia, estrechamente,
	Mientras el labio llevo yo a tu frente
	Que, adornada con flores,
	Causa la admiración de los pastores.
Nicodemo	Salve, Olimpia, que has vuelto
	Más bella de los montes de Judea,
	En cuyo talle esbelto
	Hermosa y rubia cabellera ondea

Haciéndote envidiar de las estrellas;
Porque aparece más lucida que ellas
El parabién te doy, porque has llegado
Del modo que no bien he retratado.

Olimpia   Eres donoso y fino hasta el extremo,
Y yo te doy las gracias, Nicodemo.

Isbela   Y a ti, por tu contento, enhorabuenas
Todas queremos darte, Serafila.

Zefalia   Y que nos divirtamos y pasemos
La noche en danzas en honor de Olimpia.

Serafila   Del grato obsequio que os dignáis prestarnos
Estaba ya por Débora advertida;
Dejad los mantos y sin cumplimientos
Vuestro asiento tomad, caras amigas.

Débora   Qué no haya dilación en que se empiece
La tambarria; sonemos ya la lira,
Y veréis que en cabriolas no me gana
Ni Isbela que es tan diestra ni Rutilia.

Olimpia   Generosas pastoras, vuestro intento
Es darme el parabién por mi venida;
Os lo agradezco; pero yo a la fiesta
Dar objeto más grande tengo en mira.

Rutilia   ¿Y cuál es el objeto? Dilo al punto.
A fe que no ha de ser mejor, Olimpia.

Débora   Lo que importa es bailar por cualquier cosa
Y cansadas venir a la comida.

Olimpia   Traigo de las montañas una nueva
              Digna de celebrarse

Isbela   ¡Dila, dila!

Olimpia   Que si no ha nacido, no dilata
              En que al mundo aparezca el gran Mesías.

Rutilia   Cierto que es grande cosa y que merece
              Danzar si verdad fuera y dar mil vivas:
              Y no sé qué hay en eso, pues he oído
              Dos Rabinos hablando en estos días,
              Y decir muchas cosas que no entiendo,
              Registrando las hojas de la Biblia;
              Pero todo lo hablaban en secreto,
              Temiendo del Gobierno los espías.

Zefalia   Yo estuve en Galilea, y con reserva
              Oí que se circulaba esta noticia,
              La oí en Jerusalén, la oí en Betania
              Mas siempre reservada y escondida.

Isbela   Con el mismo secreto un fariseo,
              Sabio profundo de la ley escrita,
              Con quien tengo amistad, me ha demostrado
              Que cumplidas están las profecías,
              Que ya es el fin de la última semana
              Que señaló Daniel a esta venida.
              Me habló de otros profetas que la anuncian
              Y dijo no sé qué de unas Sibilas.

Nicodemo   Por dondequiera van esos rumores
              Que por temor de Herodes no se explican
              Y yo tengo por cierto que ya es tiempo

Que nazca el Salvador que el cielo envía.
Ya los ídolos no hablan de las gentes,
Y el imperio acabó de la mentira,
Y ya veis que en Israel la regia estirpe
Se extinguió de Mariamne en la familia;
Al César obedece la Judea,
De Roma es tributaria Palestina,
Y con cetro de hierro nos oprime M.
De Herodes la extranjera dinastía;
Y esta fué la señal que dio a sus hijos
Nuestro padre Jacob, de esta venida;
Todo, todo se cumple a nuestros ojos,
Todo se verifica a nuestra vista.

Débora   Y a fe que sucedió, pues que yo he ido
Allá a Jerusalén en estos días
A celebrar la fiesta de las flores
Que en nuestra santa ley está prescrita,
Y en movimiento la ciudad estaba,
Adornado el palacio de cortinas,
Dando todas a Herodes parabienes,
Doblando ante él humildes las rodillas,
Porque un hijo varón le había nacido,
Y este y no otro ha de ser ese Mesías.

Rutilia   Muy engañada estás.

Débora   ¿Por qué motivo?

Rutilia   Porque a todos es cosa muy sabida
Que de David traerá su descendencia
El Salvador del mundo.

Serafila   ¡Hola, Rutilia!

Isbela	Muy bien has dicho, y se añade a esto
	Que esa grande ciudad no es la escogida
	Para cuna de Cristo.
Serafila	A mí me han dicho
	Que Miqueas en una profecía
	Sin dejar duda claramente expresa
	Que a Belén tocará tan grande dicha.
Nicodemo	Bien instruidas estáis en la Escritura;
	Mas aguardemos que nos diga Olimpia,
	Qué supo allá en Ain que más confirme
	La próxima llegada de este día
Olimpia	A más de esos rumores que se esparcen
	Por dondequiera en la nación judía
	En casa de Isabel he visto cosas
	Que señales me han dado positivo;
	Y si me habéis de creer, puedo deciros
	Que ya conozco a la mujer divina
	De quien ha de nacer el Prometido,
	Y que la dicha tuve de servirla.
Serafila	¿Qué estás diciendo, hermana?
Olimpia	No lo dudes,
	Y atiende a mi relato, Serafila.
Zefalia	Sigue, Olimpia, que atentas te escuchamos,
	Y con la novedad muy sorprendidas.
Olimpia	En el mes de Nisán, cuando las flores
	Sobre los verdes tallos se mecían
	Y a la nueva y risueña primavera

Las aves saludaban, revestidas
De vistosos plumajes, y la tierra
Con nueva juventud aparecía; oren
Con Isabel cosiendo unos pañales
Hallábame una tarde entretenida;
una sirviente apresurada viene
A decir a Isabel que una visita
Llega de Nazaret; que es una joven
Que, sin exagerar, es la más linda
De todas las mujeres, pues no puede
Haber otra beldad más peregrina;
Que María es el nombre que ella ha dado,
Y que ansiosa pregunta por su prima.
A este nombre, la anciana se levanta,
Como de impulso superior movida;
De la preñez no siente el grave peso,
Y que ha llegado al sexto mes olvida,
Y, como una muchacha de quince años,
Veloz y alegre corre a recibirla.

Serafila   ¿Y la seguiste tú?

Zefalia   ¿Quién no lo hiciera?

Rutilia   Y siendo ella mujer, es cosa vista...

Olimpia   Luego que vió a Isabel, la hermosa joven
Con una voz angélica y suavísima
Dijo: "La paz de Dios contigo sea
Y habite en esta casa y su familia".
El primer movimiento de la anciana
Fué estrechar en sus brazos a su prima;
Mas repentinamente, quedó inmóvil
Y en éxtasis profundo sumergida,

Oyendo aquel saludo y viendo el rostro
De su joven pariente en que yo misma
No veía un ser humano sino un ángel,
Un serafín, no sé si deidad diga,
Cuya faz irradiaba luces suaves
Que los ojos recreaban y no herían.
Yo temblé de respeto en su presencia,
Y casi la adoraba de rodillas.
Entretanto Isabel vuelve del pasmo,
Y cual, si hubiera inspiración divina,
A la joven dirige estas palabras
Que para mí no fueron entendidas:
"Yo te saludo, afortunada joven,
Mujer entre mujeres bendecida,
Así como es bendito el sacro fruto
Que ya tu seno virginal abriga.
¿Y de dónde me viene esta ventura?
¿De dónde a mí, tu sierva, tanta dicha
De que se digne visitar mi casa
La que es madre del dueño de mi vida?
Desde el momento que a mis oídos llega
Tu voz encantadora, prima mía,
El niño que a mis canas Dios ha dado
Salta en mi vientre y de placer se agita.
Feliz eres mil veces, porque creíste,
Y en ti a la letra se verán cumplidas,
Sin que una jota falte, las palabras
Que de orden de Jehová te fueron dichas".

Isbela   Y, a la verdad, que son muy misteriosas
Esas cosas que dejas referidas.

Nicodemo   Con esa pompa vana que deslumbra,
Nuestra nación espera su Mesías,

431

Y con el mismo brillo ver esperan
A la que en sus entrañas lo conciba;
Pero sabios doctores nos han dicho,
Fundados en algunas profecías,
La Que pobre ha de nacer y que su gloria
No ha de ser en el fausto establecida.

Olimpia Y yo que vi las gracias de esa joven
Y que no cesaré de repetirlas, implo
¿Pudiera creer que Dios la desechaba
Porque no viera en ella telas ricas,
Ni las joyas y perlas que envanecen
A las hijas del mundo, tan altivas?
¿Pudiera creer que Dios escogiera otra
Para hacerla su Madre, si en María
Ve todas las virtudes en un grado
Que sólo pueden creerse siendo vistas?
¿Pudiera creer que Dios no la ha elegido,
Cuando a las bendiciones de su prima,
Llevando al cielo sus hermosos ojos,
Lleno de luz el rostro, y las mejillas
Bañadas de purpúreos resplandores,
Y en fuego celestial toda encendida,
Respondió con un cántico inspirado,
Sublime en los conceptos y poesía.
Cántico sin igual con que ha nublado,
Como después ha dicho Zacarías,
La gloria de David, su ilustre abuelo,
Honor de su nación y su familia?
Ah! Pastorcillas, si la hubieráis visto
Cuando el himno celeste profería,
Como dos soles sus brillantes ojos

Y sobre el labio virginal sonrisa,
Os postraríais, como yo, a adorarla
Y por cosa no humana la tendríais!

Serafila ¿Y sabes tú el cantar?

Olimpia Como un milagro
Fue que yo lo aprendiera, Serafila;
Y siéndome tan grato lo repaso
Como un dulce recuerdo cada día.

Isbela Dínoslo, Olimpia, que, por lo que has dicho,
Juzgo ha de ser composición divina.

Serafila Dilo, que me parece que estoy viendo
Las gracias y bellezas de esa niña.

Rutilia Por oírlo desespero, pues ya tengo
Con la joven poetisa simpatías.

Olimpia Escuchad, pues, pastores. De este modo,
A los elogios que Isabel le hacía,
Modesta, espiritual y fervorosa,
Y a los dones de Dios reconocida,
Como del Santo Espíritu agitada,
Respondió la doncella bendecida:

"Gloria —dijo — al Señor, la lengua mía
    Exclame enajenada:
A Dios que es su salud y su alegría
    Se eleve transportada,
Que, sin ver de su esclava la bajeza,
    Colmóla de bondades,
Y admirarán su espléndida grandeza

433

¡Del mundo las edades!
De corona inmortal ornó mi frente;
Cubrióme con su manto
Aquél temido Ser omnipotente,
El que es tres veces Santo!
El que agita del mar y de los vientos
La indómita pujanza,
Y vuelve a los furiosos elementos
La paz y la bonanza;
Cuya munificencia y cuyos dones
Sin límite se extienden
Sobre una y diez y cien generaciones
¡De los que no se ofenden!
Desplegó el indomable poderío
Del brazo prepotente,
Y en medio aniquiló al mortal impío
¡De su furor demente!
Derrocó a los magnates poderosos
Del solio enaltecido,
Y a los puestos de honor, esplendorosos,
¡Exaltó al abatido!
Al pobre enriqueció, y a los hambrientos
Colmó de sus favores;
Tornándose desnudos, macilentos,
¡Los ricos opresores!
De su misericordia ilimitada
Pompa hizo, en su largueza.
Y recobró Israel esclavizada
Su brío y su altiveza,
Según lo que a Abraham fué prometido
Y a nuestros genitores.
Y hasta que el fin del mundo haya venido
Tendrán sus sucesores!". (*)

(*). Este cántico es traducción de Heriberto García de Quevedo, adoptada por el Padre Reyes.

Isbela   ¡Oh! ¡Qué cantar tan sublime!

Zefalia   ¡Qué improvisación tan bella!

Nicodemo   Muy bien dijo Zacarías
                  Que ha eclipsado esta doncella
                  La gloria de los cantares
                  De David y los profetas.

Olimpia   ¿Y qué os parece del juicio
                  Que tengo formado de ella?

Rutilia   Que piensas muy bien, Olimpia,
                  Y te doy la enhorabuena
                  De que hayas visto y hablado
                  A una mujer tan perfecta;
                  Y por eso va otro abrazo.

Isbela   No se queda atrás Isbela.

Zefalia   Ni se quedará Zefalia
                  Que va darte una docena....
                  (Todas se apresuran y estrechan en grupo: a Olimpia).

Serafila   Yo no he de ser la de menos

Débora   ¡Ya se hicieron una trenza!

Nicodemo   Tienen razón de estar locas,
                  No es para menos la nueva,
                  Tú me abrazarás a mí.

Débora	Mejor fuera a una culebra,
	Lo que quiero es que bailemos.
Serafila	Pues empecemos la fiesta,
	Y que no sea por Olimpia
	Sino por esa doncella.
Isbela	Y porque ya presumimos
	Que el Mesías está cerca.
Rutilia	Pues, a bailar, al instante!
Zefalia	Presto a bailar, compañeras.
Olimpia	Cada una tome su puesto
	Y elíjase su pareja,
	Y que toque Serafila
	El pandero o la vihuela,
	Mientras que llega Absalón
	Y se arregla bien la orquesta;
	Y entonces ella vendrá
	A comenzar su tarea.
Rutilia	Yo estoy lista.
Zefalia	Comencemos.
Isbela	En honor de la doncella.
Olimpia	Y de su prima Isabel
	Que está criando, aunque tan vieja.
Nicodemo	Cada una escogió la suya;
	A mí me toca con Débora.

Débora	Ven, Nicodemo, no importa
	Bailar con macho o con hembra
	Ea, amiga, Serafila,
	¡Haz hablar esa vihuela!

(Bailan según indica el diálogo).

Nicodemo	¡Oh! ¡Qué bueno que va esto!
	¡Qué viva mi compañera!
Olimpia	Descansemos un instante
	Que la tanda ha sido larga.
Serafila	Y vaya un trago de vino
Olimpia	Nicodemo, que es varón,
	Que lo reparta a las damas.
Nicodemo	Pues venga acá la botella
	Que la comisión me agrada.
	¿Y por quién comenzaré?
	Por Isbela y por Zefalia.
Isbela	Gracias, señor Nicodemo.
Nicodemo	A Serafila sean dadas
	Que se acordó de beber
	Cuando nadie se acordaba.
Zefalia	Pues muy bien; a Serafila
	Y a Olimpia damos las gracias,
	Pues el vino está tan bueno
	Que Octaviano lo deseara.

Nicodemo	Ahora a Débora y Rutilia Que no han de estar desganadas.
Rutilia	No he de negar, Nicodemo, Que esta ocasión aguardaba.
Nicodemo	Esa franqueza me gusta.
Débora	A mí lléname la taza.
Nicodemo	Como yo ya te conozco, Así dártela pensaba.
Débora	Y ¡cuidado, ¡qué está rico!
Nicodemo	Ahora voy a las de casa, Porque es preciso que estén Taco a taco las muchachas. ¡Toda, toda, ¡Serafila!
Serafila	A tu salud; pero basta.
Nicodemo	Yo no pensé que anduvieras En esta fiesta tan parca; Y Olimpia ¿me hará un desaire? A fe que no, que es muy guapa.
Olimpia	Brindo porque las pastoras Que visitan mi cabaña, A honor de la nazarena Bailen y luzcan sus gracias.
Isbela	Agradecemos, Olimpia.

Nicodemo	¡Oh, qué bien! Así me agrada,
	Ahora a la salud de Olimpia
	Beberé yo; mas ¡caramba!
	Que al pobre repartidor
	Sólo quedaron zurrapas;
	Pero más vale.
Débora	¿Y por qué?
Nicodemo	Porque tal vez me pasara
	Lo que le pasó a Absalón.
Rutilia	¿Y qué fué?
Nicodemo	Que esta mañana,
	Almorzando allá en el campo,
	Echó tantas tragantadas
	Que sin saber a qué horas
	Se puso una soberana,
	De modo que no podía
	Pararse sobre las patas;
	Y un irresistible sueño
	Se le vino a las pestañas;
	Fué menester que a tirones
	Del suelo lo levantara;
	Y aunque dando mil traspiés
	Logré conducirlo al agua,
	Y con un baño de orejas
	Pude que se refrescara.
	Tan eficaz fué el remedio
	Que al volver a la cabaña
	Estaba tan alentado
	Que no lo advirtió Zefalia.

Débora	¡Qué atrasado está Absalón!
	¡Yo pudiera ser su maestra!
	Y desde ahora lo declaro
	Por un pastor muy cobarde.
Rutilia	Eso es porque tú has crecido
	Frecuentando las ciudades
	Donde se ven las tabernas
	De trecho en trecho en las calles,
	Y a beber se aprende en ellas
	Primero que a persignarse;
	Y por supuesto, bebiendo
	Desde las tiernas edades,
	Se dejan tras botellas
	Sin dar señas de embeodarse.
Serafila	Eso es muy cierto, y yo he visto
	En los banquetes y bailes,
	En francachelas que son
	De cada domingo y martes,
	Que las niñas, las señoras,
	Los de mando, comerciantes,
	Muchachos de las escuelas,
	Gentes de toga y encajes,
	Beben cuanto no bebiera
	Un buey que del yugo sale;
	Y aún que de entre éstos algunos
	Suelen hacer disparates,
	Decirse algunos insultos
	Y aun echar mano a los sables,
	Pero por lo general
	Tan poco efecto les hace
	El vino, que al otro día
	Se les ve frescos pasearse,

Ir al despacho, a la escuela,
Al templo, a lo que les place.
Y en eso de las tabernas,
A muchos oigo quejarse
De que se tiene gran celo
A De que en los pueblos no falten,
Sin tomar empeño alguno
Porque allí escuelas se instalen,
Donde se enseñe a los niños
El *a, b, c,* ciencias y artes.

Zefalia   Dejemos las digresiones,
Y sigamos nuestro baile;
Nicodemo tocará
La flauta o lo que le agrade,
O la pastora que quiera,
Y qué Serafila dance.

Nicodemo   Toma el instrumento Isbela,
Que yo voy en un instante
A ver que se ha hecho Absalón,
Que para que llegue es tarde.

Isbela   Dices bien; vete al momento,
Y los dos vengan cuanto antes.

Débora   Dile que ya está la cena,
Y volará como un sacre.

Serafila   No os dilatéis, Nicodemo.

Nicodemo   Seré más veloz que el aire,

                              (Váse).

441

ESCENA IV

Isbela
A mí me toca ser música,
Y a Rutilia acompañarme.__

Rutilia
Lo que importa es que la noche
En alegre unión se pase.

Olimpia
Zefalia es mi compañera

Serafila
A mí Débora me cabe. **(Bailan).**

Débora
       Bien lo hacemos, y en la corte
Pudiéramos dar envidia;
Para que nada nos falte
Que cante algo Serafila.

Rutilia
A ella se le encomendó
Cantar en honor de Olimpia,
Versos que compuso Isbela
Que la lleva de poetisa.

Débora
Pues no hay que perder el tiempo;
¡Vamos! Canta, amiga mía.

Serafila
Sabes que soy deferente,
Y aunque mi voz no es muy linda,
Acompañada de Isbela,
Podrá quedar más lucida.

Isbela
Me honro en acompañarte,
Aunque no lo necesitas;
Toma, pues, el instrumento,

Y vaya la tonadilla. (*)

(Cantan Isbela y Rutilia).

(*). **Estos versos, desde donde habla Débora, fueron añadidos en la repetición de la Pastorela del P. Reyes. Concepción Vega.**

Admirad de Olimpia
La beldad, pastores,
Es entre las flores
La más bella flor
Si el monarca altivo
Sus gracias mirara,
Cautivo quedara
En lazos de amor.
¡Feliz el pastor
Que a poseer la llegue,
Y a quien ella entregue
Su fiel corazón!
En tan gran tesoro
Se gozará el alma
Con tranquila calma
¡Sin otra ambición!

ESCENA V
DICHOS, ABSALON

Absalón   ¡Hola! ¿Con que ya empezasteis
La función sin aguardar
Que estuviera yo presente,
¿Que soy papel principal?

Zefalia   Pero Absalón ¿que no miras
¿Que la media noche es ya?
Ve el Arado y las Cabrillas

Y a Orión que a ponerse van,
Tu tardanza ha sido tanta
Que Nicodemo poco ha
Salió en tu busca, temiendo
Que te sucediera un mal.

Absalón   No me ha encontrado; sin duda
Que por otra senda va.
Mas pregunto ¿habéis cenado?

Débora   Hemos bebido, no más.

Absalón   Pues parece que ya es hora;
El hambre me lo avisa ya.

Serafila   A Nicodemo se espera;
Paciencia, que ya vendrá!

Absalón   Os referiré entre tanto
Lo que allá me hizo tardar,
Y que es cosa ciertamente
Que mueve a curiosidad.

Olimpia   ¿Qué cosa es?

Absalón   Que por acaso
Llegándome a la ciudad
En aquella gruta oscura
Del arruinado portal
Que está a la parte del sur
Unido al antemural,
Que os es muy bien conocido,
Pues allí todas llegáis
A guarecer los ganados

Por la nieve o huracán;
Siendo ya entrada la noche
Dos personas vi llegar,
Y en el momento la cueva
Se llenó de claridad
"¡Hola!" —me dije a mí mismo—
"¿Encantos hay por acá?"
Y no obstante que temía
Brujerías encontrar
Me fui acercando a la puerta
Ojo alerta aquí y allá,
Y lo primero que he visto
De la gruta en el umbral,
Fueron una asna y un buey
Echados a descansar
Adelante vi un anciano
De solemne gravedad
Que parecía abismado
En algún hondo pesar.
Y luego junto al pesebre
Que lleno de paja está,
Vi una joven tan hermosa
Que jamás he visto igual;
Y "¿Qué es ésto?" —me decía—
"¡Que esta tan rara beldad
Haya venido a hospedarse
A este triste muladar!"
Largo rato me detuve
Viendo sin despestañar
Aquella doncella o ángel,
Que no sé yo qué será;
Hice esfuerzos por hablarla
Y al anciano preguntar
La causa de aquel misterio,

Pero no me hallé capaz,
Viendo que los dos estaban
En profundo meditar;
Y lleno de admiración
Y de respeto a la par,
Fui saliendo silencioso,
Como había entrado al portal.

Serafila   Yo no dudo que es verdad
Todo lo que Absalón cuenta.

Isbela   ¿Y por qué?

Serafila   Porque confirma
Lo que me dijo Medea;
Con ella acabo de hablar
Antes de empezar la fiesta.

Zefalia   Oigamos a Serafila,
Porque esto también alegra.

(Siéntanse).

Olimpia   Piensas bien, pues si las danzas
Y la conversación alternan,
Lejos de ser fastidiosa
La reunión, es más amena.

Serafila   Contóme aquella pastora,
Que sabéis no es embustera
Que entre las gentes que van
Por el edicto del César
A Belén a empadronarse
En numerosas catervas,
Un anciano venerable

446

Conducía a una doncella,
De quien no ha encontrado voces
Para explicar la belleza;
Pero que estando vestida
Con sencillez y modestia,
Sin dar indicios de rica
Ni menos que pertenezca
A las ilustres familias
De la encumbrada nobleza,
Ha sufrido mil desprecios
De otras jóvenes que llevan
A Todo el lujo de la corte,
Y de grandes la soberbia;
Que en vano de las posadas
Y casas tocó a las puertas a
De todo Belén, pues nadie
Se ha compadecido de ella;
Y que muy lejos de darles
Hospedaje, con afrenta
La arrojaban a la calle
Con inhumana dureza,
Unos por ver que era pobre,
Juzgándola otros plebeya,
Sin que las altivas damas,
Vestidas de ricas telas,
Ni los nobles caballeros,
Testigos de tal fiereza,
De los pobres peregrinos
Muestras de compasión dieran;
No habiendo más corazón
Sensible que el de Medea,
Que sin poder socorrerlos
Los siguió muerta de pena.
El anciano se afligía,

Aunque sin proferir quejas
Por los viles tratamientos
Hechos a su esposa tierna;
Mas ella lo consolaba
Con faz alegre y serena,
Adorando los decretos
De la oculta Providencia.
Y, en fin, viendo que en
Belén Todos asilo les niegan,
Que la noche va cubriendo
Con su oscuridad la tierra,
De aquella ingrata ciudad
Al punto salir intentan,
Y hacia las puertas del muro
Dirigieron la carrera.

Zefalia   Pues no hay duda que ellos son
Los que Absalón vió en la cueva.

Rutilia   ¿Y por qué no los condujo
A su cabaña Medea?

Débora   ¿Y por qué no ha caído fuego
En esa ciudad perversa,
Como cayó allá en Sodoma,
¿Según me contó mi abuela?

Serafila   Olimpia, a la madrugada
Voy a traer a esa doncella

Isbela   Y yo voy a acompañarte
Para enseñar que, en la aldea,
Hay pechos más generosos
Que en las ciudades soberbias.

Olimpia	Tal vez, tal vez es la joven
	De que os hablé, por las señas
	Que he podido recoger
	En lo que ahora se nos cuenta

(Nicodemo grita en lo interior).

Nicodemo	¡Albricias, buenas pastoras!
(Entrando)	¡Albricias vengo pidiendo!
	Vamos bailando, muchachas,
	¡Que estoy loco de contento!
	Mas… no bailes todavía.
	Quieros contaros primero.

Olimpia	¡Dinos al punto, pastor!

Zefalia	¿Qué te pasa, Nicodemo?

Isbela	¿Qué es lo que quieres decirnos?

Nicodemo	Referiros un suceso.
	Que no hay otro más grandioso
	En los anales hebreos.

Olimpia	¿Y cuál es?

Nicodemo	¡Que ya ha nacido
	El Salvador de los pueblos!

Rutilia	¿Y quién te dió esa noticia tan grande?

Nicodemo	¡Los mismos cielos!

Iba en busca de Absalón
Con un paso muy ligero,
Y casi, casi al llegar
Do estaban los ganaderos,
Se me presentó a la vista
La atmósfera ardiendo en fuego;
Y en una cándida nube
Que lanzaba mil reflejos
Iba en alada figura
Del más gallardo mancebo
Un ángel cuya hermosura
No puedo explicar, confieso,
Quedéme como una estatua,
De pasmo, sorpresa y miedo,
Cuando que el paraninfo
Habló con célico acento
A los pastores que en vela
están sobre los corderos,
Dándoles la gran noticia
Que esperaba el Universo.
Yo advertí por el murmullo,
Que los pastores temieron
Y que azorados querían
Todos escaparse huyendo;
Mas la voz del querubín
Dejó tranquilos sus pechos,
Hablando a aquellos zagales
Y de este modo diciendo:
"No temáis, pastores,
Que soy mensajero
De paz y alegría
Al vasto Universo.
Hoy mismo ha nacido
De Belén, no lejos,

Por decretos altos
Quién del mundo es dueño;
Y aunque soberano
De tronos e imperios,
Da y quita a los hombres
Coronas y cetros,
No en sumos palacios,
Ni alcázares regios
Le busquéis. De toscos
Pañales cubierto
Sobre húmeda paja
Yace el Rey del cielo.
¡Acudid, pastores!
¡Zagales, id presto!
Sed al gran Mesías
En ver, los primeros;
No tardéis, dichosos
Pastores hebreos,
Y en vuestro camino,
Más raudos que el viento,
Llevadle tributos
De amor y respeto
Mirad que es nacido
¡El Rey de los cielos!
Y en medio a los aires
Un sonoro estruendo
De angélicas voces".
Contestó de lejos:
"Gloria en las alturas
Al Señor Eterno,
Y al hombre sencillo
Y de honrado pecho
¡Paz y bienandanza
Del mundo en el suelo!

Y entre blancas nubes
Subiendo a los cielos
Más y más remotos
Se fueron oyendo
De aquellos cantares
Los límpidos ecos". (*)
Yo inmóvil me había quedado;
Mas de mi asombro volviendo
Advertí que los pastores
Al ángel obedecieron,
Y cantando himnos de gozo
A Belén iban corriendo,
El rebaño encomendando
A Jehová, pastor supremo.
Tuve impulsos de seguirlos
Y corrí con este intento;
Mas me acordé de vosotras,
Y he volado como el viento
A daros esta noticia
Para que a Belén marchemos

(*) Adoptado de María, poema de Zorrilla, continuado por Heriberto García de Quevedo.

Olimpia   ¿Y quién puede detenerse
Sin ir a adorar al Verbo?
Afortunados pastores,
Tocad esos instrumentos,
No para el placer del baile
Sino para que al
Eterno Demos gracias.

Serafila   Caminando
Será mejor que cantemos.

Isbela	Dice muy bien Serafila; ¿Detenernos? Ni un momento!
Zefalia	Tengo en los hombros el manto, Y los pies están dispuestos
Rutilia	Pero, ¿vamos al portal Sin que presentes llevemos? El ángel nos ha mandado, Según dijo Nicodemo, Que cada uno su tributo Llevará al infante tierno; Yo opino que a las cabañas Volvamos sin perder tiempo A buscar nuestras ofrendas, Y que luego nos juntemos En la casa de Zefalia De donde muy bien sabemos Que Belén está más cerca.
Todos	¡Bueno, bueno el pensamiento!
Olimpia	Andad, pues, mientras nosotras Nuestro tributo escogemos.
Zefalia	Y será con tanta prisa Que llegaremos primero.
Absalón	Débora, nuestras sartenes Allá se quedan oliendo.
Débora	No pienses ahora en comer Sino en ver al Niño bello,

Y en volviendo de Belén
Mejor nos sabrá el puchero.

Absalón

Serafila, no te olvides
De llevar un par de cuernos
De vino, porque hace frío
Y tal vez nos helaremos.

Serafila

Eso corre de mi cuenta, Absalón.

Absalón

Me voy contento.

ACTO CUARTO
Cabaña de Zerafila

ESCENA I

TODOS

Olimpia

Todos estamos ya juntos;
Emprendamos el camino.

Isbela

Sí, porque estoy tan deseosa
De ver al verbo divino,
Que los momentos que aguardo
Me son largos como un siglo.

Zefalia

¿Y quién no deseará ver?
Con sus ojos tal prodigio?

Absalón

A fe que Herodes no quiere
Conocer ese chiquillo,
Y quien sabe si lo mate
Como ha matado a sus hijos.

454

Nicodemo	No le faltarán deseos, Porque ha de temer que el Niño Le quite el cetro, pues nace Para Rey de los judíos; Y un ambicioso es capaz Del más horrendo delito.
Débora	Mas ahora Herodes se enreda Aunque sea un asesino; Pero ¿qué estamos haciendo? ¿A dormir aquí venimos?
Rutilia	Por mi parte no hay demora, Y mi tributo va listo.
Absalón	Bueno fuera echar un trago Para librarnos del frío.
Débora	¿Y te atreverás a ir beodo A la presencia del Niño? ¡Eso fuera un sacrilegio! Hasta la vuelta no hay vino!
Zefalia	Débora dice muy bien
Absalón	Pues paciencia, y al camino.
Olimpia	¡Ea! Marchemos pastores.
Serafila	Pero cantando algún himno.
Isbela	Lo traemos ya preparado.

Serafila	Entonad, pues, que os seguimos.
Absalón	Entonad, pues, que os seguimos
Nicodemo	Yo toco el panderetillo

ESCENA II

LOS MISMOS. Marchan a Belén en parejas, una en pos de otra, formando círculos en torno del escenario. Antes del último verso, se descubre el portal, y después del canto se colocan en frente de la gruta.

DÚO

Aquel tiempo de eterna ventura
Por los vates predicho llegó;
Un arcángel de extrema hermosura
Lo ha anunciado al humilde pastor
De esplendor inefable rodeado
Y entre cándidas nubes se vió.
Y cual música grata ha sonado
A los oídos su célica voz.

CORO

Zagalejos, corred con presteza;
Pastorcillas, venid a Belén,
Que allí en forma de infante ha nacido
La esperanza y la gloria de Israel
El enviado del cielo nos dijo:
Nueva os doy de inefable placer;
De Jehová sempiterno ya el Hijo

Salvador ha nacido en Belén.
Le dió a luz de su vientre fecundo
La más pulcra y perfecta mujer,
¡Gloria y paz se ha anunciado hoy al mundo,
 Redención, libertad, todo bien!

Zagalejos, etc.

Hallaréis entre el heno, zagales,
Al que en trono elevado reinó,
Y cubierto de humildes pañales
Al que viste de luces al sol.
Mensajero del Cielo, ya vamos
Hacia dónde nos llama tu voz,
Y al Rey niño el tributo llevamos,
Y los pechos ardiendo en amor.

Zagalejos, etc.

Ya las nubes al Justo han llovido.
Y ya el cielo el rocío estiló
De patriarcas y vates pedido
Con suspiros de santo fervor;
Y una tierra feliz y sagrada,
Tierra virgen que el cielo escogió,
Con el soplo de Dios fecundada
De su seno nos dió al Salvador!

Zagalejos, etc.

¡Vedlo allí, en un pesebre humillado!
¡Vedlo allí, entre las pajas llorar!
Vedlo allí, de Belén despreciado,
¡Y acogido a ese vil muladar!

A sus pies arrojaos, pastores,
Y sus plantas divinas besad;
Al gran Rey y Señor de señores
Vuestro humilde tributo pagad!

CORO

¡Oh, qué lindo, qué bello el chicuelo!
¡Oh, qué bello, qué hermoso el pastor!
Adoremos zagales, rendidos
Al Mesías, enviado de Dios!

ESCENA III
DICHOS

Absalón   Tenéis aquí, pastores,
La cueva, el buey, la asnilla y los señores
Que al valiente Absalón le hicieron miedo;
Mas yo os juro que puedo
Irme zampando sin temor ahora,
Que un niño está, más bello que la aurora.

Isbela   Todo aquí me sorprende y embelesa:
Del Niño Salvador la gran belleza,
La humildad de ese anciano venerable
Y de la joven madre la modestia
Y la gracia inefable
De su mirar, y que una y otra bestia
Adore a su Criador con reverencia,
Cual si en ellas hubiera inteligencia.

Zefalia   ¡Qué admiración, qué gozo!
En mi pecho no cabe el alborozo;
Esa joven no hay duda que es divina,

Y el niño que reclina
Sobre almohadas de paja la cabeza,
Es el mayor portento de belleza
Que mis ojos han visto.... ¡Ah! ni las flores
Que se ostentan con vividos colores,
Ni el estrellado cielo sorprendente
Pueden ser ni un reflejo
¡De lo que miro en este portalejo!

Serafila ¿Cómo fué desechada
En la ingrata Belén esta hermosura?
¿Cuál fué la ceguedad y la locura
De los que le han negado una posada?

Rutilia ¿Cómo han podido hacerle tanto ultraje,
Altivos con el oro y el linaje,
Los que pudieron ver su rostro bello
Donde virtud y gracia han puesto el sello?
Mas ved aquí exaltada
La joven despreciada,
Y el rico y poderoso enaltecido
Volverán a su nada entre el olvido!

Débora Bien dije yo que castigar debiera
Dios de esas gentes la altivez tan fiera.

Nicodemo Un misterio profundo
Se cumple aquí, que está escondido al mundo
Y si el Niño naciera entre señores
No fuera hoy conocido de pastores;
Fué de grandes y ricos despreciado
Para ser entre humildes adorado.

Olimpia Ved cómo se cumplió mi profecía;

Esta joven, pastoras, es María;
Esta es la prima de Isabel dichosa
Que llegó a la montaña presurosa,
Y a quien hablé y serví por mi ventura,
Y fui correspondida con ternura.
Ahora no le hablaré, porque no intento
De su éxtasis distraerla ni un momento;
Mañana he de volver, y ahora postrada
¡Adoro la deidad por mí encarnada!

(Se arrodilla).

ESCENA IV

LOS DICHOS, LA OFRENDA

Olimpia   Te adoro en esas pajas,
Verbo de Dios eterno;
Te adoro, aunque de carne
Tu ser divino ocultan densos velos,
Y como a Rey del Orbe
Por tributo te ofrezco
Un manso corderillo
De piel nevada con matices negros.
Acéptalo, Señor,
Aunque es un don pequeño;
Mas te lo ofrece Olimpia,
Quiero allegar mis labios y mi frente.
Ardiendo de tu amor en grato incendio,
Y, a tus plantas divinas, reverente.

Isbela   Este infantillo que humillado veo
Es el libertador del pueblo hebreo,
Y aunque su nacimiento no celebre

Como de un Rey, la mundanal grandeza,
Por Dios lo reconozco en su pobreza,
Y lo adoro tendido en su pesebre.

(Arrodillase).

Te adoro, infante bello,
Que sin dejar la diestra
Del sempiterno Padre,
Del cielo bajas a salvar la tierra;
Te adoro, y por tributo
Te da esta humilde siervo
Una graciosa cofia
Adorne ella tus sienes
Antes que heridas sean
Por agudas espinas,
Como ya lo han predicho los Profetas;
Pero permite que la pobre Isbela
Te imprima un beso que con ansia anhela

Zefalia   Viendo a mi Dios en tanto abatimiento,
En traje de mortal el que es eterno,
Agitada de dulce sentimiento
A darle vasallaje me prosterno.

(Arrodillase). Te adoro por mi Dios
Aunque te miro niño,
Y en esa tierna forma
Me inspiras más amor, encanto mío;
Te adoro, y por tributo
Ofrezco hilo finísimo
Que hilé con tanto esmero
Como si ya supiera sus destinos;
De él tejerá tu madre

Con sus dedos purísimos
La túnica inconsútil
Que crecerá contigo a un tiempo mismo.
¡Oh! mis ojos te vean
Con ella revestido,
Antes que te desnuden
¡Para jugar sobre ella los impíos!
Acepten este don tus manecillas,
Y Zefalia dé un beso a tus mejillas.

Rutilia
(Arrodíllase)

La admiración, el pasmo y la alegría
Me ocupan toda el alma, y humillada
Como esclava de la deidad increada
Voy a adorar al Hijo de María.
Te adoro, tierno infante,
Bello, cándido lirio,
Y te doy por tributo
Este blanco y mullido colchoncito,
Que yo, como inspirada,
Por un secreto instinto
Lo henchí de blandas plumas
De varios delicados pajarillos;
Quita de entre las pajas,
Tierna madre, al chiquillo,
Y véanle mis ojos
Sobre más blando lecho adormecido,
Antes que llegue un día
De infausto vaticinio,
En que verás su cuerpo
Sobre duros maderos extendido;
Mas pide en recompensa mi cariño
Que me dejes besar al tierno niño.

Serafila
(Arrodíllase)

Llena de pasmo, en éxtasis mi mente,
Estaba arrebatada dulcemente;
Mas vuelta en mí, ante mi Dios me postro
Y mi cabeza inclino ante su rostro.
Te adoro en tu pesebre,
Te adoro, increado Verbo;
Y aunque tu hermosa madre
Leche te de sus vírgineos pechos,
Leche de mis ovejas
En cantarillo nuevo,
En pastoril tributo
Vengo a ofrecerte con sincero afecto;
¡Ojalá que pudiese
Dártela en el momento
En que a tu sed de muerte
Amarga hiel ofrecerá mi pueblo!
Mas desde ahora recibe
Lo que entonces tal vez darte no puedo;
Pero más que la ofrenda,
Mi corazón, sus ansias, sus deseos
Y el ósculo que imprime Serafila
Sobre el labio que gracia y miel destila.

Débora
(Arrodíllase).

Dénme lugar a mí, que también quiero
Adorar a ese sol, a ese lucero.
Hermosura sin defecto,
Infantillo peregrino,
Yo adoro tu ser divino
Con el más rendido afecto,
Te adoro con ciega fe,
Y te ofrezco por tributo,
Te los voy a presentar;
Velos bien, uno por uno:
De mi huerta todo el fruto,

Que para ti lo corté;
Míralo aquí; no hay alguno
Que se pueda desechar;
Una naranja
De piel dorada,
Una granada
Grata en sabor;
Una manzana,
Un duraznillo,
Y este membrillo
De suave olor;
Esta guayaba
Que es perulera,
Este mamey;
Mira qué linda
La granadilla;
Una anonilla
Como una miel.
Este es todo mi presente;
Ahora cumple mis antojos,
Que son besar tu real frente
Y tocar tus bellos ojos.

Nicodemo Y yo ante ti, gran Señor
(Arrodillase) Profundamente humillado,
Por tributo mi cayado
Doy como a eterno pastor;
Y aunque el labio más no diga
Por el asombro y respeto,
Tú penetras el secreto
Que en el corazón se abriga

Absalón   A tus plantas, Rey de Israel
(Arrodillase)   Tienes este pastorcillo,
                Y es su tributo un perrillo
                Que se llama Coronel;
                Este te ha de ser más fiel
                Que los hombres que del
                Cielo Te han hecho venir al suelo
                En la más cruda estación;
                Cuanto tiene da Absalón
                Y este es todo su consuelo.

ESCENA V

DICHOS. —EL BAILE

Olimpia   Ya adoramos al infante;
                Bien es que nos retiremos.

Débora   Justo es; pero antes bailemos
                Por divertirlo, un instante.

Rutilia   A fe que nunca quisiera
                Alejarme de María.

Isbela   Yo su esclava quedaría
                Y por siempre le sirviera.

Zefalia   Yo me voy; pero mañana
                Vuelvo a esta dichosa cueva.

Serafila   El deber es quien me lleva,
                Pues de irme no tengo gana.

Nicodemo   Luego bailad, no déis pena

465

Al Niño, que va a dormir.

Absalón   Y porque tenemos que ir
A zambullirnos la cena.

Débora   Sólo en eso estás pensando?

Absalón   ¿Y tú me dirás que no?

Serafila   Eso es lo que quiero yo.

Nicodemo   Pues bailemos luego el Cuando.

Olimpia   A Serafila y a mí
Nos conviene ahora tocar.

Rutilia   ¡También podéis agradar
Al Niño y la madre así!

(Cantan y bailan, menos Olimpia y Serafila que tocan).

CORO
¿Cuándo llegará este cuando
Que mi corazón desea,
De que en el portal me vea
Por siempre al Niño adorando?

Nicodemo   Si a Dios acabáis de ver
En un pesebre tendido,
Humillado y abatido
La culpa es de la mujer;
Porque a Adán hizo comer
Fruta vedada, y llorando
Perdidos y a malhayando

466

Su golosina nos deja,
Y el Niño de ello se queja;
¿Podrán disculparse? ¡Cuando!

Isbela

Si la mujer en Edén
A Dios y al hombre ofendió,
Su pecado reparó
Otra mujer en Belén;
Esta del árbol del bien
El fruto nos está dando;
Mas fruto tan dulce y blando
Siempre desprecia el varón;
Para el malo fué glotón,
Pero para el bueno? ¡Cuando!

CORO
Cuando llegará, etc.

Absalón

El arcángel que anunció
De Jesús el nacimiento,
A ver este gran portento
A la mujer no llamó;
¿Y por qué? Porque previó
Que saldría murmurando,
De la Virgen, y contando
De José alguna mengua.
Pues tiene tamaña lengua;
¿Y podrá negarlo? ¡Cuando!

Zefalia

No se llamó a la mujer
A ver este Sol naciente,
Porque ella espontáneamente
A verlo debió correr.
Al varón fué menester

Traerlo a mecate, jalando,
 Porque siempre está pensando
En mandar y en dignidades
En beber y otras maldades;
¿Y podrá negarlo? ¡Cuando!

CORO
Cuando llegará, etc.

Rutilia De la hembra dijo Absalón
Que tiene la lengua larga,
Y llena de hiel amarga
Para la murmuración;
Y a fe que tiene razón,
Pues él ha estado observando
Que una a otra se están peleando
Criadas, niñas y señoras;
¿Y escaparán las pastoras
De la pelancina? ¡Cuándo!

Débora También dijo del varón,
Zefalia, que es codicioso,
De revolución deseoso
Y casi sin religión;
Y a fe que tiene razón,
Pues no hay uno de este bando
Que no suspire por mando,
Diputación o alcaldía;
Corren a la picardía;
¿Pero a ver al Niño? ¡Cuando!

CORO
Cuando llegará, etc.

ESCENA VI
DICHOS. —LA DESPEDIDA

Olimpia
Loores al Niño cantando,
Bien es que nos retiremos.

Débora
Pero mañana volvemos
A continuar con el Cuándo.

Rutilia
Antes que raye la aurora
Esparcid estas noticias.

Serafila
Yo voy a pedir albricias
A Noemi y a otras pastoras.

Zefalia
Pues a la marcha

Rutilia
Al camino.

Serafila
A mi cabaña marchemos
Y el último adiós cantemos
Al infante peregrino

(Cantan el primer cuarteto al Niño y el segundo al
auditorio:)

¡Adiós, Niño adorable,
Adiós, tierna doncella,
Anciano venerable,
Adiós, Adiós, Adiós!

¡Adiós, que ya partimos,
Y al auditorio noble
Las pastoras pedimos

Perdón, perdón, perdón!

FLORO O LA PASTORELA DEL DIABLO

LOA EN TRES ACTOS
PARA REPRESENTARLA EN EL DÍA DE
NOCHEBUENA

Personajes:

Gracia
Ángel
Humildad
Floro(viejo)
Esperanza
Demonio

ACTO NÚMERO 1

Tendrá el teatro tres puertas frente al público. La escena primera será detrás del foro en donde cantarán los siguientes versos:

Gracia y
Esperanza
(Cantan)

Hoy a aurora divina
entre el cándido árbol
todo el mundo se ilumina
naciendo el divino sol.

Humildad
y Floro
(Cantan)

En su alegre nacimiento
y entre cántico armonioso
sufriendo duro tormento
que es remedio universal

Gracia y
Esperanza
(Cantan)

De María concebida
sin la culpa original
hoy ha nacido el Mesías
que es remedio universal

Demonio
(en escena.
Se oyen
los aires
musicales
de un
caramillo).

Calla instrumento maldito
no pronuncies desatinos
suspende tu errada voz
no hables en torpes delirios
calla esos acentos, calla
que todos son barbarismos
mal fundadas alabanzas
de un ignorante capricho.
Pues yo haré que en el Infierno
en pavesas convertido.
Sufras el duro rigor
de tu horrible desatino.
Yo soy el dragón soberbio
que en los profundos abismos

para azote de rebeldes
entre los incendios vivo
cubierto por denso fuego
en pena de mi delito,
y siendo por la soberbia
el verdugo de mí mismo,
decidme música fatua
torpe imán de mis sentidos,
esos obscuros concentos
¿dónde los has adquirido?
Mi eterna infernal desgracia
y la rabia que respiro
la cruel envidia y furor
nunca jamás han podido
mirar con ceño agradable
lo que tiene de divino.
¡Maldito el instante sea
que tal tormento provino
aunque no pueda la astucia
hallar medio vengativo,
para convertir al orbe
en fuego luciferino!
Aquel precepto que Dios
me impuso. ¡Tiemblo al decirlo!
¡De obedecer muy sumiso
a su hijo en carne vestido
como que desde AB ETERNO
así estaba prometido,
allá en la mente suprema
antes que todos los siglos
este precepto me tiene,
por no haberle obedecido,
sin ver a Dios para siempre!
¡Oh precepto el más impío!

Mas en el juicio final
para mi mayor castigo
será el tormento más fuerte
mirarle... ¡Duro conflicto!,
pues por qué, siendo criatura
de más alta jerarquía,
ángel de más preferencia,
espíritu el más lucido,
siendo el nombre de LUZBEL
el de mayor distintivo
y entre las inteligencias
¿el que fue más distinguido?
¿Por qué título o razón
había de adorar rendido
al de menor excelencia
como lo es ese Mesías?
Eso no, imposible caso,
y al sufrir este delirio
el odio es más implacable.
¡Maldita para siempre
y más maldita en mí mismo
sea la pena del daño
que la pena del sentido!
Hoy de cólera reviento
y el vivo fuego respiro
venga, pues, todo el infierno;
y haga un estruendo el abismo
hasta darle fin al mundo
y todo quede destruido
Por qué en tan infeliz noche
que mis desgracias signó
hallo pruebas evidentes
del nacimiento del Niño;
de aquel humano verbo

instrumento de mi ruina.
Mas para que de una vez
se cumpla cuanto imagino,
salgan de acuestas cabañas
cuantos en ellas habitan.
Salid, socios del pecado
que cometiste conmigo
que ya es tiempo de vengarnos
con este recién nacido.
¡Oh!, si pudiera yo ahora
en este momento mismo
abrasar en puro fuego
con rápido torbellino
al cielo y los elementos
para arrojarlos en furia
los profundos abismos.
Salgan, salgan los Doctores
que a todos los desafío,
vengan todos a este punto
que hoy a todos convido.
Y si hay alguno que diga:
"Que el Mesías ha nacido"
astuto le probaré
con verdad y a punto fijo
que es engaño, es ilusión,
una falsedad o mentira
esos fatales anuncios
dudosos y obscurecidos.
¿Hay alguno que lo niegue
u otro que sí lo afirme?,
pues preséntense al momento
vengan a contradecirme.

(Cantan dentro lo que sigue:)

Nació en un portal
con singular alegría
nació el Niño Luz del día
para dar luz inmortal.

Demonio   Al oír esta canción
tanta es mi furia infernal
que prometo por quien soy,
poner remedio con tiempo
a este anuncio tan fatal;
pues puede tanto mi astucia
y mi maligna crueldad,
que he de ser el monstruo vivo
de la tirana impiedad,
y de todo lo divino
el más furioso rival.
Dime música embustera
vuestro siniestro rumor
fundado en una quimera,
¿por qué hace aplauso y blasón
procurando a mi desgracia
el tormento más atroz?,
qué ¿quiere ser por ventura
objeto de mi furor?
Decidme Mozart, decidme,
quién os puso en ese error?
¿Dónde esos falsos engaños
con caracteres fingidos
habéis hallado esculpidos?
¿Quién ha dicho que esta noche
EL MESÍAS ha nacido?

Floro
(Detrás
 del foro).

El cielo y la tierra unidos.

Demonio

¿Dónde está el conocimiento?

Floro

En la alegría y contento.

Demonio

Los laúdes mal repetidos.

Floro

Celebren todos rendidos.

Demonio

Nada tiene fundamento.

Floro

El glorioso nacimiento.

Demonio

Ya no tengo más que ver,
pongamos remedio activo;
así pues, demonios, ¡ea!
salid, salid del abismo,
y comenzando la guerra
vamos dándole principio
hasta dar fin al Autor
de esos globos cristalinos
que en el portal de Belén
hoy le tenemos nacido;
y por esta causa yo estoy
enteramente abatido,
esta es la pena que lloro
y sufro por atrevido
y en eternos calabozos
confuso estoy sumergido.
Así pues, todos venid,
y formad unión conmigo

para que de los destrozos
seáis vosotros testigos,
pues aunque se acabe el Mundo
siempre yo quedo en lo mismo
siendo de Cielos y Tierra
el tirano más impío
el Cancerbero rabioso
que el Infierno ha concebido
¡Maldito antro de tinieblas!
(Dirigiéndose a la caverna)
¡De volcanes laberinto!,
región lóbrega y oscura
escuchad mis alaridos
y venid en esta empresa
¡a ayudar a vuestro Príncipe!,
dando pábulos de fuego,
y que con este incentivo
caiga el Cielo, el Orbe tiemble
al rigor de mi capricho
y volviéndose todo humo
el infierno ¡VIVA! ¡VIVA! (Se va).

Floro
(detrás del
Telón.)

Al monte, a la selva
al valle que los lobos hacen daño.
            (Sale cantando).
Alegre la noche.
Con mi tamborío
la paso cantando
en este retiro.
Aunque ya soy viejo
sin ningún *colmio*
me como sin miedo
un grande lebrío.
(Él mismo, hablando).

¡Madre mía del buen viaje
mira qué tremendo frío!,
¿qué no hay una mano larga
que me dé una copa de vino?
Es trabajito ser pobre
el hambre obliga a decir:
¡ah!, malhaya quien cogiera
un buen sartén de lebrío,
¡diez varas de longaniza
con seis pares de tortillas!,
porque ya las pobres tripas:
da compasión al oírlas,
bien parece una tormenta
el ruido de mi barriga.
Como soy viejo y sin dientes
es preciso comer migas
porque si lo como entero
seguro la empachadita,
....
¡Pero, Jesús, qué hediondez
a demonio me ha venido!
¿Será miedo o cobardía?
....
....
....
es hedor Luciferino.
¡San Espiridión de mi alma!,
con el miedo yo me aflijo
quién sabe si habrá pasado
¡cerca de mí ese maldito!
¡Qué temor más grande tengo!
¡Ya me tiemblan los carrillos!
Ya me vienen los bostezos
que contener no podría,

Señores, ya yo no aguanto
¿estará el Diablo conmigo?
(Se vuelve a ver detrás)
No cuido más al rebaño
aunque amanezca perdido
esto no puede ser sueño
ni tampoco desvarío
díganme por vida suya,
¿me ven? ¿Estaré dormido?
¡Jesús!, qué hediondez a azufre,
ya no aguanto, ya vomito;
no hay duda que esto es empacho;
¿no me dan un vomitivo?
¡Pero ni los gallos cantan
ni los sapos hacen ruido!
¿Será acaso a media noche?
¡Padre mío, San Cirilo
que por guardar de lo ajeno
éste fuera el castigo
a punto de que el demonio
arrastre ahora conmigo!
Mañana queriendo Dios
a un convento me retiro
para vestirme los hábitos
del Señor San Agapito,
mas si acaso es tentación
de este modo me santiguo,
"POR LA SEÑAL DE LA CRUZ"
Líbrame del enemigo
¡quién cogiera un compañero
que ahora me diera un TIBIO!
(Vuelve a ver de lado)
¡Mas, Jesús!...... (cae sin habla).

Demonio	¡Hola, Señor don Floro Ud. ya se va conmigo! Incendios son los que arrojo y brasas las que respiro. Levanta Pastor del suelo y atiende a lo que te digo dime loco sin talento dime, débil fementido, esa gracia, esa humildad, de que tú estás asistido, esa esperanza insensata, ¿dónde se hallan?, te pregunto. Saber quiero ahora mismo que son los primeros pasos y los primeros principios que cauteloso procuro y envidioso solicito para arrancar el cimiento de aquel pesado edificio que la falsa fe fundó en medio del Cristianismo y así acabar de una vez de salir con mi designio ¿no respondes, Floro?
Floro	No lo... (como fuera de sentido lo que responde).
Demonio	¿Por qué no hablas, ignorante?
Floro	Ese foras... Montentante.
Demonios	¿De ese modo me contestas?

Floro   Ne cuan gestas.

Demonio   De esa suerte pagará
                   ese tu imprudente estilo
                   yendo conmigo al infierno en alma
                   y en cuerpo vivo. (Lo arrastra).

Floro   Favor, favor, cielos divinos
(Despavorido)   ven a librarme del maligno

(Aparece el Ángel).

Ángel   Deja víbora sangrienta
                   a este anciano peregrino
                   que es símbolo del amor
                   que tenemos al Dios Niño
                   aparta y jamás ofendas,
                   sin el permiso divino (Lo amenaza).

Demonio   Rabiando voy de soberbia
                   y no pierdo la esperanza
                   de hacer guerra a sangre y fuego
                   y ejecutar mi venganza (Se va).

Ángel   Levanta al anciano del suelo (lo toca con la
                   espada).
                   Si es que el miedo te acobarda
                   soy Paraninfo del cielo
                   que tienes en vuestra guarda
                   y para vuestro consuelo,
                   tu defensa está en mis alas. (Se va).

Floro   Agradezco tu piedad
                        no sin misterio yo estaba

483

en aquel tema metido,
diciendo, qué hedor tan grande!
¡Ya ven, Señores,
¿cómo descubrióse lo que hedía?
¡Bonito el perro del chasco!
Miren, si no me santiguo
e invoco el favor del cielo,
me hubiera entonces cogido
mayor susto entre mí cuerpo
que aún del todo no ha salido
ni supe lo que me habló,
de sólo mirar tal sierpe
he quedado sin sentido.
Y para quitarme el flato
ya me voy a la cocina
a comer un buen jamón
con un cuarto de gallina.
Y váyase como dicen:
"Lo comido por lo servid"
o como dice otro refrán:
"a buen bocado buen grit". (Se va).

Gracia   ¡Qué alegre que está la noche
toda en luces coronada,
y la tierra entre delicias
está de asombro arrobada!
La admiración, el placer,
todo me consuela y pasma,
no hay duda de que esta es la noche,
por tantos siglos deseada,
de Dios la divina gracia.

Esperanza   Las fragantes bellas flores
en tapetes de verdor

anuncian las maravillas
de aquel Señor que las creó
éste es si no me engaño
entre tanta admiración,
éste es, alégrense todos
el día que hizo el Señor.

Humildad Hasta las sonoras fuentes
hoy desatándose en perlas,
sus cristales transparentes
riegan los valles y selvas
según su fecundidad
conocemos que obedientes
dan pruebas de su humildad
AL CREADOR OMNIPOTENTE.

Gracia Supuesto pues que la noche
a tanto placer convida
disfrutemos sus deleites,
con canciones divertidas.

Humildad Sí, porque mi corazón,
cubierto de alegre velo,
encuentra en la recreación
un magnánimo consuelo.

Esperanza Este gozo inexplicable
que mi talento no alcanza
entre regocijos tantos
aguarda alguna esperanza

(Cantan GRACIA Y HUMILDAD y responden
ESPERANZA Y HUMILDAD).

Esperanza	Las purpúreas rosas
	lucen sus colores
	y se ven hermosas
	con sus resplandores.
	Nació de la aurora
	un bello lucero
	que esparce sus rayos
	por el mundo entero.
	Tiernos pajarillos
	que habitáis las selvas
	Dad dulces silbidos
	a la aurora bella.
	Salió de natura
	todo el verde prado
	y como jardín de flores
	se mira adornado
	de ricos colores.
	Nació ya.
	La noche trocando
	los negros capuces
	va así atesorando
	refulgentes luces.
	Nació ya.
	¡Oh aurora bella
	fuente de alegría!
	Tú haces que la noche
	se convierta en día!
Gracia	¿Esperanza, Humildad,
	qué os ha parecido?
	¿Son buenos los cantos
	que yo he discurrido?

Esperanza   Mucho de tu gracia
tienen los versillos
y más me han gustado
porque son divinos.

Humildad   En lo que has cantado
hallo algún enigma
en discurso claro
de una gracia fina.

Gracia   Este mi discurso
no es más que una cifra
porque he recordado
una profecía
que en noche como ésta
si es que bien lo diga,
había de nacer
de una hermosa niña
un joven gallardo
con suma alegría.
Y esto que yo canto
no es a punto fijo,
esto es acordarme
de lo que está escrito.

Esperanza   No sin fundamento,
alegre está el prado
y el firmamento
de luces dorado
dando en sus reflejos
avisos muy claros
del precioso enigma
que has interpretado.

Humildad	Vamos a nuestras cabañas esperando alguna dicha creo que ya es media noche hora de estar recogidas. Mas, una cosa he notado, que Floro no ha aparecido porque el rebaño está solo, no hay duda, que estará dormido. Es preciso despertarle y que se dedique al cuido llamarle quiero,... ¡FLORO! ¿FLORO? ¿FLORO?, para dónde te has ido?
Floro	Aquí estoy en la cocina haciéndome de cenar; las tripas me lloran mucho y no quieren ya aguantar. (Sale bostezando).
Gracia	Siempre ha de estar vigilante el buen pastor. Ya te lo he dicho y si se ofrece ha de dar por sus ovejas la vida.
Floro	Señoras, vengo a decirles que ya no cuenten conmigo.
Gracia	¿Y por qué? ¿Qué es lo que ha sucedido?
Floro	Un chasco que me ha pasado ahorita, ahorita mismo.
Gracia	¿A ti un chasco te ha pasado? Habla pues, explica, dilo.

Floro   Señoras que... Que el demonio (temblando las piernas)
              ¡ay! qué miedo me ha cogido.

Gracia   Siempre tendrás mucho miedo,
              loco, villano, sin juicio.
              ¿Por qué te turbas?... ¿Estás dormido?
              ¿No miras que estás hablando conmigo?

Floro   Yo bien quisiera explicar
              mas con el miedo no atino.
              Pues me hallo como la zorra.
              Todo picado de avispas
              porque fue la embajadora
              en la competencia que hizo
              al tigre, juntando gente
              para darle guerra al grío, [¿grillo?]
              más la zorra por curiosa
              salió de avispas cundida
              y todos le preguntaban
              zorra, ¿qué te ha sucedido?
              ¿De qué vienes sofocada?
              ¿Por qué vienes sin sentido?
              Y ella les respondió: "Del sol
              y me amenaza
              un terrible tabardillo,
              así ha sucedido a Floro
              y el susto ofrezco explicar
              cuando les llegue a pasar
              lo que a mí ya me ha ocurrido,
              ahora tengo mucho sueño,
              véanme ya estoy dormido (cierra los ojos)
              y estoy soñando que el diablo

vendrá aquí como un zorrito
y pienso que omnes ad domun **(*)**
irán a parar al abismo".

                         (*) Todos a la casa

Gracia   ¿Qué tienes por fin hoy Floro?,
que tu boca sólo dice: DIABLO
DEMONIO?
aparta de aquí villano (lo empuja).

Floro   De esta vez el pobre Floro
va a ser florín desflorado,
vayan dándome el florín;
con esto moriré honrado.
Y si es que saberlo quieren
el pasaje va a lo largo
tengan ustedes paciencia
hasta concluir lo empezado
es una LOA en tres actos
de un mayordomo afamado
que al Niño Dios esta noche
su afecto le ha dedicado
adiós, pues, hasta más luego,
les dice Floro Floriado. (Se va).

Humildad   Hora es de estar recogidas,
vámonos por el cortijo
y allá, con bailes y cantos,
será más el regocijo.

Esperanza El discurso está muy bueno
y tu parecer elijo.
La noche está de cantar
primorosos villancicos

repitiendo en suaves voces
nuestros armoniosos trinos

Gracia   Digamos acordemente
en aclamación festiva
que hoy renace entre nosotros
de Dios la gracia divina.
Deseando nuestra esperanza
y nuestra humildad rendida
el encontrar el consuelo
con toda la fe divina. Hablémosle a la vecina
para que todas velemos

CAE EL TELÓN)
FIN DEL PRIMER ACTO

ACTO NÚMERO 2

(Habrá en el teatro: un jardín al lado derecho, un árbol, para
que suba Floro, al lado izquierdo y unas sillas. Aparecerá
Gracia dormida en la escena y cantará El Ángel tras del
foro los siguientes versos).

El Ángel   Dio aquella feliz criatura
de su vientre sacrosanto,
la luz más brillante y pura
de los Alcázares sacros.

Gracia   Sigue, sigue dulce acento,
repite tu melodía
que tan preciosos elogios
me han colmado de alegría.
¿Quién dice: NACIÓ EL CREADOR?

El Ángel   **Los espíritus del cielo**

(Cantando).

Gracia   ¿Quién tal dicha me asegura?

El Ángel   Una celestial criatura.
(Cantando).

Gracia   Todas en consonancias
con singulares dulzuras
dicen en sus alabanzas:
"GLORIA A DIOS EN LAS ALTURAS."
(Se levanta asustada).
¡Oh dulce, apacible sueño!
Anuncio de mi contento,
donde el corazón gozoso
se entregó a tiernos afectos.
¡Qué sonoras alabanzas!
¡Qué celestiales concentos!
Pero en esta turbación
nueva dicha me prometo.
De haber penetrado en sueños,
altos y ocultos misterios;
cifrándome en gozos sanos
un manantial de consuelo,
ya sensibles, ya confusos,
y obscuros a mi talento,
y del todo inexplicables
a mi pastoril ingenio;
pues por más que solicito,
descubrir algún misterio
hallo rústico el empeño
y así volved a cantar
repetir sonoro Orfeo
por ver si en tus dulces voces

halla mi musa el acierto.
Mas, ¿no cantas? ¿No prosigues?
¿Qué haré, pues, piadoso cielo?
¿Encaminaré mis voces
a lo alto del firmamento?
¿Decidme, Muro estrellado,
decid, claro pavimento,
qué júbilo, qué contento,
qué alegría no esperada
qué en esta serena noche
alegran el Hemisferio?
¿Dime, antorchas luminosas,
círculos claros del cielo,
Sol, hermoso luminar,
Estrellas, Luna y Lucero,
qué placeres se dibujan
en esos nevados velos?
Sacadme ya de la duda
porque claramente veo
anuncios inexplicables
en tus hermosos reflejos.
Mas, así, donde elevada
me encumbra mi pensamiento,
si la nave de mi vida
no encuentra seguro puerto.
Baja, baja, no te eleves
a penetrar lo Supremo,
volvamos, pues, al descanso
para disfrutar del sueño. (Se sienta).

Salen Esperanza y Humildad

Esperanza ¿En qué deliberación te hallas,
Gracia, con vuestro recreo,

dejando el dulce reposo
y deleitoso sosiego? (Se sienta)

Humildad ¿Qué causa alienta tu espíritu
para que dejes el sueño?
Dime, que vuestras razones
satisfacen mis deseos. (Se sienta).

Gracia Aquí contemplando me hallo
de nuestro creador inmenso
las excelsas maravillas.
Pues admirada estoy viendo
la hermosura de los cielos,
transparente el firmamento,
el campo de las estrellas,
dándole gracias sumas
a la gran Omnipotencia.

Esperanza Yo apenas llegué al descanso
cuando arrebatada en sueños
me transportaron mis ansias
a un gran campo de azucenas
y de otras fragantes flores
que pintó Naturaleza.
¡Ay! Vi que de una rosa
de sorprendente belleza
nació un asombroso lirio.
Absorta de esta grandeza
le di gracias al Creador
por maravilla tan nueva.
Y despertando al instante,
turbada, medrosa e inquieta,
al momento fui a buscarte
y decirte tal rareza.

Ahora con tu discurso
este mi sueño interpreta.

Gracia   Me parece que eso es
según tu viva pintura
el lirio fragante y bello,
que la rosa bella y pura,
distinguida entre azucenas
ha de dar al feliz campo,
para mayor hermosura.
Y veo en estos anuncios
una dichosa ventura.

Humildad   Humildemente postrada,
dando gracias al Eterno,
estaba, aunque soy indigna,
cuando vi un rayo de fuego
que corría de Belén.
Cómo hacia nuestro Hemisferio
que parecía exhalación
producida en el Invierno.
A este tiempo el corazón
no me cabía en el pecho,
no de susto, sino que era
un género de consuelo.
También en los rebaños
observé otro raro ejemplo:
En pie se pusieron todos,
y con saltos y meneos
demostraron su alegría
y noté que era uso nuevo.

Gracia   Estando en dulce reposo
y elevado el pensamiento

oí, dormida, un acento
angélico y armonioso.
Mas, colmándome de gozo
me prometí gran ventura,
y en sueños, mirando el cielo,
hallé en él gran hermosura,
y pensando en mi ventura
quité a mis ojos el velo.

(Sale Floro)

Floro   Yo soñé que en unas bodas
estaba de convidado,
y que a la mesa sentado
trinchaba la pierna a un pavo;
siendo yo en este banquete
el perro del hortelano,
y como en un gallinero
el gallo que está reinando.
Yo era de la orquesta el Director,
y les decía a los músicos:
Tú fulano, tú sutano,
¿no oís qué se toca por Sol Mayor?
Y a otros decía: pon cuidado
que este signo de "Si" es bemolado.
Con la "batuta" en la mano
llevando compás, seis por ocho,
a todos hice bizcocho,
por no haber hecho un "Soprano".
En esto me recordé
sumamente contristado
y dije: Alegría es esta
como que tiene un asno,
más antes, este aparato

hubiera sido al contrario,
y soñar que el pobre Floro,
se lo iba llevando el Diablo.
Con esto estuviera ahora
alegre por el engaño,
y no que esta tentación
me está costando trabajo
el quitar de mis narices
el mal olor de aquel pavo.

Gracia   Floro, tú estás trastornado.
Dime, ¿qué cosa será esa?
Pues mucho nos interesa
y no hables atravesado.

Floro   Hoy sabrán el resultado
cuando las tome del cuello
y que les ponga su sello
aquel Dragón tan malvado.

Gracia   Ya a que el tiempo nos convida
en esta quieta mansión,
elevemos nuestros votos
con un cristiano fervor,
para que así discurramos
los actos de Religión,
que por figuras y sombras
tenemos en traición.

Humildad   ¿Qué punto, pues, trataremos?

Esperanza   En mi concepto, lo mejor
es tratar de la humildad,

Humildad	Mejor es de la esperanza pues tenemos que esperar el consuelo más dichoso de nuestra felicidad.
Gracia	Sea pues nuestro principio tratar de las profecías para ver en qué estación ha de nacer el MESÍAS.
Humildad	Y para mejor aplauso sea con algunas coplas
Esperanza	Al mismo tiempo paseando amigas, por estas sendas floridas,

(Se levantan agarradas del brazo y dan vuelta por el teatro.
Floro irá poniéndoles flores).

CANTAN

1
Los valles y selvas
en sus maravillas,
nos darán ideas
de las profecías.

2
Nacerá en Belén
timbre de Judá,
Jesús, nuestro bien,
como escrito está.

3

En el mes nevado
el niño se ve
en húmedas pajas
cual las de la cesta
que salvó a Moisés,

4

Un pobre pesebre,
su cuna ha de ser
porque escribió amoroso
en tablas la Ley.

(Se van las pastoras)

Floro   Cuando estas Pastoras
cantan sus enigmas,
entonces es cuando
llorando mis tripas,
a dúo me piden
muchas longanizas.
¡Ay! Jesús! Comeré solo,
todos me han dejado.
Ándate, pues, Floro
no te salga el Diablo.
¡Cuánto bueno es ser
el gato escaldado! (Se va por la puerta de la
derecha).

Demonio (Sale por la puerta izquierda).
¿Cómo? ¿No hay pastoras?
Reniego de mi desgracia,
y reniego de mí mismo;
la suerte de estas pastoras

es la que rabioso envidio.
Hoy inventa mi crueldad,
hacer temblar el Emporio
para que caigan los muros
de la fe, que yo concibo.
Están todos arraigados
y profesándola unidos,
mas, como el león furioso
que da vueltas en circuito,
estorbaré cauteloso
a aquella dicha divina
prometida a los pastores
de genio humilde y sencillo.
Ya estamos, pues, en el tiempo
de aquel anuncio divino,
venga en canciones sonoras,
dando a las selvas aviso
de estar, para mi tormento,
en el mundo el daño mío.
A pesar de mi desvelo
he de estorbar esta dicha
con el veneno y ponzoña
que me ofrece la codicia.
¡Escuadrones del Infierno!
¿Estáis todos prevenidos?
Tocaré el tambor de guerra,
que ya viene el enemigo,
esta es la tirana noche
del combate más inicuo,
de la venganza más cruel.
El estado positivo
en que el mundo ha de quedar
todo en humo convertido.

(Sale El Ángel)

Ángel. ¿No harás tal, serpiente atroz?
Porque si la espada esgrimo
vuestro rabioso furor
irá a parar al abismo,
con tu cerviz orgullosa
y ese tu cuerpo maligno
yo soy para tu desgracia,
aquel nuncio peregrino
obediente a los preceptos
impuestos por el altísimo
tremolando el estandarte
en angélicas milicias
de defensor de las almas
se me ha librado ya el título;
y así dejad esa empresa
que cruelmente has emprendido
espíritu rebelado
yo seré vuestro destino
ten presente que ese orgullo
te precipitó al abismo.

Demonio Por eso cruel y sangriento
busco el medio vengativo
que repare los agravios
que han causado en daño mío
tengo yo quién me mande
soy de absoluto dominio
quítate de mi presencia
y no me acuerdes te pido
la terrible inobediencia
de un pecado irremisible.

501

Ángel

Vuestra osadía sacrílega
a mi mano está sujeta
porque soy del mismo Dios
capitán y fortaleza
yo tremolo las banderas,
y soy del género humano
la guía, guarda y defensa;
vete, vete, LUCIFER

Demonio

Aunque todo el mundo oponga
sus inútiles esfuerzos,
haré por desvanecerlos,
y si llego a conseguir
que se cumplan mis deseos
obtendré una gran victoria
y recogeré trofeos,
vamos al combate
que no tengo miedo
pues que veré el mundo
hoy en el infierno. (Se va).

Ángel

¡Oh! ¿Quién como Dios
que habita en su trono?
Sin cesar exclaman
celestes criaturas,
y aquí en la tierra
repetimos todos:
gloria en las alturas. (Se va por la derecha).

Gracia

¡Qué alegre está el prado!
¡Qué hermosas las selvas!
¡Oh!, noche dichosa,
en la que se espera
entre maravillas

una dicha nueva!

(Se sienta, sale Esperanza).

Esperanza   Este hermoso prado
convida amoroso
a una vida quieta
porque en el reposo
como está la Gracia,
muy junta a nosotras,
la humildad renace,
y hace deliciosa la vida
cuando la esperanza
nos sirve de norte.

Humildad   Parece que veo
los rayos del sol
tal es mi deseo
mi humildad y amor
porque es mi recreo
como superior
viendo en esta noche
cierto resplandor
que me da esperanza
de consolación.

(Sale Floro)

Floro   Siempre estas pastoras
tienen sus empeños
andar a deshoras
repitiendo sueños
cogidas las tiene
el diablo Asmodeo
y el pobre de Floro

se muere de miedo.
Vámonos, señoras
a nuestro himeneo;
la noche está fría
y yo estoy en cueros,
no tengo cobijas
sólo mi pellejo,
¡ay!, Jesús qué hielo
tiene el pobre viejo!

(Se retira un poco de las pastoras y aparece el demonio por el jardín).

Demonio De rabia y envidia muero
ea, Lucifer astuto
ya se nos acerca el tiempo
salga toda la ponzoña
y derrámese el veneno.

Esperanza (levantándose)
Hombre peregrino
dime tú, ¿quién eres?
¿Qué buscas aquí
por estos vergeles?

Demonio Yo soy si queréis saberlo
peregrino del infierno
soy Lucifer que rabioso
vivo entre llamas ardiendo,
porque la gracia perdí
y sólo en ti la estoy viendo,
salgo hoy furioso, oh desgracia
de los profundos abismos
a que me déis solución

al intrincado argumento
que se refiere al enigma
que cantasteis en tus versos.

Gracia   Pues bien, puedes proponerlo.

Demonio   Gracia, Humildad y Esperanza
en todas tres estoy viendo
¡y yo!, criatura infeliz,
a todas juntas opuesto
soy por mi negra desgracia
el centro de la soberbia.

Humildad   Propone sin dilación
ese tu falso argumento
que bien conozco que es falso
pues penetro tus intentos.

Esperanza   Comienza falaz a argüir
que las tres responderemos
pues razones poderosas
por disposición divina
contra ti juntas tenemos.

Floro   Ahora sí, amigo Floro
se va complicando el cuento
mejor será que me vaya,
no quiero meterme en esto
allá verán en qué para
el demonio del enredo
yo comienzo por si *fortis* (*).
a librarme con un credo.

(*). Por si fortis: por si acaso.

Demonio   Díganme, zagalas fieras,
cómo al verme no se espantan
pues moviendo yo la planta
hago que tiemble la tierra.

Floro   El zorro de este demonio
viene, si yo no me engaño
a hacer astuto la presa
de las tres pollas y el gallo
a otro perro con el hueso
¡muy bien te conozco pavo!
Haré, pues, lo de la zorra
de irme trepando a un palo
pues lo mejor del caso
es ver los toros de largo.
               (Subiendo al árbol).
Arriba, señor don Floro
estando yo asegurado,
si el avispero las pica
les diré, yo, "pues al agua".

Demonio   Supuesto que vigilantes
estáis en este congreso
con discursos ignorantes
arguyendo cosas falsas
hablando enigmas cerrados
de proféticos misterios
quiero ahora me digáis
de aquel humanado verbo
lo que hay en las escrituras
de su feliz nacimiento
que yo sobre estos anuncios
digo: que es engaño manifiesto
y atendidas mis razones

todo es falso, nada cierto.

Esperanza   En vano maligno piensas
perturbar nuestro sosiego
porque cuanto escrito está
sobre este loable misterio
lo ha manifestado
Dios por medio de sus profetas.

Demonio   Dime: ¿cómo es posible
que siendo Dios infinito
pueda caber en el vientre
de una mujer siendo trino,
con inseparable unión
según tiene entendido?
Pudiendo bajar el verbo
y dividirse, averigüe:
que es una sola persona
o son tres Dioses distintos,
Y después de estas razones
sabed, que es gran desatino
dar crédito a una mujer;
cosa que nunca se ha visto
que ha de parir sin perder
antes ni en el parto mismo
ni después de él su pureza!
Y así pues, si restituidos
a la verdad os halláis
salid de esos desvaríos
y no hagas cierto, lo que
mortales han dicho.

Humildad   Si la inmensa majestad
esos orbes cristalinos
tachonados de diamantes

con sólo su poder hizo
si pobló de aves el viento
y a los terrestres distritos
de animales y de flores.
Si los mares y los ríos
llenó de peces, y al hombre
a quien de barro formó
le dio sobre ellos dominio;
¿por qué pues no persuadirnos
siendo inmenso su poder
que no pudo cuanto quiso?
Y así las proposiciones
con que derribar el fijo
cimiento de nuestra fe
tu malicia ha pretendido
son tan falsas, como son
tus argumentos propuestos.
Avergonzada me quedo
de haber con paciencia oído
las funestas intenciones
de vuestro pecho maligno
¡VETE DE AQUÍ LUCIFER!

Demonio No conviene esa razón.

Floro ¡Al agua que así hice yo!

Demonio No, resolviendo la cuestión
será todo incontrastable
lo cierto de mi opinión
es de todo irrefutable.

Floro ¡Al agua como hice yo!
    (Canta el Ángel sin salir a la escena)

Este es, alégrense todos,
el día que hizo el Señor.

Demonio   Este Ángel ya no me deja
lograr mi sana intención
de arrancar el corazón
a estas feas zagalejas
en cuerpo y alma a las rejas
del infierno llevaría
hasta concluir la semilla
de muchachas y de viejas.

Gracia   ¿Por qué razón no comienzas
con nosotras que aquí estamos?
Sabed Dragón, que enredamos
toda tu mala intención.

Demonio   Para argüir sobre este punto
no es oportuna ocasión
y así, volveré después
cual maligna exhalación.
Esta noche se ha de ver
enarbolado el pendón
de las armas infernales
en globos de confusión. (Se va).

Gracia   Demos gracias infinitas
a nuestro Dios y Señor
pasando alegre la noche
en viva contemplación,
porque en acciones divinas
y muy claros resplandores
tenemos en tanto júbilo

aquella cifra de amor
aguardando por instante
AL MESÍAS SALVADOR
que el espíritu divino
nos lo envía como prueba
de su santísimo amor.

Esperanza   Cantemos dulces himnos
con fe en el corazón.

Floro   Ya pasó la tentación, (se baja del árbol)
alegres vamos bailando
y con unas tonaditas
vayan la lira templando
ahora ya no tengo miedo
y esta noche de contado
se ha de ver con el demonio
el garrotazo bien dado.
Haciendo lo de la zorra
cuando perseguía a un gallo.
Esta noche pues señoras
me comprometo a velar
pero eso sí: me han de dar
buñuelos y chicharrones,
mantequilla y requesones,
pan, frijolitos y queso
y verán como todo eso
me como de una sentada.
Así quedará forrada,
de Floro su barriguita,
dándome esa comidita
velaré con atención
aunque así digan las gentes:
¡Oh, qué Floro tan hartón!

Todas dicen: Pues vamos sin dilación
te daremos de cenar.

Floro   Todo bueno al paladar. (Se van)

CAE EL TELÓN
FIN DEL SEGUNDO ACTO

ACTO NÚMERO 3

El Misterio estará colocado hacia la izquierda y las tres Pastoras aparecerán dormidas en sus asientos. Se oirá un golpe fuerte fuera del escenario para que éstas despierten y entonces saldrá El Ángel.

Todas dirán: ¡Qué temor! ¡Qué asombro!

El Ángel   No temáis, bellas zagalas,
porque hoy os vengo a anunciar
una dicha, la más grande,
imposible de expresar
de un consuelo sin segundo
aquí la nueva os doy
pues para vosotros hoy
nació el Salvador del Mundo.
Le hallarás en un portal
en la ciudad de Belén,
como gloria sin igual
del más suspirado bien.
En un humilde pesebre
allí lo tiene el amor,
y está sumamente alegre
cubierto de resplandor,

envuelto en pobres pañales
en suma pobreza está
y yo os doy estas señales
en prueba de la verdad.

Gracia

¡Oh! ¡Gallardo Paraninfo
de Angélica Jerarquía
anuncio de tanto gozo,
gloria de tanta alegría!
Esta nueva os agradezco,
pero, dime Mensajero
hermoso, alado, brillante:
¿Podremos tener la dicha
de ver a ese tierno Infante?

El Ángel

En el punto y al instante,
le puedes ir a adorar
y rendirle el corazón
con amor y voluntad,
convocad con regocijo
a todos estos Pastores
y decir que os acompañen
para tributarle honores.
Y pues, ya os di la embajada
del felice nacimiento,
manifestad este triunfo,
esta gloria, este contento.

Esperanza

¿De qué linaje nació ese tan raro portento?

El Ángel

De la estirpe de David
nació tan rara hermosura
de una niña, ¡la más linda!
De una virgen, ¡la más pura!

De una que es intacta rosa
y de gracias un vergel.
Se ha visto el árbol divino
esta noche florecer.

Humildad   ¿Dime el nombre de esa aurora
que dio a luz a ese lucero?
Para tributarle obsequios
como a la Madre del Verbo.

El Ángel   "MARÍA" es el sacro nombre
de esa dichosa mujer.
La Concebida en Gracia,
que escogida llegó a ser,
la que gozó el privilegio
de ser madre del Creador.
La hermosa, como la luna,
la escogida, como el sol,
la que es digno Tabernáculo
del Divino Salvador.
En fin, la que es claro abismo
de santidad y pureza
centro de toda grandeza,
y admiración de Dios mismo.
De este bello relicario,
nació, pues, hoy el Mesías
según que en las profecías
le tenéis bien declarado.

Gracia   Nació para confusión
de ese DRAGÓN INFERNAL
el Gran Niño celestial
que llena mi admiración.

(Sale el Demonio echando fuego).

Demonio   Desde aquel profundo seno
donde en vivo fuego me hallo
salgo en cólera irritado
y a la rabia me provoco,
exhalando de mi alma
las llamaradas del odio,
y en furores formidables
muchos volcanes aborto
hoy en sangrientas venganzas
sabré demostrar mi encono.
Repetiré, pues, mis quejas,
mas, ¿cómo? ¿Cómo?
Ello será de esta suerte.
Salid, sierpes venenosas
de los profundos abismos;
veréis los planes que formo
las máquinas que fabrico,
que son tantas, cuantos átomos,
el sol engendra en sí mismo.
¡Oh Terrible abatimiento,
en el que estoy sumergido
ASTUCIA, venid conmigo
y calmarás mi tormento,
conozco que mi quimera
nadie vencerla ha podido
pues con el menor gemido
hago que tiemble la tierra;
y si quiere mi poder
a esa luciente lumbrera,
haré que pare su curso
en medio de su carrera,
y que trasforme sus rayos

en espantosas tinieblas,
¡Eructando exhalaciones
en relámpagos de fuego
como que para eso tengo
señorío en el Infierno!
¡Ea, astucia infernal!
¿Quién con atrevidas voces
me ha llegado a dominar?

Gracia   Yo, que en voces de alabanza
hoy me atrevo a publicar:
EL NACIMIENTO DEL NIÑO
que es Dios de toda bondad.

Demonio   Y tú, simple Pastora,
que concibes ese error,
¿quién os ha dado esas pruebas
que ha nacido EL SALVADOR?

(Sale El Ángel).

El Ángel   Yo que soy de este misterio
el más fiel embajador.

Demonio   A ti nada te pregunto
lisonjero embajador,
yo contigo argüir no quiero,
sino con estas pastoras
que creen en esos agüeros;
con ellas es mi argumento.
No dilaten ni un momento
lo que quiero saber hoy.

El Ángel	Pues oye y estad atento que yo lo voy a probar.
Demonio	Ya os he dicho, que no intento contigo conferenciar, si soy Ángel como tú, ¿por qué, pues, pretendes dar negro baldón a mi astucia y a mi modo de pensar?
El Ángel	Verdad es fuerte Luzbel, Ángel de Dios, muy querido. Pero hoy te hayas abatido con nombre de Lucifer, y en pena de tu delito en eterno padecer.
Demonio	¡Oh! ¡Castigo el más impío, que para siempre he de arder!
El Ángel	Hoy por precepto te impongo, maligno lobo sangriento que contra la ley de Dios, no hagas falsos argumentos.
Demonio	Dejad que me desahogue porque de rabia reviento, y este fuego abrasador es quien me tiene sediento, no añadas a mi desgracia ahora un nuevo tormento, y así pastorcilla fieras contestad mis argumentos.

El Ángel   Pues llegadles a explicar
            sin recelo y sin cuidado,
            que para la solución
            estaré firme a tu lado.

Esperanza   Arguye, pues, si tu
            orgullo quiere desvanecernos,
            porque en verdad te aseguro
            que hoy hemos de convenceros.

Demonio   ¿Qué profiere vuestra lengua?
            ¿Me quieres contrarrestar?
            ¡Pues, que ignoras mi poder
            hoy debo hacerte callar!
            No digo a vos, ignorantes,
            rústicas sin material
            a la máquina del mundo,
            soy capaz de trastornar,
            pues mi soberbio capricho
            tanto se llega a elevar
            que atizando el fiero orgullo
            todo el incendio infernal
            haré a los ejes del cielo
            con estrago desplomar,
            y convertir en pavesas
            cuanto Dios pudo formar.

Humildad   ¡Calla, serpiente fiera!
            ¡Calla, fiero cocodrilo!
            ¡Calla, mastín embustero!
            ¡Calla, espíritu maligno!
            ¡Sólo tu soberbia puede
            concebir tales designios!
            Pues nace tu infernal rabia

del parto de tus envidias.
De aquí nace tu furor,
y así te digo soberbio
que Dios de la paz autor
es el que hoy llegó a nacer,
lleno de amor y poder.
Esta magnífica máquina
puede hacer y deshacer,
y no tú, loco rapaz,
que en tu misma confusión
se mira el poder de Dios.
Para más ostentación
castigando tu delito,
y tu negra presunción
te condenó el Infinito,
a eterna condenación,
donde estarás para siempre
mientras que Dios fuere Dios.

Demonio   Dejemos esta cuestión
que no tiene fundamento
y doblemos aquí la hoja
para cuando sea tiempo,
ese es otro punto aparte
y vamos a nuestro intento,
pues quiero que me probéis
la verdad del nacimiento.

Gracia   Oye, tizón del infierno
lo que te quiero hacer ver.

Demonio   Ya te escucha mi capricho.

Gracia	Desde **ab eterno,** en la mente
	de nuestro Dios y Señor
	antes de que el mundo existiera
	y antes que todos los siglos
	ya existían este misterio
	del venturoso Mesías.
	Ahora según la escritura
	y según las profecías
	es el principio dichoso
	oculto desde *ab initio.*
	El gran Profeta Isaías
	que clamarían perdido,
	LOS SANTOS PADRES DEL LIMBO
	POR EL SALVADOR DEL MUNDO.
	Escuchando de David,
	los muy ardientes suspiros
	y que el autor de la vida
	recogía compasivo:
	excitando su potencia,
	de mandar a redimirnos,
	y también, según la cuenta,
	casi ya cumplidas miro
	las semanas de Daniel,
	en cuyo dichoso siglo
	estaba profetizado
	EL NACIMIENTO DEL NIÑO
Demonio	¡Qué ignorancia! ¡Qué delirio!
	¡Qué conocidas locuras!
	Ni esas razones obscuras
	mi discurso desvanecen.
	Yo quiero que punto a punto,
	con razones de congruencia
	que alejen de mí la duda

y del todo me convenzan.
Y si quiere su osadía
hacerme a mí confesar
quiero ahora preguntar:
 ¿Por qué siendo él El Mesías,
nace en un muladar
en extremada miseria,
debiendo ostentar, si es Dios,
toda su soberanía
naciendo en ricos palacios
haciendo salvas de triunfo
y vítores de alegría?

Esperanza   Mira: nace así de esa manera
para más humillación,
y con su ejemplo aprendamos
esta primera lección,
mas, volviendo al argumento
dejando toda opinión
voy a darte explicación
del augusto nacimiento,
predijo Dios por su Iglesia
claro y con alegría.
"Que de la tribu JUDA,
desde luego nacería
una dichosa criatura
y que ésta quebrantaría
una cabeza infernal".
Vistas, pues, las profecías
todo ha salido puntual.

Demonio   Contra el furor infernal
se da a negar la verdad.

El Ángel	Pues confesad o negad,
	y deja esta gente en paz
Demonio	Confieso que habrá nacido,
	pero no es el Mesías.
	Pues no sabéis, ¡ignorantes!,
	que por la culpa de Adán
	soy dueño de aqueste Imperio.
	Y que estáis todos sujetos
	bajo mi cruel cautiverio
	pues soy de todos señores.
Humildad	No pronuncies tal error.
	Cierra esa boca infernal
	verdad es que pecó Adán
	en el terrenal Paraíso
	pero el de la gracia autor
	que es ese Dios infinito
	por un efecto de amor
	que a los hombres ha tenido
	un nuevo libertador
	dijo nos redimiría;
	este es pues el que ha nacido;
	el de las gentes deseado
	el Salvador prometido
	por los siglos suspirado;
	y en fin, el que ha venido
	a sacarnos del pecado
	en que estábamos metidos.

(Floro saca la cabeza por la puerta de en medio y habla como espantado).

Aquí está el galán carnudo
usando de sus enredos
oye, ve, y escucha Floro
atiende y estate quieto.
Mira no sea que vaya
la soga tras el cordero
no hay duda que estas pastoras
tienen auxilio divino
pues me tienen sus razones
casi al perder los sentidos.

(Sale a la escena).

Y no es así todavía
porque si Floro te coge
tu diabólica resina
has de echar como carbón.

Demonio   Dime ¿cuándo Eva
pecó ella en sus prevaricaciones
no fueron todos esclavos
de mi saña y mi furor?

Gracia   ¡Calla víbora maligna
áspid, lleno de ponzoña!
Cuando Eva frágil pecó,
fue por ti mismo inducida
pero Dios con su poder,
usando de compasión
dispuso la redención
por medio de otra mujer.

(Se levantan todos, Gracia irá en medio de las otras y cantan
los siguientes versos):

Todo el firmamento
Sol, Luna y Estrellas
coronen de luces
al Rey de los cielos
el Mar y los Vientos
la Tierra y el Fuego
póstrense rendidos
al Rey de los Cielos.

(Llegan al portal y ofrecen las tres y Floro después solo, y seguirán cantando).

Gracia   ¡Oh gallardo Niño!
               ¡Luciente lucero!,
               que dáis vida al hombre
               y luz al Universo.
               Esa humilde pastora
               que «Gracia» es su nombre
               te ofrece en buena hora
               este corderito;
               vedlo qué blanquito
               y puedes comer de él
               ya en cazuela o en pastel,
               que será muy sabrosito
               no veas la ofrenda,
               de poco valor
               que te brinda Gracia,
               con todo su amor.

Humildad   ¡Oh, mi hermoso niño
               que has venido a la tierra
               a redimir al hombre
               con toda grandeza!
               Mucho me interesa

523

adorarte Niño
y darte un quesito,
tómalo aquí está.
Es la Pastora Humildad
quien te brinda en la ocasión
alma, vida y corazón
y con la mejor voluntad.

Esperanza   ¡Oh, sol reluciente!
¡Oh, Dios de bondad
ya tuve la dicha de ver tu beldad!
Con entera voluntad
te traigo estos huevos
para que hagan con ellos
torrejas y buñuelos
y espero en los cielos
cantarte alabanza
porque es el deseo
de esta Pastora
llamada "Esperanza".

Floro   ¡Hola, Niñito, hola!
Aquí tenéis a Floro;
se puede comer un toro
y aún es muy poquito
pues es hartoncito
así cree la gente.
Yo quiero que de repente
me hagas un favor niñito:
de hacerme riquito
con muchos dineros
para comprar terneros
y comer mondonguito
yo te ofreceré esto:

524

una gallina en un cesto
viene muerta y compuestita
y te harán la comidita
muy buena y muy sabrosa
yo no tengo otra cosa
que valga tanto como el oro,
ya verás que el pobre Floro
sin gallina se ha quedado
pero vos tendréis cuidado
de ponerle un gran tesoro.

(Cantarán los versos anteriores y en seguida se despiden).

Gracia

¡Adiós niño amable!
¡Adiós casto José!
Mañana volveré,
a ver vuestro hijo admirable.

Humildad   ¡Adiós rosa de Jericó
adiós anciano venerable!
Ya tuve la dicha inefable
de ver a nuestro Salvador

Esperanza   ¡Adiós Niño virtuoso!
¡Adiós humilde anciano;
adiós Niño soberano,
fruto de esa linda rosa.

Floro   ¡Adiós linda María!
¡Adiós Patriarca José!
Mañana volveré
a ver a este gran Mesías!

(Bailarán una danza agarradas de la mano, por conclusión se despide Floro del público)

FLORO　　　Aquí termina la Loa
del nacimiento del Niño;
suplicamos el perdón
de la amable concurrencia
por nuestras faltas que son
obra de nuestra inocencia;
sabemos por experiencia,
que en esta vida indolente
aunque el deseo es profundo
no es posible a cierta gente,
agradar a todo el mundo
y dejarlo complacido.
Vuestra indulgencia pedimos
¡oh público bondadoso!,
sed ahora generoso
con afecto placentero
y adiós, adiós te decimos!...
¡Hasta el año venidero!

FINIS CORONAT OPUS

Finis coronat opus: El fin corona la obra.

ÍNDICE